U0753677

李计忠趣解《周易》系列

周易

一卦多断入门

易界名家 独门首传

李计忠 著

团结出版社

© 团结出版社，2009 年

图书在版编目（ＣＩＰ）数据

《周易》一卦多断入门 / 李计忠著 . —北京：团
结出版社，2010.1（2024.9 重印）
　ISBN 978-7-80214-597-9

　Ⅰ. ①周… Ⅱ. ①李… Ⅲ. ①周易－研究 Ⅳ.
① B221.5

　中国版本图书馆 CIP 数据核字 (2009) 第 240144 号

责任编辑：孟丹婷
封面设计：阳洪燕

出　版：团结出版社
　　　　（北京市东城区东皇城根南街 84 号　邮编：100006）
电　话：（010）65228880　65244790（出版社）
　　　　（010）65238766　85113874　65133603（发行部）
　　　　（010）65133603（邮购）
网　址：http://www.tjpress.com
E-mail：zb65244790@vip.163.com
　　　　tjcbsfxb@163.com（发行部邮购）
经　销：全国新华书店
印　装：三河市东方印刷有限公司

开　本：170mm×230mm　16 开
印　张：20　　　　　　　　　字　数：258 千字
版　次：2010 年 1 月　第 1 版　　印　次：2024 年 9 月　第 6 次印刷

书　号：978-7-80214-597-9
定　价：49.00 元
　　　　（版权所属，盗版必究）

　　传统的术数文化，异彩纷呈，门类繁多，可谓浩如烟海，诸如：八卦六爻、四柱命理、梅花易数、奇门遁甲、大六壬、小六壬、紫微斗数、铁板神数、手相、面相、骨相……不胜枚举。纵观这些术数派别，都因其运算规则的迥异而各成体系。在中国历史上，精通术数者，不乏其人。商周时代的姜子牙、孙膑，汉代的张良、京房，三国时的诸葛亮，唐朝的李虚中、袁天罡，宋朝的邵康节、陈抟老祖，明朝的刘伯温等等……由于他们在术数上的高深造诣，而使其名传千古。

　　历史发展到二十一世纪的今天，在中华古老的土地上，周易文化事业又有了新的发展。传统的理论被不断地丰富与完善，"一卦一断"与"一卦多断"在预测技法上争奇斗艳，一些新派理论也在不断涌出。面对浩如烟海的易学典籍，人们在感叹其博大精深的同时，更有一种老虎吃天、无从下口的感觉。

　　有没有一把开启易学宝库之门的金钥匙？有没有一架阶梯能让所有好奇的初学者跨入易学术数的高门槛？有！当代易学界的精英们也都各尽所能，各展所长，为易学事业的发展而努力。这其中有位佼佼者做得尤为突出，他就是著名的易学研究者、海口市乾易国学研究院院长——李计忠。

　　李计忠先生青年时期开始研习中国术数，后曾师从众多名家——在相学上得安徽民间老艺人曹宝件先生的亲传，并受手面相老师陈鼎龙先生的点拨；在风水上，得玄空派老师冯宝成老人的亲传，曾受三合派老师陈玉良先生、八宅派老师杨启能老先

生的点拨；在八卦六爻上，有幸受北京白云观掌门人震阳子的亲传，老道长把密不外传的人外绝学——108阵法传授于他。这108阵法是专门用来调解各种疑难病症，化解人生实病的独家秘法。

李计忠先生师承百家，融汇贯通，心性禅悟，厚积薄发。他习古而不拘古，独树一帜，自成一体。其六爻八卦技法运用得可谓炉火纯青。四柱命理、奇门遁甲、阴阳风水、手相、面相等均有很高的造诣。尤其用108阵法调理风水，化解凶灾更是效果奇妙，令人称绝，在国内外享有较高的声誉。

与此同时，李计忠先生还有一个心愿，就是把自己所学所悟用文字记录下来，毫不保留地奉献给社会，以推动我国易学文化的发展。因此，他从2001年初开始整理多年积累的卦例，亲自撰写了《周易一卦多断精解》《周易一卦多断点窍》《周易家居与环境》《周易八卦与阵法》等四十多部易学书籍。李计忠先生的系列著作，吸百家之长，不拘古法，灵活多变，独具风格，文字简洁生动，通俗易懂。在卦理的分析上，由浅入深，由表及里，由主观思想到客观环境，循序渐进，深刻透彻，层层剖析，丝丝入扣。展现了一位易学大家的独特风采。

这一次，李计忠先生又针对广大初学爱好者入门难的实际情况，从自己多年来的教学实践和经验积累出发，亲自主持编撰了这本《周易一卦多断入门》。这本书由浅入深，循序渐进，条理分明，语言朴实，通俗易懂；同时奇招秘法，犹如粒粒明珠，闪光于字里行间，耐人寻味。

当然，由于时间比较仓促，此书在编写过程中不足之处也在所难免，诚望同道者斧正。

李 玮

庚子年冬月

目 录

第一章
易与阴阳五行、八卦六爻基础知识

第一节　易的基础知识

易者，不易、变易、简易也。不易是指按一定的起卦程序把卦爻排列出来，比如列三传（年月日）、安六亲、取世应、排六神等。变易是指用灵活多变的方法，在一定易理的指导下，提取反映人、事、物的各种信息。简易是指用简单直接的方法，去判别推断卦中所包含的信息。

人是活的，卦所反映的是人世间的事，所以卦也是活的。世界上一切事物都在不断的运动变化发展之中。既然卦爻能反映万事万物运动变化的信息，那么卦爻不再是平面的、静止的、单一的，而是立体的、变化的、多维的。比如卦中的每一爻，不但有其所处的卦宫，还有其座下的卦象、变化后卦宫和卦象、阴阳爻象和爻位、地支、六亲、六神以及三传的克应，由这些因素便可构成这一爻的立体空间图。若再加上它爻的互相串通，便构成了纷繁复杂的组合系统。

卦爻是一个庞大的信息组合系统，是活生生的一个群体，名符其实的活易经。明白了这一点，就不难了解一卦多断的真义所在。

　　卦爻这个信息组合系统，反映人事物大量的信息，而针对不同的每一件事，都有一个或几个关键点来抓，然后以此关键点为中心，如爆炸似地扩散，就能把这件事弄得具体明白。

　　早在西汉时期，易学不论是理论还是占筮法都有很大的发展，在我国易学史上占有重要的地位，在占筮法的改进方面，首先是汉朝的经学家董仲舒大力推行阴阳五行学说，《中国通史简编》中载有：董仲舒用阴阳五行推灾咎，预知吉凶。这应该说是西汉在占筮法上第一次改进。

　　西汉对占筮法第二次改进，就是大易学家京房，他在董仲舒推行阴阳五行学说的基础上，发明了蓍筮配纳甲的占卜方法。京房在前人研究总结的基础上，将天文学知识，引入《易经》占筮研究，形成纳甲占筮方法，流传甚广，即纳甲筮法。纳甲筮法的最大特点就是给每卦六爻都配以五行六亲；即父母、兄弟、妻财、子孙、官鬼；六兽即青龙、朱雀、勾陈、螣蛇、白虎、玄武和安世、应。我们现在普遍学习运用的方法就是纳甲筮法，常称为六爻预测法。

　　六爻预测通过摇卦、装卦这个过程，然后依据主卦、变卦、日月建三大要素来进行五行分析，从而推断出事物的成败，吉凶祸福。主卦即所摇出的六爻卦；变卦是因卦中之爻动而变出来的卦，有时六爻安静就没有变卦了；日月建是摇卦的时间，是断卦中最重要因素之一。这三个首要条件中蕴藏着时空变化的大量信息，是断卦的重点，我们把它称之为三要素。何人何事，何时何地，何因何果，一切吉凶祸福全在其中，只要我们抓住三要素，加上过硬的工夫，就能料事如神，万无一失。

　　断卦还要具有一分为二、对立统一的辨证唯物的观点，矛盾对立统一的观点和具有科学地分析看待万事万物的观点。否则断卦就不难了。我们可以把卦分为内因和外因两部分。主卦为测事的内在因素，变卦变爻和日月建是决定和影响主卦之好坏的外部因素。又

如有的高级预测家，把前面讲的主卦、变卦、日月建三要素都看成是内因，从卦外时空中扑捉到的外应称之为外因。无论怎么理解，我们都把它们划分为内因和外因两个方面。内因是变化的根本，外因是变化的条件，内因只有通过外因的作用才能发生变化。这正如鸡蛋在外因适温的条件下可以变小鸡，而石头不能变小鸡。又如鸡蛋是真蛋还是坏蛋，真蛋是通过公鸡交配过的蛋才能孵出小鸡来，这就是事物矛盾的两个方面，也是对立统一的观点，又是我们常说的相对论和绝对化的两种不同的观点。

卦好卦坏，事吉事凶不能单纯就卦而论，也不能单靠死记硬背卦辞卦象，要把六爻卦与梅花易数严格区分开来。六爻卦的方法是以世、用动静为主题，爻与爻之间生克关系，爻与日月建之间生、旺、休、囚、死、墓、空、破、克、刑的关系来断吉凶的。为了进一步弄清这个问题，我们借用两个成语典故来说明。现代成语词典中有否极泰来这一成语，是指八卦中有否卦，泰卦，当事情坏到极点时，就会向好的方向发展。另一成语是损先益后。是说事物由难变易，只有先付出代价，才有好的受益。'损'、'益'各指六十四卦中的两个不同的卦。这两句成语应用了六十四卦中的四个不同性质的卦名，编入现代成语词典，一方面说明了古易蕴藏着极其丰富哲学思想，另一方面告诉我们应一分为二地分析事物，好坏不是永恒的。如果我们单从古易象辞中《天地否》虎落陷坑之卦。《地天泰》喜报三元之卦。《山泽损》推车掉耳之卦。《风雷益》枯木开花之卦等去断卦，就失去了六爻预测的意义，也就成了人人会背几句象辞卦象的江湖术士。

分析卦理，判断吉凶最重要的是以世、用为核心，以日、月建为重点，针对问测人事，诸爻参看，细致推敲，准确断准人事吉凶祸福。为了帮助大家尽快学会断卦和提高断卦技能，我们将在全面介绍八卦六爻基础知识的基础上，围绕六爻纳甲预测法，进行分类讲解。

第二节　阴阳基础知识

阴阳学说是一种素朴的唯物论和辩证法思想。阴阳学说认为，一切事物的形成、变化、发展，全在于阴阳二气的运动。它总结出来的自然界阴阳变化的规律，与对立统一的哲学思想是一致的。阴阳学说不仅是六爻信息预测学的基础，也是我国自然科学的唯物主义世界观的理论基础。

一、阴阳对立

阴阳对立，是指自然界的万物万象，其内部都同时存在着相反的两种属性，即存在着阴阳两个方面。如八卦是由阴阳两种对立的符号组成的，进而组成六十四卦。乾坤者，阴阳之根本，万物之祖宗也。乾卦纯阳，坤卦纯阴，所以说，阴阳两种对立的矛盾，是一切事物的根本矛盾。然而乾坤虽是两种对立的矛盾，但又是互相统一的。唯有这种统一，然后才能产生变化，生成万物，故阴阳的对立与统一，是一切事物的始终。

二、阴阳属性

阴阳不但统摄了万物对立的两个方面，而且具有两种相反的不同属性，然而事物和现象中对立着的双方所具有的阴阳属性，既不能任意指定，也不能颠倒，而是按照一定规律归类的。那么，用什么标准来划分事物和现象的阴阳属性呢？《易经·系辞》有：乾道成男，坤道成女。乾为父，坤为母，生震坎艮三男，生巽离兑三女，也就是说，天地生万物，万物无不分为两性。《易经·系辞》说：天尊地卑，乾阳物也，坤阴物也，以及阳卦奇，阴卦偶。凡是类似阳、高、奇的性质都属于阳的范畴，凡是类似女、低和柔的性质，都属于阴的范畴。

三、阴阳互根

阴阳互根，是事物或现象中对立着的两个方面，具有互相依存，互相为用的联系。阴与阳的每一个侧面都以另一侧面作为自己存在的前提。即没有阴，阳不能存在；没有阳，阴也不存在。正如没有天就没有地，没有乾也就没有坤。中医古籍《素问阴阳应象大论》说：阴在内，阳守之，阳在外，阴之使也。因此阴阳是互相依存，互相作用的。

四、阴阳消长

阴阳消长，是指事物对立着的两个方面运动变化，其运动是以彼此消长的形式进行的。阴阳两个对立的矛盾始终处在彼消此长、此进彼退的动态平衡之中，才能保持事物的正常发展变化。白昼为阳，黑夜为阴；热为阳，冷为阴。由白天变黑夜，由黑夜变白天；天气由热变冷，由冷变热，就是阳消阴长，阴消阳长的事物发展变化的过程，如果这种变化出现了反常，也就是阴阳消长的异常反应。

五、阴阳转化

阴阳转化，就是阴阳变化，它是事物或现象的阴与阳两种不同属性，在一定条件下，向其对立面的转化。阴与阳是对立的，但又是互相依存的，只有阴阳统一起来，才能推动事物的变化和发展，这样阴阳才能长期共存。

阴与阳虽然具有两种不同的属性，但又可以相互转化。易即阴阳相易，也就是阴极生阳，阳极生阴，所以有阴变阳，阳变阴。如同夏天热极则生寒，渐变而为冬；冬天寒极而生温，渐变而为夏，正是阴阳转化之理。乾卦初九阳在下，坤卦初六阴始凝，说明乾坤两卦代表着阴阳矛盾统一体。两卦初爻是阴阳结合，阴阳转化的开始。阴阳互相转化，是事物发展的必然规律，事物只

要顺着阴阳变化的规律发展下去，最终就能达到事物互相转化的目的。

第三节　五行基础知识

五行学说是我国古代劳动人民独创的。五行学说认为世界是由木火土金水五种最基本物质构成的。自然界各种事物和现象的发展、变化，都是这五种不同的物质不断运动和相互作用的结果。五行学说是朴素的唯物主义和辩证法。

一、五行的特征

木有生发、条达的特性；火具有炎热向上的特性；土具有长养化育的特性；金具有清静收杀的特性；水具有寒冷向下的特性。

五行学说，采用取象比类的方法，把需要说明的事物或现象，朴素地分为五类,将具有相似属性的事物或现象,分别归于五行之中，并在五行属性基础上，运用五行规律解释和说明事物或现象的联系及变化。如园林行业五行属木；邮电冶炼五行属火；桥梁五行属土；机械工业五行属金；水产养殖五行属水，等等。

二、五行生克

五行学说认为，事物与事物间存在着一定联系，而这种联系促进着事物的发展变化。事物之间的联系由五行的生克来体现。因此，生克就是五行学说用以概括和说明事物联系和发展变化的基本观点。

相生，含有互相滋生，促进助长的意思。

相克，含有互相制约、克制、抑制的意思。

五行相生：木生火，火生土，土生金，金生水，水生木。

五行相克：木克土，土克水，水克火，火克金，金克木。

在相生关系中，有生我和我生两个方面。相克关系中有克我和我克两个方面。相生相克，像阴阳一样，是事物不可分割的两个方面，没有生就没有事物的发生和成长；没有克，就不能维持事物在发展和变化中的平衡与协调。所以没有相生就没有相克，没有相克，就没有相生。这种生中有克，克中有生，相辅相成，互相为用的关系，推动和维持事物正常生长、发展与变化。

三、五行亢乘

物盛极为亢，为太过。凡事物亢极则乘，强而欺弱，这叫做乘。事物亢极、太过，往往易折，如玉硬易碎，钢太刚易折，就是这个道理。

四、五行反侮

五行生克中，并不只存在顺克，有时也会出现逆克。即木旺金衰，金受木克；火旺水衰，水受火克；土旺木衰，木受土克；金旺火衰，火受金克；水旺土衰，土受水克。这种逆克，叫反侮。

五、五行关系

木能生火，木多火塞；火能生土，火多土焦；土能生金，土多金埋；金能生水，金多水浊；水能生木，水多木漂，此是生多为克。

木能克土，土重木折；土能克水，水多土荡；水能克火，火旺水干；火能克金，金多火熄；金能克木，木坚金缺，此是受克一方太强反克。

六、五行旺相休囚

春木旺，火相、土死、金囚、水休；夏火旺，土相、金死、水囚、木休；

秋金旺，水相、木死、火囚、土休；冬水旺，木相、火死、土囚、金休。

第四节　天干

天干在六爻信息预测中主要用在月建、日建上。用于判定卦爻的空亡，六神的排位等，

一、十天干

甲、乙、丙、丁、戊、己、庚、辛、壬、癸。

二、十天干之阴阳

阳干：甲、丙、戊、庚、壬；

阴干：乙、丁、己、辛、癸。

三、十天干之五行

甲乙同属木，甲为阳木，乙为阴木；

丙丁同属火，丙为阳火，丁为阴火；

庚辛同属金，庚为阳金，辛为阴金；

壬癸同属水，壬为阳水，癸为阴水；

戊己同属土，戊为阳土，己为阴土。

四、十干代表方位

甲乙东方木，丙丁南方火，戊己中央土，庚辛西方金，壬癸北方水。

五、十干配五季

甲乙属春，丙丁属夏，戊己属长夏，庚辛属秋，壬癸属冬。

六、十干配身体

甲为头，乙为肩，丙为额，丁齿舌，戊己鼻面，庚为筋，辛为胸，壬为胫，癸为足。

七、十干配脏腑

甲为胆，乙肝，丙小肠，丁心，戊胃，己脾，庚大肠，辛肺，壬膀胱，癸肾。

天干信息总表

项目	甲	乙	丙	丁	戊	己	庚	辛	壬	癸
性质	阳	阴	阳	阴	阳	阴	阳	阴	阳	阴
五行	木	木	火	火	土	土	金	金	水	水
四季	春	春	夏	夏	长夏	长夏	秋	秋	冬	冬
方位	东	东	南	南	中	中	西	西	北	北
体表	头	项肩	额	胸	鼻	腹	筋	股	腿	足
脏腑	胆	肝	小肠	心	胃	脾	大肠	肺	膀胱	肾
换支	寅	卯	午	巳	辰戌	丑未	申	酉	子	亥

第五节　地支

一、十二地支

　　子、丑、寅、卯、辰、巳、午、未、申、酉、戌、亥

二、十二地支阴阳

　　阳地支：子、寅、辰、午、申、戌；阴地支：丑、卯、巳、未、酉、亥。

三、十二支阴阳五行

　　寅卯属木，寅为阳木，卯为阴木；巳午属火，午为阳火，巳为阴火；
申酉属金，申为阳金，酉为阴金；亥子属水，子为阳水，亥为阴水；
辰戌丑未属土，辰、戌为阳土，丑、未为阴土。

四、十二支配方位

　　寅卯东方木，巳午南方火，申酉西方金，亥子北方水，辰戌丑
未四季土。

　　辰、戌、丑、未月在每个季度的最后一个月，故为四季土。

　　辰东南，戌西北，丑东北，未西南。

五、十二支配四季

寅卯辰为春，巳午未为夏，申酉戌为秋，亥子丑为冬。

六、十二支配脏腑

寅为胆，卯为肝，午为小肠，巳为心，辰戌胃，丑未脾，申为大肠，酉为肺，子为膀胱，亥为肾。

地支信息总表

项目	子	丑	寅	卯	辰	巳	午	未	申	酉	戌	亥
性质	阳	阴	阳	阴	阳	阴	阳	阴	阳	阴	阳	阴
五行	水	土	木	木	土	火	火	土	金	金	土	水
四季	冬	冬	春	春	春	夏	夏	夏	秋	秋	秋	冬
方位	北	东北	东北	东	东南	东南	南	西南	西南	西	西北	西北
脏腑	膀胱	胃	胆	肝	脾	三焦	心	胃	大肠	肺	脾	肾
时辰	23-1	1-3	3-5	5-7	7-9	9-11	11-13	13-15	15-17	17-19	19-21	1-23
生肖	鼠	牛	虎	兔	龙	蛇	马	羊	猴	鸡	狗	猪
月份	十一	十二	正	二	三	四	五	六	七	八	九	十

第六节　干支的生克制化刑冲合害

六爻预测中的生克制化刑冲合害在是信息预测技术中非常重要的一项基本功。这部分内容掌握得扎实与否及是否能够灵活运用关系到今后预测的准确程度。

六爻信息预测，讲述的是如何用卦中五行生克来模拟事物的发展过程，以致推断出事物发展的最终结果，这种对事物发展过程的模拟是以生克制化刑冲合害来体现的。这其中，生克又是生克制化刑冲合害八个字的核心，因为五行相生相克是构成五行合理存在的前提。如果没有五行之间的相生相克关系，五行之间就没有了相互

对立，相互依存，相互制约的一种联系。生克制化刑冲合害八个字的运用，就是相生相克的不同表现形式。在六爻预测技术中的生克制化刑冲合害，主要是通过地支与地支、六亲与六亲来体现的。天干与天干、六神与六神之间则较少使用。

生：

就是使对方受益，相生者，有资生，资助，相好相和，相救，和平共处，长期共存之意。另外，相扶、相拱也有相助之意。生我者，我得利；我生者，则我为泄气、耗气。

地支相生：亥子水生寅卯木，寅卯木生巳午火，巳午火生辰戌丑未土，辰戌丑未土生申酉金，申酉金生亥子水。

地支相扶：亥扶子，丑扶辰，寅扶卯，辰扶未，巳扶午，未扶戌，申扶酉，戌扶丑。

地支相拱：子拱亥，丑拱戌，卯拱寅，辰拱丑，午拱巳，未拱辰，酉拱申，戌拱未。

六亲相生：兄弟生子孙，子孙生妻财，妻财生官鬼，官鬼生父母，父母生兄弟。

克：

就是使受克一方有损。相克为相害、相损、相欺等不利之象。

地支相克：亥子水克巳午火，巳午火克申酉金，申酉金克寅卯木，寅卯木克辰戌丑未土，辰戌丑未土克亥子水。

六亲相克：兄弟克妻财，妻财克父母，父母克子孙，子孙克官鬼，官鬼克兄弟。

制：

就是用强大的力量压服对方，通常情况下就是三传（四值）克制卦宫、卦爻，动变旺相之爻克制安静休囚之爻，就是合局克制单独卦爻，就是多种因素克制某一单独爻。

化：

这是相生的双方中被生一方强制性地将对方的力量转化成自己的力量的一种形式。土能生金，金也能盗泄土的力量。制是一种强攻，化是一种智取。在六爻信息预测中，月日为寅，卦爻有子水，月日之寅木力大，可化泄子水，子水表现为休息状态。卦中子水发动变卯木，是化泄气，大大不利于动爻子水。伏神为午，飞神为辰，是伏神午火生飞神辰土，为泄气。化，就是通过盗泄它爻之气来完成相生相克所达到的效果。

刑：

相刑：刑是受刑伤的信息，是伤残的意思。相刑是比喻两个人或事物互相对立，它们之间有生有克，各自为政，互不相让造成事物发展中的挫折，处于痛苦中。子卯相刑，为无礼之刑；寅巳申三刑，为无恩之刑，丑戌未为持势之刑，辰午酉亥为自刑。

无礼之刑：

子刑卯，卯刑子是也。卦中出现者，门户不正，尊卑不睦。主民告官，客犯主，斗讼，父子六亲反睦，手足无情，争财到官。占婚则被异性纠缠，未婚先苟合。占孕损胎，情伤忧愁，事事不吉祥。

无恩之刑：

寅刑巳，巳刑申，申刑寅。举动艰难，灾讼并至。无恩刑，知恩不报，反为仇，事事提防小人。

持势之刑：

丑刑戌，戌刑未，未刑丑。贵贱相侮，病狱交加。卦中有此，为有权势之人胡作非为，欺压别人，同事间互相排挤，勾心斗角，暗箭害人，惹事生非。经商者被人欺诈，经济纠纷，夫妻间格格不入，互不尊重，各有外情，分离忧愁之象。

自刑：

辰午酉亥是也。所谓自刑，比喻本人为达到某种目的，不择手段，

不惜断送自己，或因达不到目的而烦恼，甚至心身伤害，或者六亲不合，万事不顺。凡卦中三传四值上见四字，卦中又见，或与本人属相相同者，都叫自刑。

地支相刑的实质是一种不适度的相生或相克。子卯刑，是子水过度生卯木或卯木过度化泄子水；寅巳刑，是寅木过度生巳火或巳火过度化泄寅木；巳申刑，是巳火过度克申金或申金过度耗泄巳火；寅申刑，原本就是冲克；丑未戌三刑，是土的力量因会聚而旺。刑，不动不刑，而发动就有了相生相克的权力，故刑只不过是相生相克的一种表现形式。在实际运用当中一定要搞清生克之力是否已达到刑的程度，及谁主刑和谁被刑。

冲：

相冲：古书有天干相冲的记载，本处特指地支相冲，即六冲：子午相冲，卯酉相冲，寅申相冲，巳亥相冲，辰戌相冲，丑未相冲。

凡遇六冲，多主事不成，或事分散，易被别人欺骗，陷害上当，自身伤损有疾病，被别人斗打伤害。

这是一种动态的克。冲和克有相似之处，但有区别。子午冲，是子水克午火。午冲子，表面看是只冲不克，但冲，是一种撞击力量，因而也是一种克，一种更有力的克。其它卯酉冲，寅申冲，巳亥冲，都是同理，都是卦爻相克的表现形式。而辰戌丑未相冲不但代表相克，还有相生的含义，如辰日冲旺相之卦爻戌土，戌为得帮扶而旺。

合：

指阴阳结合，分天干合、地支合。一般说来，合则成，成则久，但还要看具体情况而定。

天干合：为五合，甲与己合化土，乙与庚合化金，丙与辛合化水，丁与壬合化木，戊与癸合化火。

地支相合共有二种形式：六合（实际上应叫二合，即二个地支相合，共六组）、三合。

地支二合（六合）共分六组：子丑合，寅亥合，卯戌合，辰酉合，巳申合，午未合。

地支三合共分四组：寅午戌相合，申子辰相合，巳酉丑相合，亥卯未相合，也叫三合局。

具有相合关系的地支在同一卦中相遇时，即有相互合好之意；如果其中一个地支受其它地支之生，则该地支又有增力之意；因相合地支间有合好之意，就有只顾相合而不顾对其它地支的生克了，又有因合被绊住之意；如果其中一个地支受其它地支之克，则该地支又有减力之意。

一般情况下，地支相合只是一种物理现象，相合的地支只是被合力吸引在一起，各自还保留着各自的五行性质。当合力比较大时，或其中某一地支特别旺时就会发生一种化学反应，转化为另一五行，古人规定的所化出的五行如下：

二合：子丑合化土，寅亥合化木，卯戌合化火，辰酉合化金，巳申合化水，午未合化土。

三合：寅午戌合化火，申子辰合化水，巳酉丑合化金，亥卯未合化木。

合，同样是由相生相克组成，合的力量便由卦爻之旺衰，以及卦内部生克之关系，决定其合力大小。如寅亥合化木，木的力量加大。如亥卯未合化木，未因木克而力减小。总之合本身是相生相克之支集合，合后集结力量又行相生相克之职，故合也是相生相克的一种表现形式。

害：

害，有人称相穿。子未相害，丑午相害，寅巳相害，卯辰相害，申亥相害，酉戌相害。凡求望被人骗诈，如遇害者，若卦中无救，定会有灾，经商将蒙受大损失，并殃及斗殴打官司。占官禄者，升官无望反有免职的危险。占家庭，婚姻必是分离之象。出行阻隔不通，

工作中受他人排挤，如自身旺者，主凡事劳而无功。

第七节　干支五行的旺衰

旺衰两个字表达的是事物生长、兴旺、衰老、病死这样一个发展变化的全过程。在六爻信息预测中，旺衰指的是天干和地支的旺衰，其中最常用、最重要的还是地支的旺衰。

卦爻旺衰的来源有两个方面：一是受宇宙大自然的主宰，也就是年、月、日、时的地支；二是受卦中动静生克之影响，动变之爻的生扶也是卦爻旺衰的来源。卦爻发动，本身就是一种旺。本节主要讲一下卦爻在年月日时的旺衰状态。

论旺衰的方法，就是看卦爻在月、日的旺衰状态。测长远事时就要看卦爻的各个地支在年的状态，测某个时辰发生的事要看卦爻在时的旺衰状态。

论旺衰的依据有两种。一是以十二宫论旺衰；一是以四时节令（春夏秋冬）论旺衰。以四时节令论旺衰，是主要来源。

一、以十二宫论旺衰

十二宫是指长生、沐浴、冠带、临官、帝旺、衰、病、死、墓、绝、胎、养这十二个阶段。长生、沐浴等名，乃假借之词，用于形容气之盛衰。长生者，犹人之初生；沐浴者，犹人之出浴而穿衣戴帽；冠带者，已经长大成人；临官者，由长而壮，犹人可以出仕；帝旺者，壮盛之极，犹人可以辅帝而大有作为；衰者，盛极而衰，物之初变；病者，衰之期；死者，气之尽而无余；墓者，造化收藏，犹人之埋葬于土；绝者，前之气已绝，后之气将续；胎者，后之气续而结聚成胎；养者，如人养于母腹。自是而后，仍起自长生沐浴而至胎养，如此循环无限，永无止息。

以甲木为例，甲木在亥月或亥日是临长生之地，在子月或子日是临淋浴之地，在卯月或日是临旺地，在午月或日是处死地。余仿此。

说明：天干在十二宫的旺衰只在四柱预测中有参考价值，在六爻预测中一般不使用天干旺衰。

十天干十二宫旺衰

	五阳干					五阴干				
	甲	丙	戊	庚	壬	乙	丁	己	辛	癸
长生	亥	寅	寅	巳	申	午	酉	酉	子	卯
沐浴	子	卯	卯	午	酉	巳	申	申	亥	寅
冠带	丑	辰	辰	未	戌	辰	未	未	戌	丑
临冠	寅	巳	巳	申	亥	卯	午	午	酉	子
帝旺	卯	午	午	酉	子	寅	巳	巳	申	亥
衰	辰	未	未	戌	丑	丑	辰	辰	未	戌
病	巳	申	申	亥	寅	子	卯	卯	午	酉
死	午	酉	酉	子	卯	亥	寅	寅	巳	申
墓	未	戌	戌	丑	辰	戌	丑	丑	辰	未
绝	申	亥	亥	寅	巳	酉	子	子	卯	午
胎	酉	子	子	卯	午	申	亥	亥	寅	巳
养	戌	丑	丑	辰	未	未	戌	戌	丑	辰

六爻预测中常使用的是地支十二宫旺衰。以寅为例：如果在亥月甲午日摇得乾卦，二爻妻财寅木在亥月处长生之地，在午日处死地，寅木在月、日两处得其中一处之利，可以认为寅木是处于旺相有气的状态。如果午月甲午日得乾卦，二爻妻财寅木在月、日均处死地，那么寅木就处于衰的状态了。

十二地支十二宫旺衰

	六阳支						六阴支					
	寅	午	戌	申	子	辰	巳	酉	丑	亥	卯	未
长生	亥	寅	申	巳	申	申	酉	子	卯	卯	午	卯
沐浴	子	卯	酉	午	酉	酉	申	亥	寅	寅	巳	寅
冠带	丑	辰	戌	未	戌	戌	未	戌	丑	丑	辰	丑
临官	寅	巳	亥	申	亥	亥	午	酉	子	子	卯	子
帝旺	卯	午	子	酉	子	子	巳	申	亥	亥	寅	亥
衰	辰	未	丑	戌	丑	丑	辰	未	戌	戌	丑	戌
病	巳	申	寅	亥	寅	寅	卯	午	酉	酉	子	酉
死	午	酉	卯	子	卯	卯	寅	巳	申	申	亥	申
墓	未	戌	辰	丑	辰	辰	丑	辰	未	未	戌	未
绝	申	亥	巳	寅	巳	巳	子	卯	午	午	酉	午
胎	酉	子	午	卯	午	午	亥	寅	巳	巳	申	巳
养	戌	丑	未	辰	未	未	戌	丑	辰	辰	未	辰

1. 阳顺阴逆的原因

大家从地支十二宫旺衰表可以看出，阳支从长生沐浴到胎养是顺行的，如寅长生在亥沐浴在子，顺行下去，丑寅卯……分别是冠带、临官、帝旺……而阴支从长生到胎养是逆行的，如卯长生在午沐浴在巳，逆行下去，辰卯寅……分别是冠带、临官、帝旺……。为什么会这样呢？按古人的说法，物有阴阳，阳长则阴消，阴消则阳长，是以阳之所生为阴之所死，阳之所死为阴之所生。以寅卯木为例，寅卯木为一木，而气分阴阳，寅木为阳，生于亥而死于午，阳死则阴生，故而阴之卯木生于午而死于亥。这就是阳顺阴逆的原因，其它五行道理同此。十天干阴阳顺逆的道理也与此相同。

2. 地支十二宫旺衰的正确使用方法

在实际应用时，巳酉丑、亥卯未这六个阴性地支的十二宫排法仍和寅午戌、申子辰这六个阳性地支一样。也就是说实际应用时寅卯皆按长生于亥、沐浴于子……胎于酉、养于戌论。其余午巳、戌辰丑未、申酉、子亥的十二宫排法，都以阳支排法为准。

因为以往出版的一些书籍，虽多列出十二宫旺衰表，但并没有明确告诉读者在使用时，生旺墓绝……仅分五行，不必分阴阳，所以这里单独做为一点提出来，以引起初学者的注意。

3. 十二支五行生、旺、死、墓、绝

木长生在亥，旺在卯，死在午，墓在未，绝在申；

火长生在寅，旺在午，死在酉，墓在戌，绝在亥；

金长生在巳，旺在酉，死在子，墓在丑，绝在寅；

水长生在申，旺在子，死在卯，墓在辰，绝在巳。

土长生在申，旺在子，死在卯，墓在辰，绝在巳。（土在六爻中寄生在水宫）

二、以四时节令论旺衰

前面所讲的以十二宫生旺死衰绝论五行旺衰同下面要讲的以四时节令论旺衰相比，十二宫论旺衰处于次要地位，它起到的是较重要的参考作用；而以四时节令论五行旺衰则处于主导地位，它是论五行旺衰的根本大法。初学者尤其要注意，当以十二宫论五行旺衰同以四时节令论五行旺衰出现矛盾时，要以五行在四时节令的旺衰为准。对于有一定功底的人，用哪种方法都可以，殊途同归。

四时就是春夏秋冬，五行就是木火土金水。五行在四时的状态就是旺相休囚死。旺相休囚死是五行力量逐渐减小的过程，旺的力量最大，相次之，休又次之，囚再次之，死最弱。

五行在四时旺衰表

四时	五行	旺	相	休	囚	死
春	寅卯	木	火	水	金	土
夏	巳午	火	土	木	水	金
秋	申酉	金	水	土	火	木
冬	亥子	水	木	金	土	火

用我代表月令或日建。临我者旺，我生者相，生我者休，克我者囚，我克者死。

如寅月甲午日得乾卦。初爻子水在月令处休地，在日建处囚地，所以子水是处于休囚状态，这是一种衰的状态。二爻寅木临月令为旺，在日建处休地，因月、日都是卦爻的旺衰来源，寅木在月、日两处得一处之助，所以综合下来，寅木在寅月午日是一种旺的状态。五爻申金在寅月处囚地，在午日处死地，在两个旺衰的来源处它都不得气，所以申金处于衰的状态。

五行在四时旺衰表——五行土旺衰表

土月	四季	土	金	火	木	水
辰	春三月	旺	相	休	余气①	死
未	夏六月	旺	休囚②	余气③	囚	死
戌	秋九月	旺	相	休	囚	死
丑	冬腊月	旺	相	死④	囚	余气⑤

1. 说明：

辰未戌丑四个月的五行，虽然都是土，但因它们各自所处的季节不同，所以它们各自所蕴藏的五行之气便有差异。因此，卦中某一五行在这四个土月的旺衰状态也会略有差异。五行土月旺衰表可使读者对此差异一目了然。

2. 注解：

①辰月是春天的第三个月，木的五行之气渐渐消退，故而木在辰月是处在余气的状态。余气，剩余之气，其力量接近于相。旺、相、余气，这是三个有生机的状态。②③未月是夏天的第三个月，一般论相，但因火之余焰犹存，故火有余气。未月之土虽欲可生金，却带有夏季克金之余焰，所以，金在未月处休囚状态。④⑤丑月是冬天的第三个月，水气乃在，故水有余气。丑月天地间所弥散的乃是湿寒土气，与辰未戌月相比，火在三冬体绝形亡，所以火在丑月处

死地。

3．提示：

上面的五行土月旺衰表，说明的是五行在土月的旺衰情况，而不是五行在土日土时的旺衰情况。日建是辰未戌丑时，卦爻五行旺衰状态分别是：土旺、金相、火休、木囚、水死。

三、两种旺衰依据出现矛盾时的处理方法

当以十二宫论旺衰和以四时节令论旺衰出现矛盾时，以四时节令论旺衰为准。

读者也许会问，既然以四时节令论旺衰为准，那么十二宫论旺衰岂不是不用学了。回答是：十二宫论旺衰还是要学。因为在预测中，可以从卦爻在月、日所处的十二宫状态或动爻在变爻所处的十二宫状态中挖掘出很多信息。如测孕产会用到胎爻，测婚姻会用到沐浴，测疾病会用到墓绝等等。

四、长生十二宫密法

在断卦中，长生十二宫密法是很重要的一个诀窍，一般是世用对日月，世对用，用对世应，伏对飞，静对动，等等，以上含义取舍大家可根据实际情况。现公布如下：

1）长生：含有出生，生长，来源，起点，帮助，依靠，靠山，哺育，源泉，根子，原始，苏醒，获救，救助，产生，寻找，得到，发生，吃饭的意思。

2）沐浴：含有洗澡，入水，裸体，淫乱，淫秽，脱衣，恩泽，好处，有利，暴露，光秃秃，光溜，享受，坦诚，大小便，睡觉，破败，难看，无耻，滋润，照顾等意思。

3）冠带：含有穿衣，整装，打扮，包装，装饰，衣服，升级，荣誉，带帽，入伍，遮盖，外表，高贵等意思。

4）临冠：含有公家的，官府，有病，灾祸，有男人在身边，离

死不远，巴结当官的，阿谀逢迎，出仕，当官，拍马屁，有官运，有地位，公务员，自力更生，自我努力，成长，快要成功，国营，危险等意思。

5）帝旺：含有荣发，发达，得意，精神，兴奋，神气，雄壮，高大，擅长，强大，辉煌，欣欣向荣，腾达，有权，极限，高潮，顶点等意思。

6）衰：含有无力，软弱，衰弱，弱小，不景气，弱智，败落，力小，倒霉，退缩，没靠山，弱点，胆小，虚弱，矮小，无能，没本事，不学无术，高不成低不就，不敢反抗等意思。

7）病：含有疾病，病灶，瘟神，讨厌，憎恨，仇人，仇视，不足之处，缺点，毛病，弱点，漏洞，把柄，要害，心病，腐败，问题等意思。

8）死：含有死亡，钻牛角尖，不灵活，不能变通，滞留，终结，完蛋，认死理，一条道走到黑，没有余地，不景气，无生气，无活力，呆板，笨拙，想不开，心胸狭隘，无退路，寂静，安静，可怕等意思。

9）墓：含有包容，收藏，埋藏，关闭，收拾，存放，管理，属于，控制，操纵，指挥，包含，囊括，陷阱，不自由，入迷，受管束，隐藏，保护，保卫，围拦，仓库，权限，昏迷，糊涂，黑暗，不流畅，不畅通，结束，阻力，阻塞等意思。

10）绝：含有无退路，危险，绝地，绝境，悬崖，分手，断绝，背水一战，失望，心灰意冷，死心，无可救药，无能为力，无情，冷酷，不通融，停止，消失，无影无踪等意思。

11）胎：含有怀胎，酝酿，初步打算，计划，形成，先天的，天生的，本性难移，初级，勾连，牵挂，操心，想法，幼稚，弱小，年龄小，起步等意思。

12）养：含有出生，生长，寄托，收养，休养，疗养，休息，依靠，

营养，滋养，扶助，怀疑，不放心，不踏实，心虚，操心，不安，过继，培养，养育，弱小，扶持等意思。

例：　　　　卯月　乙巳日（寅卯空）

《乾为天》

父母戌土、世

兄弟申金、

官鬼午火、

父母辰土、应

妻财寅木、

子孙子水、

1. 以十二宫论，五爻申金在卯月处胎地，在巳日处长生之地，在月、日两处得日建之利，为旺相。

2. 以四时节令论，五爻申金在卯月处囚地，在巳日受克处死地，在月、日两处都不得利，为衰伤。

3. 结论：以四时节令的生克大法为准。日建巳火是克申金的，申金在月建又休囚，故申金在日建不以长生论，而以受克处死地论。申金是衰伤之爻。

第八节　八卦基础知识

《周易》是六爻信息预测的源头。它的主要思想就是易。易就是简易、不易和变易，就是事物的发生，发展以及变化。《周易·系辞传》说：易有太极是生两仪，两仪生四象，四象生八卦。这是八卦来源最早的一种说法。

一、易有太极，是生两仪

太极是一种阴阳未分的原始混沌状态。是世界的本源，宇宙的整体。物质世界一切生成变化，都以此为源头。是生两仪有两重意义，一是太极分化生出天和地，天与地就是两仪；二是天地有阴阳，太极分化出天和地，也就分化出阴和阳，阴阳也就是两仪。

八卦就是由阴阳两仪的符号组成的。_ _ 为阴仪，也称为阴爻（也可表示为、、）；—为阳仪，也称为阳爻（也可表示为、）。

把天地万物用阴阳两个仪或爻表示，阴阳是万物万事矛盾的两个方面，既对立，又统一，万物万事都有阴阳，都有矛盾，也都有统一性。如：天为阳，地为阴；男人为阳，女人为阴；化学上的阳离子，阴离子；数学上的正与负；电学上的阳极和阴极；总之，无事无处不有阴阳。

阴阳符号不仅体现了任何事物都有阴阳两个方面，还说明一个事物中，阴中有阳，阳中有阴，这是一个辩证法的观点。就人来说，男人为阳，女人为阴；就身体来说，头为阳，身为阴，背为阳，胸为阴，手背为阳，手掌为阴……如太极图中的阴阳鱼，阴鱼中有一点白为阳；阳鱼中有一点黑是阴，就体现了一事物阴中有阳，阳中有阴的观点。

二、两仪生四象，四象生八卦

两仪生四象，是阴阳两仪相重，阴阳交合而致：

阳爻同阳爻相重 ▅▅ 为太阳；

阳爻同阴爻交合 ▅▅ 为少阴；

阴爻同阴爻相重 ▅ ▅ 为太阴；

阴爻同阳爻交合 ▅▅ 为少阳。

故纯阳为太阳，纯阴为太阴，一阴在一阳之上为少阴，一阳在一阴之上为少阳。四象也代表一年之中的春、夏、秋、冬四季。

四象生八卦，实际上还是阴阳相重，阴阳相合而成。

一个阳仪之爻 ▬，与太阳 ▆▆ 上下相合，而成乾卦 ▆▆。

一个阳仪之爻 ▬，与少阴 ▆▆ 上下相合，而成兑卦 ▆▆。

一个阳仪之爻 ▬，与少阳 ▆▆ 上下相合，而成离卦 ▆▆。

一个阳仪之爻 ▬，与太阴 ▆▆ 上下相合，而成震卦 ▆▆。

一个阴仪之爻 ▬▬，与太阳 ▆▆ 上下相合，而成巽卦 ▆▆。

一个阴仪之爻 ▬▬，与少阴 ▆▆ 上下相合，而成坎卦 ▆▆。

一个阴仪之爻 ▬▬，与少阳 ▆▆ 上下相合，而成艮卦 ▆▆。

一个阴仪之爻 ▬▬，与太阴 ▆▆ 上下相合，而成坤卦 ▆▆。

按照八卦产生的方式，阳仪分别同太阳、少阴、少阳、太阴相配，形成乾、兑、离、震四卦；阴仪分别同太阳、少阴、少阳、太阴相配，形成巽、坎、艮、坤四卦。

按照上边排列的先天八卦数即为：

乾一、兑二、离三、震四、巽五、坎六、艮七、坤八。

有一首歌诀对于初学者记住八卦的卦形很有帮助：

乾三连，坤六断，震仰盂，艮覆碗；

离中虚，坎中满，兑上缺，巽下断。

三、八卦之象

中国的传统文化，历来都很注重天人合一的哲学思想。所谓人身小天地，天地大人身，把人的生存环境与八种场五种态紧密联系起来。八种场即《周易》中《乾》《兑》《离》《震》《巽》《坎》《艮》《坤》八个宫卦；五种态为金、木、水、火、土五行。

《乾》为阳金，方位西北。为天、冰、雹、霰、圣地、寺院、教堂、皇宫、高级住宅、大会堂、京城都市、博物馆、名胜古迹、政府机构、环形体育场、广场等。

《兑》为阴金，方位正西。为雨、泽、星、沼泽地、泽潭、峡谷、凹地、浅沟、潮地、湖、池、滑冰场、游乐场、会议厅、音乐厅、饮食店、饭馆、门口、路口、垃圾站、废墟、旧屋宅、工地、聚会

场所、洞穴、巢穴、山洞、山口、演说厅、工会、公安部、交谊所、井等。

《离》为火，方位正南。为日、电、虹、霓、霞、明阳的土地、名胜圣地、华丽的大街、火山、喷火口、火灾场所、凉台、大会堂、图书馆、画廊、画店、印刷厂、部队军营、派出所、教会、学院、医院、厨房、窑、炉冶场所、仓库、空杯、桥梁、立交桥、轿子、棚子、火车站、电车站、监视塔、电视台、广告塔、公安局、法院、检察院、广场、影剧院、证券交易所、展览馆、焊接场所、放射科、标价科、猎场、钓鱼场、殿堂等。

《震》为阳木，方位正东。为雷、春季的原野、田园、菜地、庭院、山林野地、林区、震源、菜市场、线路、战场、靶场、演奏会场、广播电台、邮电局、乐器店、声像电器商店、杂技场、花店、音乐茶座、舞厅、歌厅、闹市、噪声大的场所、喧哗之地、游乐场所、远处、大道、机场、发射地、试车场所、军营、公安部门、军队、公园、停车场、车站等。

《巽》为阴木，方位东南。为风、草原、竹林、道路（比较直或窄的）、隘路、过道长廊、寺观、各种线路、邮局、指挥部、商店码头、机场、发射场、通风、通气、出入各种通道、各种管道、芦苇荡、工艺工厂、设计院、索道、升降机、传送带等。

《坎》为水，方位正北。为月、雨、雪、露、霜、水、河川、江、湖、海、沟、渠、井、泉、下水道、洼地、泥泞地、水中、酒场、酒店、冷饮店、黑暗场所、酒吧、妓院、牢狱、浴场、洗漱场所、水槽、温泉、小旅馆、贫民街、地下室、车库、暗室、消防队、自来水公司、水厂、油脂储运所、煤厂、鱼市、湿地、鱼塘、车站、饮食店、冷库等。

《艮》为阳土，方位东北。为云、雾、山风、雾气、山、假山、丘陵、高台、休息室、堤坝、交叉点、境界、坟场、山路、小路、阁寺、房屋、门门、监狱、公安局、派出所、贮藏室、仓库、大楼、银行、

城墙、围墙、影壁、帐蓬、家庙、祠堂、矿山、采石场等。

《坤》为阴土，方位西南。为地、阴云、雾气、冰霜、平原、平地、农村、牧场、庄稼地、操场、广场、平房、旧屋、农舍、粮库、贮藏室、会场、城郊、肉类加工厂等。

八卦之象就是每个卦所象征的世间万物。这在以后的预测中也是经常要用到的，须熟记。下面所列都是基本但却是很重要的。

	人	身体	自然	季节	方位	地理	动物	属性
乾	父	头	天	秋冬间	西北	大城市	马	健
震	长男	足	雷	春	东	闹市、树林	龙	动
坎	中男	耳	水	冬	北	江河、湖井	猪	陷
艮	少男	手	山	冬春间	东北	丘陵、坟墓	狗	止
巽	长女	股	风	春夏间	东南	树林、草园	鸡	入
离	中女	目	火	夏	南	炉冶、城市	雉	丽
坤	母	腹	地	夏秋间	西南	平地、田野	牛	顺
兑	少女	口	泽	秋	西	水池、废沼	羊	悦

四、八卦万物类象：
乾卦：

「天时」：天、冰、雹、霰

「地理」：西北方、京都、大郡、形胜之地、高亢之所

「人物」：君、父、大人、老人、长者、官宦、名人、公门人

「人事」：刚健勇武、果决、多动少静

「身体」：首、骨、肺

「时序」：秋、九十月之交、戌亥年月之时，五行之金（指庚辛申酉）
　　　　　年月日时

「动物」：马、天鹅、狮子、象

「静物」：金玉、宝珠、圆物、木果、刚物、冠、镜

「屋宿」：公厕、楼台、高堂、大厦、驿站宿馆、西北向之居

「家宅」：秋占宅兴隆、夏占有祸、冬占冷落、春占吉利

「婚姻」：贵官之眷、有声名之家、秋占宜成、冬夏不利

「饮食」：马肉珍味、多骨、肝肺、干肉、木果、诸物之首、圆物、辛辣之物

「求名」：有名、宜随官付任、刑官、武职、掌权、天使、驿官、宜向西北之任

「谋旺」：有成、利公门、宜动中有财、夏占不成、冬占多谋少遂

「交易」：宜金玉珍宝珠，贵货，易成，夏占不利

「求利」：有财，金、玉之利，公门中得财，秋占大利，夏占损财，冬占无财

「出行」：利于出行，宜入京师，利西北之行，夏占不利

「谒见」：利见大人，有德行之人，宜见贵官，可见

「疾病」：头面之疾，肺疾，筋骨疾，上焦疾，夏占不安

「官讼」：健讼，有贵人助，秋占得胜，夏占失理

「坟墓」：宜向西北，宜乾山气脉，宜天穴，宜高，秋占出贵，夏占大凶

「方道」：西北

「五色」：大赤色、玄色

「姓字」：带金旁者，行位一四九

「数目」：一四九

「五味」：辛、辣

坤卦：

「天时」：阴云、雾气、冰霜

「地理」：田野、乡晨、平地、西南方

「人物」：老母、后母、农夫、乡人、众人、老妇人、大腹人

「人事」：吝啬、柔顺、懦弱、众多、小人

「身体」：腹脾、肉、胃

「时序」：辰戌丑未月、未申年月日时，八五十月日

「静物」：方物、柔物、布帛、丝绵、五谷、舆釜、瓦器

「动物」：牛、百兽、牝马

「屋宿」：西南方、村店、农舍、矮屋、土阶、仓库

「家宅」：安稳、多阴气、春占宅舍不安

「饮食」：牛肉、土中之物、甘味、野味、五谷之味、芋笋之物、腹脏之物

「婚姻」：利于婚姻，宜税产之家、乡村之家，或寡妇之家，春占不利

「生产」：易产，春占难产，有损或不利于母，坐宜西南方

「求名」：有名、宜西南方或教官、农官守土之职、春占虚名

「交易」：宜利交易、宜田土交易、宜五谷之利、贱货、重物、布帛、静中有财、春占不利

「求利」：有利，宜土中之利，贱货重物之利、静中得财，春占无财，多中取利

「谋旺」：利求谋，邻里求谋，静中求谋，春占少遂，或谋于妇人

「出行」：可行、宜西南行、宜往乡里行、宜陆行，春不宜

「谒见」：可见，利见乡人，宜见亲朋或阴人，春不宜见

「疾病」：腹疾、脾胃之疾、饮食停滞，从而食不化

「官讼」：理顺、得众情、讼当解散

「坟墓」：宜向西南之穴、平阳之地、近田野、宜低葬，春不可葬

「姓字」：带土姓人、行位八五十

「数目」：八五十

「方道」：西南

「五味」：甘

「五色」：黄、黑

震卦：

「天时」：雷

「地理」：东方、树木、闹市、大途、竹林、草木茂盛之所

「身体」：足、肝、发、声音

「人物」：长男

「人事」：起动、怒、虚惊、鼓动噪、多动少静

「时序」：春二月、卯年月日时、四三八月日

「静物」：木竹、苇、乐器（竹木）、花草繁鲜之物、核

「动物」：龙、蛇、百虫、马鸣、鲤鱼

「屋舍」：东向之居、山林之处、楼阁

「家宅」：宅中不时有虚惊，春冬吉，秋占不利

「饮食」：啼、肉、山林野味、鲜肉、果酸味、菜蔬、鲤鱼

「婚姻」：可、有成、声名之家、得长男之婚，秋占不利

「求利」：山林竹木之财、动处求财，或山林、竹木茶货之利

「求名」：有名、宜东方之任、施号发令之职、掌刑狱之官、竹
茶木税课之任、或闹市市货之职

「生产」：虚惊、胎动不安、头胎必生男，坐宜向东，秋不吉

「疾病」：足疾、肝经之疾、惊恐不安

「谋旺」：可旺、可求，宜动中谋，秋占不遂

「交易」：利于成交，秋占难成，动而可成，山林、木竹茶货之利

「官讼」：健讼、有虚惊、行移取甚反复

「谒见」：可见、在宜山林之人，利见宜有声名之人

「出行」：宜行，利东方、利山林之人，秋占不宜行、但恐虚惊

「坟墓」：利于东向、山林中穴，秋不利

「姓字」：带木姓人、行位四八三

「数目」：四八三

「方道」：东

「五味」：甘、酸味

「五色」：黑青、绿碧

巽卦：

「天时」：风

「地理」：东南方之地、草木茂秀之所、花果菜园

「人物」：长女、秀士、寡妇之人、山林仙道之人、僧道

「人事」：柔和、不定、鼓舞、利市三倍、进退不果

「身体」：肱、股、气、风疾

「时序」：春夏之交、三五八之年月日、三月、辰巳月日时、四月

「静物」：木香、绳、直物、长物、竹木、工巧之器、臭、鸡毛、帆、扇、臼

「动物」：鸡、百禽、山林中之禽、虫、蛇

「屋舍」：东南向之居、寺观楼台、山林之居

「家宅」：安稳利市，春占吉，秋占不安

「饮食」：鸡肉、山林之味、蔬果酸味

「婚姻」：可成、宜长女之婚，秋占不利

「生产」：易生、头胎产女、秋占损胎、宜向东南坐

「求名」：有名、宜文职、有风宪之力、宜为采风监察之职、宜茶果竹木税货之职、宜东南之任

「求利」：有利三倍、宜山之利、竹货木货之利，秋不利

「交易」：可成、进退不一、交易之利、山林交易、山林木茶之利

「谋旺」：可谋旺、有财可成，秋占多谋少遂

「出行」：可行，有出入之利，宜向东南行，秋占不利

「谒见」：可见，利见山林之人，利见文人秀士

「疾病」：股肱之疾、风疾、肠疾、中风、寒邪气疾

「姓字」：草木旁姓氏、行位五三八

「官讼」：宜和、恐遭风宪之责

「坟墓」：宜东方向、山林之穴、多树木、秋占不利

「数目」：五三八

「方道」：东南

「五味」：酸味

「五色」：青绿、碧洁白

坎卦：

「天时」：月、雨、雪、露、霜、水

「地理」：北方、江湖、溪涧、泉井、卑湿之地、沟渎、池沼、有水之处

「人物」：中男、江湖之人、舟人、资贼、匪

「人事」：险陷卑下，外示以柔，内序以利，漂泊不成，随波逐流

「身体」：耳、血、肾

「时序」：冬十一月、子年月日、一、六月日

「静物」：水带子、带核之物，弓轮、矮柔之物，酒器、水具、丛棘、藜、桎梏、盐、酒

「动物」：猪、鱼、水中之物、狐、水族

「屋舍」：向北之居、近水、水阁、江楼、花酒长器、宅中湿地之处

「饮食」：猪肉、酒、冷味、海味、汤、酸味、宿食、鱼、带血、掩藏、有带核之物、水中之物、多骨之物

「家宅」：不安、暗昧、防盗，匪

「婚姻」：利中男之婚，宜北方之婚，不利成婚，不可在辰戌丑未月婚

「生产」：难产有险，宜次胎，男、中男，辰戌丑未月有损，宜北向

「求名」：艰难，恐有灾险，宜北方之任，鱼盐河泊之职，酒兼醋

「求利」：有财防失，宜水边财，恐有失险，宜鱼盐酒货之利，

防遗失，防盗

「交易」：不利成交,恐防失陷,宜水边交易,宜鱼盐货,酒之交易,或点水人之交易

「谋旺」：不宜谋旺，不能成就、秋冬占可谋

「出行」：不宜远行，宜涉舟，宜北方之行，防盗匪；恐遇险阻溺之事

「谒见」：难见，宜见江湖之人，或有水旁姓氏之人

「疾病」：耳痛、心疾、感染、肾疾、胃冷、水泻、涸冷之疾、血病

「官讼」：有阴险，有失因讼，失陷

「坟墓」：宜北向之穴、近水傍之墓、不利葬

「姓字」：点水旁之姓氏

「数目」：一、六

「方道」：北方

「五味」：咸、酸

「五色」：黑

离卦：

「天时」：日、电、虹、霓、霞

「地理」：南方、干亢之地，窑、炉冶之所，刚燥厥地，其地面阳

「人物」：中女、文人、大腹、目疾人、甲胄之士

「人事」：文化之所，聪明才学，相见虚心，书事，美丽

「身体」：目、心、上焦

「时序」：夏五月，午火年月日时，三二七日

「静物」：火、书、文、甲骨、干戈、槁衣、干燥之物

「动物」：雉、龟、鳖、蚌、蟹

「屋舍」：南舍之居，阳明之宅、明窗、虚室

「家宅」：安稳、平善、冬占不安，克体主火灾

「饮食」：雉肉、煎炒、烧炙之物、干脯之体、熟肉

「婚姻」：不成、利中女之婚，夏占可成，冬占不利

「生产」：易生，产中女，冬占有损，坐宜向南

「求名」：有名，宜南方之职，文官之任，宜炉冶亢场之职

「求利」：有财宜南方求，有文书之财，冬占有失

「交易」：可成，宜有文书之交易

「出行」：可行，宜动向南方，就文书之行，冬占不宜行，不宜
　　　　行舟

「谒见」：可见南方人，冬占不顺，秋见文书考案才士

「官讼」：易散，文书动，词讼明辨

「疾病」：目疾、心疾、上焦病，夏占伏暑，时疫

「坟墓」：南向之墓，无树林之墓，阳穴。夏占出文人，冬不利

「姓字」：带火或立人旁姓氏，行位三二七

「数目」：三二七

「方道」：南

「五色」：赤、紫、红

「五味」：苦

艮卦：

「天时」：云、雾、山岚

「地理」：山径路近山城，丘陵、坟墓，东北方，门阙

「人物」：少男、闲人、山中人、童子

「人事」：阻隔、守静，进退不决，反背，止住，不见

「身体」：手指、骨、鼻、背

「时序」：冬春之月、十二月、正月丑寅年月日时，七五十月日、
　　　　土年月日时

「静物」：土石、瓜果、黄物、土中之物、闾寺、木生之物、藤
　　　　生之瓜

「动物」：虎、狗、鼠、百兽、黔啄之物、狐

「家宅」：安稳，诸事有阻，家人不睦，春占不安

「屋舍」：东北方之居，山居近石，近路之宅

「饮食」：土中物味，诸兽之肉，墓畔竹笋之属；野味

「婚姻」：阻隔难成，成亦迟，利少男之婚，宜对乡里婚，春占
不利

「求名」：阻隔无名，宜东北方之任，宜土官山城之职。

「生产」：难生，有险阻之厄，宜向东北，春占有损

「交易」：难成，有山林田土之交易，春占有失

「出行」：不宜远行，有阻，宜近陆行

「谒见」：不可见，有阻，宜见山林之人

「疾病」：手指之疾，胃脾之疾

「官讼」：贵人阻滞，官讼未解，牵联不决

「坟墓」：东北之穴，山中之穴，近路旁有石，春占不利

「数目」：五七十

「方道」：东北方

「五色」：黄

「五味」：甘

兑卦：

「天时」：雨泽、新月、星

「地理」：泽、水际、缺池、废井，山崩破裂之地，其地为刚卤

「人物」：少女、妾、歌妓、伶人、译人、巫师、奴仆婢

「人事」：喜悦、口舌谗毁、谤说、饮食

「身体」：舌、口喉、肺、痰、涎

「时序」：秋八月，酉年月日时，金年月日，二四九月日

「静物」：金刀、金类、乐器、废物、缺器之物，带口之物，毁
折之物

「动物」：羊、泽中之物

「屋舍」：西向之居，近泽之居，败墙壁宅，户有损

「家宅」：不安，防口舌，秋占喜悦，夏占家宅有祸

「饮食」：羊肉、泽中之物、宿味、辛辣之物味

「婚姻」：不成，秋占可成，有喜，主成婚之吉，利婚少女，夏占不利

「生产」：不利，恐有损胎或则生女，夏占不利，宜坐向西

「求名」：难成，因名有损，利西之任，宜刑官，武职，伶官，译官

「求利」：无利有损，财利主口舌，秋占有财喜，夏占不利

「出行」：不宜远行，防口舌，或损失，宜西行，秋占有利宜行

「交易」：难有利，防口舌，有竞争，秋占有交易之财，夏占不利

「谒见」：利行西方，见有咒诅

「疾病」：口舌、咽喉之疾，气逆喘疾，饮食不餐

「坟墓」：宜西向，防穴中有水，近泽之墓，或葬废穴，夏占不宜

「官讼」：争讼不已，曲直未决，因讼有损，防刑，秋占为体得理胜讼

「姓字」：带口带金字旁姓氏，行位四二九

「数目」：四二九

「方道」：西方

「五色」：白

「五味」：辛辣

五、卦位

八卦之位，就是两经卦相重之位。卦位属于卦象，卦象包括卦位。

卦位有七种：

1. 两卦相重有上、下之位，也称上卦下卦。

2. 两卦相重有内外之位，也称内卦外卦。

3. 相同卦相重有前后之位，上卦为前，下卦为后。

4. 异卦相重《泰》卦☷☰，分阴位和阳位，也叫阴卦阳卦，外阴而内阳。

5. 两卦相重《否》卦☰☷，分刚位和柔位，也叫阳卦阴卦，外阳而内阴。

6. 同卦相重有平行之位，重复之位。

7. 两卦相重，有远位近位，外卦为远，内卦为近。卦位之说虽有七种，但宜灵活运用不可死板。如测水灾外卦有水，内卦无水，就是外地有水灾，本地无灾；远处有水灾，近处没有，就不能理解为上面有水灾，下面无水灾，也不能解为刚位有水灾而柔位无水灾。总之，卦位的用法，要根据预测的具体事来定，这里面是充满辩证法的，不能千篇一律。

六、爻位

一卦有初、二、三、四、五、上，共六个爻位。

1. 天位、人位、地位：一卦六个爻，五爻六爻为天位，三爻四爻为人位，初爻二爻为地位。五、三、初为天、人、地之正位。

2. 上位、中位、下位：一卦之上爻为上位；上卦之中爻和下卦之中爻为中位；初爻为下位。

3. 阳位、阴位：一卦六个爻，初、三、五为阳位，二、四、上为阴位。

4. 同位：一卦六个爻，内外卦有上、中、下的爻位。初爻居内卦之下，四爻居外卦之下，是为同位；二爻居内卦之中，五爻居外卦之中，是为同在中位；三爻居内卦之上，上爻居外卦之上，同在上位。

5. 贵贱之位：五爻为贵位，二爻为贱位。五爻为贵，是天子之贵；二爻为贱，是小人之贱。

6. 刚柔居尊位：卦中第五爻为天位，为君位，为尊位。阳居五爻是阳居尊位；阴居第五爻，为阴居尊位。居尊位，象人居帝王之位。

7. 阴阳得位与不得位：一卦之初、三、五爻为阳位，二、四、上爻为阴位。阳爻居阳位，阴爻居阴位为得位。如阴爻居阳位，阳爻居阴位，为不得位，失位。得位象人所处的地位、环境有利或者人之才德与职位相当，或人行事与职位相当，得位是有利之象，不得位者，不利之象。

8. 刚胜柔如《夬》卦，䷪ 卦中下五爻为阳刚，上一爻为阴柔，刚胜柔。

9. 柔从刚如《巽》卦，䷸ 阴爻在阳爻之下，是柔顺从刚之象。

10. 柔乘刚如《噬嗑》，䷔ 阴爻在阳爻之上，是柔者欺刚之象，如臣欺君。

11. 爻位相应：一卦六个爻，还有爻与爻之间相应的问题。相应的次序是初爻与四爻相应，二爻与五爻相应，三爻与上爻相应。相应者，阴阳相应，阴阳之和，阳与阳，阴与阴为不相应，为阴阳不和。

12. 爻位吉凶：二爻和四爻，均为偶，阴柔。则以柔从命为事，故二与四同功，但一个在内卦一个在外卦，是异位。二爻居内卦之中，在近处，多誉；四爻居外卦远处，故多惧。三爻居下卦之极，处卑贱之位，故多凶。五爻居上卦之中位，处尊贵之位，故五爻多功，这两个爻多功多凶之别，主要是贵贱之分。

本节关于爻位的论述主要用做参考，细主领悟后，对于预测事情可起辅助作用。

七、六十四卦

易有太极，是生两仪，两仪生四象，四象成八卦，八卦又生成六十四卦。

有三个爻划之卦，谓之单卦或经卦。两个经卦重叠，成为别卦，

也叫六爻卦，如两个乾经卦上下重叠，为《乾为天》；两个坤经卦上下重复，为《坤为地》。

由经卦上下重叠组合，可以组合成八八六十四个别卦，即六十四卦由八经卦和八经卦两两相重叠而形成。其中两个相同的经卦重叠，又称为纯卦，共有八个纯卦。

下面再从六十四卦象征天地万物的发生、发展的方面来对六十四卦做一简要说明，使读者大体明白每一卦的含义，这对于以后准确预测，从卦中提取信息是有帮助的。

六十四卦的排列在《周易》中是起于乾、坤两卦。是在乾为天，坤为地，有天地然后有万物这种思想指导下排列的。《周易·序卦传》将六十四卦卦序，分为上经和下经。上经由天道开始，下经由人伦开始。

上经说：＜乾＞卦象征天，＜坤＞卦象征地，有天地然后有万物。天地之间充满万物，所以接着是＜屯＞卦，屯是充满和万物创始之意。万物刚创始时，必遭埋没，所以接着是＜蒙＞卦，蒙是蒙昧、幼稚之意。万物幼稚就要养育，所以接着＜需＞卦，需要饮食之意。因众物皆需饮食，必然要产生争端，所以接着是＜讼＞卦，讼是争讼之意。争讼是成群聚集之象，所以接着是＜师＞卦，师是众的意思。众多就有相互亲近的情况，所以接着是＜比＞卦，比是亲近之意。亲近互助，就会有蓄积，接着是＜小畜＞卦，畜与蓄同。当物资有了积蓄就要以礼仪节制，所以接着是＜履＞卦，履有礼之意。有了礼仪，然后就会安泰，所以接着是＜泰＞卦，泰是通畅之意。万物不可能始终通畅。所以接着是＜否＞卦，否是坏，阻塞之意。万物不可能始终阻塞，所以接着是＜同人＞卦,同人有亲的意思。能够与人和谐共处，万物必然来归顺，所以接着是＜大有＞卦，大有者宽也。有大事业的人,不可以自满,所以接着是＜谦＞卦,谦者,退也。有大事业的人,不可以自满,所以接着是＜豫＞卦,豫者悦也。

能够使人民安乐，必然都来追随，所以接着是＜随＞卦，随是随从，顺从之意。喜悦而追随他人，就易于沉溺安乐，必然发生事端，所以接着是＜蛊＞卦，蛊是发生腐败，发生事端之意。发生事端，然后才可以创造大事业，所以接着是＜临＞卦，临者大也。大了以后，就具备观摩的条件，所以接着是＜观＞卦，观是观看之意。具备观摩的条件，就会使人仰慕，相合而同，所以接着是＜噬嗑＞卦，噬嗑是合的意思。但万物不可苟合，所以接着是＜贲＞卦，贲是文饰之意。但过分文饰就失去真实产生弊端，亨通就到了尽头，所以接着是＜剥＞卦，剥是剥落的意思。万物不可能始终剥落，剥落到极点又会恢复，所以接着是＜复＞卦，复是恢复之意。物质恢复积蓄以后，就可养育，所以接着＜颐＞卦，颐是养的意思。养育过分会产生错误，所以接着＜大过＞卦，大过者祸也。万物不可以始终过度，所以接着是＜坎＞卦，坎是陷的意思。物陷落，必然要攀附，所以接着是＜离＞卦，离是美丽，攀附之意。

下经是说：有了天地然后有万物，万物有阴阳分雌雄，在人称作男女；有了男女，然后才有夫妻。＜咸＞卦象征夫妻。有夫妻，然后才有父子；有了父子，然后人类社会才仿效父子关系，建立了君臣的体制；有了君臣的体制，然后才分开上下的等级名分，有了上下的等级名分，然后才建立并实施礼仪。

夫妇的关系不可以不长久，所以在＜咸＞卦之后接着是＜恒＞卦，恒是久的意思。但万物不可能长久保持原状，不发生变化，所以接着就是＜遁＞卦，遁是隐遁，退避的意思。但万物不可始终退避，所以接着是＜大壮＞卦，大壮是兴盛壮大之意。但物不可以始终壮大，所以，接着是＜晋＞卦，晋者进也。前进途中必然会遇到伤害，所以接着是＜明夷＞卦，明夷是创伤之意。在外面受到创伤，就要返回家中，所以接着是＜家人＞卦。当人走到穷途末路时，行为会产生乖违现象，所以接着是＜睽＞卦，睽是乖逆之意。乖逆必

然会有灾难，所以接着是＜蹇＞卦，蹇是灾难之意。万物不可以始终有灾难，所以接着是＜解＞卦，解是解除、缓和之意。缓和的必然有损失，所以接着是＜损＞卦，损是增益的意思。不停地增益必然会决溃，所以接着是＜夬＞卦，夬是溃决之意。溃决后必然会有遭遇，所以接着是＜姤＞卦，姤是不期而遇之意。万物相遇后就会聚集，所以接着是＜萃＞卦，萃是丛生聚集的意思。聚集就会逐渐升高，所以接着是＜升＞卦，升者进也。不停地上升或前进，必然会遭遇进退不得的困境，所以接着是＜困＞卦，困者危也。遭遇上升的困难，就会返回下方，所以接着是＜井＞卦，井者静也。井不经常淘洗就会混浊，需要革新，所以接着就是＜革＞卦，革者改也。使物革新莫于过鼎，鼎用来煮食，可改变食物的风味，所以接着是＜鼎＞卦，鼎者定也。鼎是祭器，祭祀祖先是长子的责任，所以接着是＜震＞卦，震为长子，为动之意。万物不可以始终在动，必须使其止息，所以接着就是＜艮＞卦，艮者止也。万物不可能始终止息，所以接着就是＜渐＞卦，渐是渐进之意。前进必然有归宿，所以接着是＜归妹＞卦，归妹者大也。得到良好的归宿，必然强大，所以接着是＜丰＞卦，丰是盛大之意。大到极点，必然不安于原来的位置，所以接着是＜旅＞卦，旅者客也。旅行找不到容身的地方，就要设法进入，所以接着是＜巽＞卦，巽者入也。进入之后就会喜悦，所以接着就是＜兑＞卦，兑者悦也。喜悦就会使人闷气涣散，所以接着就是＜涣＞卦，涣是离散之意。万物不可以始终涣散，所以接着就是＜节＞卦，节者止也。节制就能使人相信，所以接着就是＜小过＞卦，小过即超越之意，小过者过也。能够超越常情，才足以成大事，所以接着就是＜既济＞卦，既济者合也。但万物不可能穷尽，事物的发展也没有止境，所以接着是＜未济＞卦，未济者失也。

《易经》从乾坤始，至既济未济止，用六十四卦象征天道的循环不已，人事的无穷无尽。

《易经》六十四卦在天道反映了日、月、地三者的运动呈周期性的循环、旋转；在自然界反映了气候的阴阳消长，昼夜寒暑的周期性循环；在物道方面揭示了生、长、茂、枯、死的规律；在人道方面阐述了生、长、壮、老、死的动态往复规律。所以说，《易经》（即《周易》）是一幅天物人象的缩影，是一门博大精深的科学体系。六爻信息预测技术正是其科学体系中的一个分支。

八、卦的类别

1. 以卦体（位置）划分：内卦，又称下卦，也称贞卦；外卦，又称上卦，也称悔卦。

2. 以占卜（动静）划分：静卦，又称体卦，也称贞卦，指没有动爻的卦象；动卦，又称用卦，也称悔卦，指包含动爻的卦象。

3. 以占卜（卦变）划分：本卦，又称正卦，指按一定筮法求出的原卦；之卦，又称变卦，指按一定筮法变动后的卦象。

4. 以属性划分：四阳卦，又称四刚卦，指乾震坎艮；四阴卦，又称四柔卦，指坤巽离兑。

5. 十二消息卦：又称十二辟卦，也称君卦。消卦，指十二消息卦中阳爻渐消的卦，即：姤遁否观剥坤；息卦，指十二消息卦中阳爻渐长的卦，即：复临泰大壮夬乾。

6. 往来卦：指《周易》六十四卦中前后相邻的两卦，前卦对后卦而言为往卦，后卦对前卦而言为来卦。

7. 四正卦、四隅卦：八卦中居于东、西、南、北四个正位上的卦为四正卦；八卦中居于东南、西南、东北、西北四个隅位上的卦为四隅卦。在先天八卦方位与后天八卦方位中，四正卦与四隅卦所指亦不相同。四隅卦又称四维卦。

8. 错综卦：错卦，即对卦，又称旁通卦，也称类卦，指阴阳相对的卦，如坎与离、中孚与小过等。综卦，即反卦，又称覆卦，指将一卦反覆过来（即上下颠倒）所得到的卦，如屯与蒙、需

与讼。

9. 半对卦、半覆卦：半对卦分上对与下对两种，上对卦为上卦相对而下卦相同，如中孚与归妹；下对卦为下卦相对而上卦相同，如师与明夷。半覆卦分上覆与下覆两种，上覆卦为上卦反覆而下卦相同，如大畜与大壮；下覆卦为下卦反覆而上卦相同，如无妄与遁。

10. 相易卦（反易卦、对易卦）：反易卦，即上下反易卦，指六十四卦别卦中上卦和下卦为颠倒反覆的卦，如颐与大过。对易卦，即上下对易卦，又称交卦、交易卦、交错卦，也称上下易、两象易，指六十四卦别卦中上卦与下卦为阴阳对立关系的卦，如泰与否、既济与未济等。

11. 互卦：也称互体卦、约象、中爻，一般指由中四爻（二三四五爻）交互组合而成的卦，有时也指一二三四爻或三四五上爻交互组合而成的卦。

12. 像卦：又称大象，是指将六爻卦看成三爻卦之象。如中孚、颐均像离，称之为大离；小过、大过均像坎，称大坎；观像艮，称大艮等等。

13. 包卦：六爻卦上下三爻包容中三爻的卦象。如咸、恒为坤包乾；损、益为乾包坤等等。

14. 父母、六子卦：父母卦指乾坤二卦，六子指震巽坎离艮兑六卦。

15. 纳甲筮法卦类：月卦，指月卦身；宫卦即八宫卦，指内卦和外卦为同一经卦构成的八纯卦（本位卦）；几世卦（上世、一世、二世、三世、四世、五世、游魂、归魂），指表示八宫卦依据一定规则变化时最后变爻停留位置和性质的卦。

16. 八卦、六十四卦：八卦，又称经卦、单卦、三爻卦、小成之卦。六十四卦，又称别卦、重卦、六爻卦、大成之卦。

九、卦象与理数、时空

预测的基础是卦象，占卜是靠分析卦象而得出结论的。那么，卦象和事物是如何发生具体联系的呢？即具体的事物是如何显示出相应的卦象呢？这主要是体现在卦象与理数时空的关系上，从本质上说是宇宙万事万物与理数、时间、空间及卦象等之间的全息关系。

数的概念是人类在生产和生活实践中逐步形成和发展起来的。数既是抽象的，也是具体的。万事万物都与数有着密切的关系，不仅仅是数目、计量的关系，而且还有质的关系；事物的发展、变化的规律性与数密切相关，或者说体现在定数上。数与时间、空间一样，都是事物存在的形式。易学中研究的事物与数的关系，与我们日常所讲的数不同，与现代的数学中所研究的数不同，是指理数，自然之理，所谓理者，数而已矣。所以古代的卜筮、六壬、奇门、星占、命相、堪舆等学说都称为术数学。

象和数是易学中两个最重要的范围，历史上研究二者及其关系的学派被称为象数派。关于二者的关系，很早就有人论及。《左传。僖公十五年》韩简侍说：筮数也，物生而后有象，象而后有滋，滋而后有数。唐代易学家孔颖达解释说：筮之用揲蓍以为卦，是筮以阴阳著策之数而告人也。凡是动植飞走之物，物既生讫，而后有其形；既为形象，而后滋多；滋多而后始有头数。象生而后有数，是数因象而生也。若易之卦象，则是因数而生，故先筮而后得卦，是象从数生也。从这里我们可以看出象与数的关系是：先有物象而后有数，由数又产生卦象；而占断则是通过卦象和数去推断具体物象。在这里需要说明的是，象与数实际上是同时产生的，二者不可割裂，有象必有数，有数也必然有象。正如阴阳二仪，同由太极所生，而不分先后也。观阴而可知阳，观阳亦可知阴。

1. 理数种种

（1）大道之数

古代著名哲学家老子曾说过：道生一，一生二，二生三，三生万物。这句看似简单，但却包括深邃的哲学名言，概括了宇宙产生、发展的过程。易学的数也是如此，从无到有，从 0 到 1，从 1 到 2，从 2 到 3……。也就是无极生太极，太极为 1 生两仪，由阴阳——两仪而成三画之八卦而类万物。具体地说，宇宙是个太极，DNA 是个太极，生命最小的形态场也是个大极，……它们都孕育着两仪，进一步发展而生成众多。《周易。系辞上》中说：是故易有太极，是生两仪，两仪生四象，四象生八卦。这句话与老子所说在其哲学意义的表达上是完全一致。

（2）天地之数

《周易·系辞上》说：天一，地二；天三，地四；天五，地六；天七，地八；天九，地十。天数五，地数五，五位相得而各有合，凡天地之数五十有五。此所以成变化而行鬼神也。十以内的数具有神秘的意义，其中有五个奇数：一三五七九；五个偶数：二四六八十。奇数为阳，为天数；偶数为阴为地数。天数相加：$1+3+5+7+9 = 25$；地数相加：$2+4+6+8+10 = 30$；天地数相加：$25+30 = 55$。古人通过这些数字的奇偶对立关系，以反映天地万事万物的联系性。占筮就是通过数的演算而得到卦，而通过卦象推断具体的事物及其之间的关系。

（3）河·洛之数

为体现十个天地之数的神秘和变化，古人创作了《河图》《洛书》。

相传伏羲时有龙马出孟津，其背有点，二、七在前，一、六在后、三、八在左，四、九在右，五、十居中。其表意为：中央五，象五行；一、六在左，象北方壬癸水；二、七在六，象南方丙丁火；三、八在后，象东方甲乙木；四、九在右，像西方庚辛金；五、十居中，

象中央戊己土。五方各有一个天数和地数,总数为五十五。《系辞上》中有大衍之数五十,其用四十有九二句,对此有多种解释,其中有一种解释为,原文当为大衍之数五十有五,脱有五二字,此为河图中天地之总数,因为一个重卦有六爻,故从五十五中减去六,而且四十九。《河图》中,天地数所显示的的五行是按顺时针方向转以相生,为先天之体。

又相传大禹治水时,有神龟出洛河,其背有纹,为洛书。《尚书。洪范》中说：天与禹洛生书,神龟负文而出,列于背,有数至于九。洛书取龟之象,其记法是:戴九履一,左三右七,二四为肩,六八为足。九位九数为九宫。对应后天八卦,具体对应是:坎一为水,坤二为土,震三为木,巽四为木,中五为土,乾六为金,兑七为金,艮八为土,离九为火。其对应天干五行是：壬水一,丁火二,甲木三,辛金四,戊己土五,癸水六,丙火七,乙木八,庚金九。以逆时针方向旋转相克,后天用事。其中没有地数十。但已寓于众数之中,这是因为其无论相对的两角或两边,相加之和皆为十。同时,每个边天地数之和、每条对角线天地数之和都是十五,充分体现了天地万物阴阳平衡的协调的原理。

（4）生成之数

东汉易学家郑玄在注释《系辞》中说：天一生水于北,地二生火于南,天三生木于东,地四生金于西,天五生土于中。这是指《河图》而言的。又说：阳无偶,阴无配,未得相成。地六成水于北,与天一并；天七成火于南,与地二并；地八成木于东,与天三并；天九成金于西,与地四并；地十成土于中,与天五并也。这里一二三四五为生数,六七八九十为成数。生表示产生,生数即可以生万事万物；成表示完成,成数即为完成之数。生数成数与五行、五方、八卦相配,即可概括万事万物,其数的千变万化,即可概括万事万物运动变化。古典占筮法用著草演算卦象的方法就是用了成

数的六七八九四个数。此四数对应四象，六为老阴，七为少阳，八为少阴，九为老阳。《易纬·乾凿度》中说：易一阴一阳而为十五之谓道。阳变七之九，阴变八之六，亦合于十五。故太一（乙）取其数以行九宫，四正四维皆合十五。此又正合《洛书》之数，即老阴六加老阳九、少阴八加少阳七正好合为十五，这就与一阴一阳合而为十五的太一之道或太极之道吻合。可见，卦象演算中用六七八九这四个数代表阴爻和阳爻不是偶然和任意的，它反映了古人深邃的象数观、理数观。

（5）八卦序数

先天八卦序数：

乾一、兑二、离三、震四、巽五、坎六、艮七、坤八。

这个顺序数是按先天八卦或伏羲八卦次序排列的。从乾南到离东达震东北；又从东北到巽西南，经坎西，回到坤北。从乾到坤，所走的线路正是太极图的 S 线路，也是一条生命线路。这个序数是先天之数，邵雍的《梅花易数》的数字起卦法就是以此数演算起卦，由数得象。即在占卦时，直接将八卦序数视为实数，把一与乾卦对应、二与兑卦对应、三与离卦对应、四与震卦对应、五与巽卦对应、六与坎卦对应、七与艮卦对应、八与坤卦对应，由数直接得出卦象。

后天八卦序数：

坎一、坤二、震三、巽四、中五、乾六、兑七、艮八、离九。

这个次序是按后天八卦或文王卦次序排列的。即先由坎北向坤西南，再向震东、巽东南，经中宫至乾西北、兑西，再向艮东北，最后至离南，形成后天宇宙场。后天八卦之数，正合洛书九宫之数，是由卦象推数的重要依据。古代风水术中推人之命即以此序。

2、实用数理

在现代，人们对数的概念比较熟悉，如：数字家电等等。但在古代，

数的意义有其特定的界限，有数就有理。传曰：数者，谓五行、十干、十二支数也。包括河络数、大衍数、干支数、八卦数等。

（1）五行数：水，生数一，成数六。火，生数二，成数七。木，生数三，成数八。金，生数四，成数九。土，生数五，成数十。

注意：五行数通用方法有两种。其一，水一，火二，木三，金四，土五。其二，水土一五七，火主二四八，金木三六九。五行旺相时用大数，休囚时用中间数，死绝时用小数。以上数理，应根据预测的实际情况而定。

（2）天干数：甲己九，乙庚八，丙辛七，丁壬六，戊癸五。

（3）地支数：子午九，丑未八，寅申七，卯酉六，辰戌五，巳亥四。

为了便于记忆，古人们将以上五行、天干、地支数编成一首歌诀，如下：

　　　水火木金土，一二三四五。甲己子午九，乙庚丑未八。

　　　丙辛寅申七，丁壬卯酉六。戊癸辰戌五，巳亥四数终。

（4）八卦数：乾一，兑二，离三，震四，巽五，坎六，艮七，坤八。

十、关于河图洛书的传说

相传很久以前，洛阳北黄河边上的孟津，有一年从黄河里爬出了个大怪物。这个怪物异常庞大，一张嘴就吞下个活人，一打滚地里的庄稼全都遭秧。从此这里田地渐渐荒芜，百姓也吃尽苦头，无以谋生。

怪物闹的大家没有活路，只好找来了伏羲。羲皇听了大家的诉说后，忙带上宝剑，来到河边。那怪物原来是黄河中的龙马，看到羲皇挥舞宝剑站在面前，知道逃脱不掉，忙伏地告饶，乞求羲皇放它条生路，并承诺：若放了我，定从黄河里拿件宝贝给您！羲皇听到说：我不要什么宝贝，只要你答应不再祸害百姓，我就放你。

龙马答应潜入河中。几天后，它果然背负着一块玉版献给羲皇。伏羲一时也琢磨不出玉版上黑色小点和那些图案，只知它是黄河中

的宝贝，便唤这块玉版为河图。

此后，羲皇同龙马结下深厚友情，伏羲经常去看龙马。一天，伏羲细看龙马身上的花纹，再琢磨河图上的图案，一下悟出了八卦图。据说，伏羲还曾将他的八卦知识写了本书叫《易经》，后经商周末年周文王的完善，变成了今日的《周易》，一直广为流传。

至于《洛书》，需从大禹治水说起。

有年夏天，大禹凿开了龙门，伊河在龙门南形成的湖水流入了洛河待湖水渐渐流浅时候，从湖底浮出一个足有磨盘大的乌龟。大禹的手下人见了，忙挥剑去砍，被大禹拦住了，大禹看这只龟对百姓也从没做过坏事，便把它放入洛河。过了不久，有天，整个洛阳城都被大雾笼罩，大禹率领手下到洛河岸边察看水情。忽然，在大雾茫茫的洛河里升起了一束五彩宝光，随之，罩在空中的大雾也烟消云散。大禹仔细一看，那宝光升起的地方，浮出一只乌龟，那宝光也正是从乌龟背上的一块玉版放出来的。原来，当日的乌龟为抱答大禹，特将此玉版献上，并称这块玉版为《洛书》。

在《洛书》上有 65 个红字，大禹一个也不认识。后来经过反复揣摸，整理出九个方面的内容，有历法、种植谷物，制定法令等。

后来，古人根据《洛书》的九章大法，整理出一本科学法典一《洪范篇》。这部书一直传至今日。

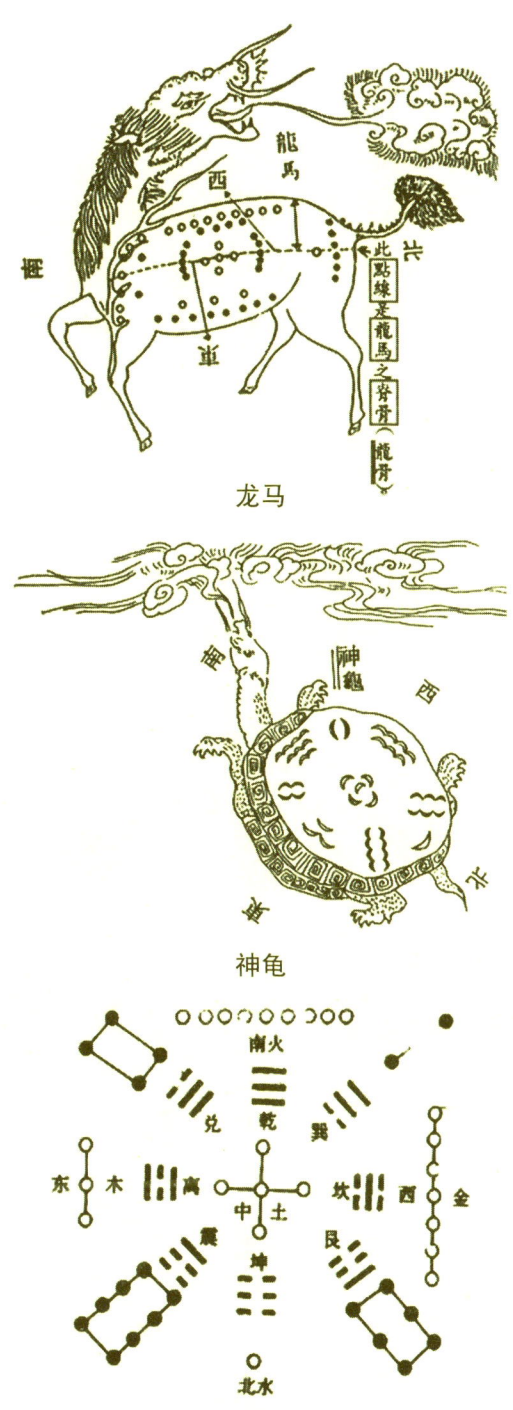

龙马

神龟

洛书配八卦

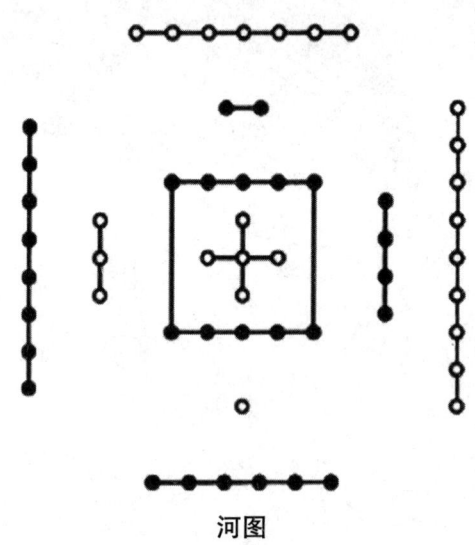

河图

实用八卦图（由外向内看）

第二章
如何起卦

　　用周易进行预测，起卦的方式方法很多，灵活多变，哲理无穷，常见的几种起卦方法包括：时间起卦法、数字起卦法、声音起卦法、方位起卦法、颜色起卦法、姓名起卦法、物象起卦法等各种随机起卦法和摇卦法。其中，摇卦法是应用最为广泛的大宗之法。下面分别做以介绍。

第一节　时间起卦法

一、单纯时间起卦法

　　以年、月、日三个数相加起上卦，年、月、日、时四个数相加起下卦，又以年、月、日、时总数取动爻。年数是指年的地支序数，子年为1，丑年为2，……亥年为12数，日历上的农历是哪年，就用那一年的年支数，不考虑节令。月数是指农历一年中12个月的自然序数，也是月支的序数，正月1数，二月2数，直至十二月为12数，日历上的农历几月就是几数，起时间卦时的月数不考虑节令。日数是指日历上农历每月中每天的自然序数，如初一为1数，初二为2数，直至三十日为30。以上年、月、日，相加之和除以8，以余数作为上卦。时以子时为1，丑时为2，至亥时为12。年、月、日、时之数相加，总和除以8，余数作为下卦。年月日时数相加之和除以6，余数作为动爻数。

起卦时，不论数之总和为多少，只要其数在 8 以内，即以其数为卦。卦、数相配之规律为：乾一、兑二、离三、震四、巽五、坎六、艮七、坤八。若年、月、日之数相加为 3，则上卦为离；年月日时之数相加为 4，则下卦为震；年月日时之日之数相加为 4，第四爻即为动爻，这样起出的卦叫《火雷噬嗑》，变卦为《山雷颐》。然后就可以按点卦，标卦名，看卦属何宫，安世应，纳地支，配月日建，配六神的步骤来完成预测前的第一步，装卦。

如果年月日数相加之和大于 8，要除以 8，余数为上卦数，年月日时数相加之和大于 8 也要除以 8，余数为下卦数。求动爻时，如年月日时数相加之和是 1 至 6 之间的数，就直接取初爻到六爻为动爻。若它们相加之和大于 6，就要用总和除以 6，余数为动爻数。

除以 8 者，余 1 数为乾卦，余 2 数为兑卦，余 3 数为离卦，余 4 数为震卦，余 5 数为巽卦，余 6 数为坎卦，余 7 数为艮卦，除尽者为坤卦。

除以 6 者，余 1 数，初爻是动爻，余 2 数，二爻为动爻……，除尽者，6 爻是动爻。

例如：父测小孩于 1988 年十月十四日午时丢失（戊辰年癸亥月辛巳日甲午时）以时间起卦如下：

戊辰年，辰数为 5，癸亥月是十月。辛巳日是农历十四日。午时其数为 7。

年＋月＋日为：5+10+14=29，29÷8=3 余 5，5 数为巽卦。取上卦为巽。

年＋月＋日＋时为：5+10+14+7=36，36÷8=4 余 4，4 数为震卦。取下卦为震。

年＋月＋日＋时为：5+10+14+7=36，36÷6=6。取上六爻为动爻。

这样《风雷益》之《水雷屯》卦就起出来了。

二、时间加数起卦法

有时候在同一个时辰内会有几个人同时来预测，这样用同一个时间卦来反映不同人所测的不同的事情感到有困难时，可以让后来的求测者报数字，用他自己报的数来代表他不同于旁人的信息。

如甲报的数是 3，则起时间卦时，上卦为年＋月＋日，总和除以 8，余数为上卦数；年＋月＋日＋时＋3，总和除以 8，余数为下卦数；年＋月＋日＋时＋3 总和除以 6，余数为动爻数。

如报的是 12，则以年＋月＋日，总和除以 8，余数为上卦数；年＋月＋日＋时＋12，总和除以 8，余数为下卦数；年＋月＋日＋时＋12，总和除以 6，余数为动爻数。

也可加姓氏笔划数，同一时间有赵钱孙李四人问卦。可分别以年、月、日数取上卦；年月日时加姓氏笔划数取下卦；以年月日时加姓氏笔划数除以 6 取动爻。

第二节　各种随机起卦法

随机起卦方法种类很多，用法多是因人因时而异，下面介绍几种常用的方法。

一、姓名起卦

以姓的笔划数起上卦，如超过八画，以姓的笔画数除以 8，余数为上卦数。以名字的笔划数为下卦，如笔画数超过 8 画，则以其数除以 8，余数为下卦数。姓名笔画总数除以 6，余数为动爻数。古人强调用繁体字查笔画，而现今预测，我们也可以用简化汉字的笔画数起卦。

例如以邵康节三字起卦。邵字为 7 划，为艮，为上卦数；康节二字共为 16 划，16 除以 8 没有余数，取 8 为下卦数，下卦为坤。邵康节三个字笔划总数为 23，除以 6 余 5，五爻为动爻。得《山地剥》

之《风地观》卦。

二、数字起卦

可让求测者从 0~9 中任意报出两个数字。如为 0、7，则以 0 为 8 数，上卦为坤，下卦为艮。动爻为（0+7）÷6=1 余 1，初爻为动爻。得《地山谦》之《地火明夷》卦。

若求测者报 1、9 两数，1 为上卦为乾。下卦 9÷8=1 余 1，余数为 1，下卦也为乾。动爻为（1+9）÷6=1 余 4，四爻为动爻。得《乾为天》之《风天小畜》卦。

三个数字也可起卦。如求测者报 1、8、7 三个数字，则取上卦为乾，下卦为坤，以 7 除以 6 余 1，故初爻为动爻。得《天地否》之《天雷无妄》卦。

多数字起卦。电话号码、车牌号等均可起卦。如 66190660 这个电话号码，共 8 位数，取前四位数相加之和除以 8 余数为上卦数；后四位数相加之和除以 8 余数为下卦数；8 位数相加之和除以 6 余数为动爻数。得《水雷屯》之《泽雷随》。

三、以颜色起卦

如见求测者上穿白衬衫，下着草绿裤，则起上卦白为金为兑，下卦草绿为木为巽，再加测卦时的时辰取动爻。如当时是巳时，巳为 6 数，兑卦数为 2，巽卦数为 5，三数之和除以 6 余 1，则初爻为动爻。得《泽风大过》之《泽天夬》。

乾，兑同为白色，而形状不同，乾有完美之状，兑有缺损之形。震、巽同为绿色，震色深，巽色浅。坤艮同为土色，艮色灰黑，坤色灰白，两种略有黄意。离为红，坎为黑。

四、以方位起卦

以求测者所居方位为上卦，以其面向之方为下卦，上卦数加下卦数加时辰数之和除以 6，余数为动爻数。如巳丑日卯时，有一老

人往东南方，有忧色，以老人为乾为上卦，巽方为下卦，又以乾一，巽五之数加卯时四数，总和为 10，除以 6 余 4，四爻为动爻。得《天风姤》之《巽为风》。

五、以声音起卦

凡闻声响，按声响数起上卦；声响数加时数起下卦；总数除以六为动爻数。

如丑时忽闻敲击声，假设闻听 5 声，即以 5 数为上卦数；以丑数 2 加 5 为 7 为下卦数；以 7 除以 6 余 1，初爻动。得《风山渐》之《风火家人》。

六、以物起卦

不可数之群物不可起卦，而以单物或可数之群物起卦，以单物之类象属性为上卦；以其所居方为下卦；上下卦数加时辰数之和除以 6 余数为动爻。如酉时见一轿车从东方疾速驶来，以坎为车取作上卦；以震为东取作下卦；以坎数 6 震数 4 加酉时 10 数除以 6 余 2，二爻为动爻。得《水雷屯》之《水泽节》。

随机卦的起卦方式灵活多样，只要符合八卦原理，就可以随意起卦，方法任意，没有规定说哪种方法不对，只有各人的喜好不同而已。读者可根据自己的情况随机起卦。这也是源于《易经》的六爻信息预测技术的主要思维方式之一，即易就有灵活、变化的含义。

第三节　摇卦法

一、如何摇卦：

用六爻预测，首先就必须学会取卦。战国以前我们的祖先是用烧裂的龟甲纹路来推断人事吉凶，其法复杂，礼节繁多，后又用蓍草取数的方法进行占卜，因为太复杂逐渐被淘汰，直到西汉时期京房易产

生后，才发明三枚铜钱取象。其法简单，又具有深刻的含义，一枚铜钱分为正面和反面，有字的一面为阴，无字的一面为阳。这种起卦方法很符合先人的阴阳学说，三枚铜钱象征天、地、人三才，再就铜钱而言，内方孔代表地，外园代表天，正好符合天人合一的思想。因此用三枚铜钱取象法是古人智慧的结晶，是最简便的取象方法。

用铜钱取象，它的根本原理就是宇宙全息论和人体磁场的感应，因此要求问事者必须意念集中，才能获得准确的信息。起卦时把三枚铜钱（康熙、乾隆铜钱为佳）放于手中，两手合住紧扣铜钱，意念集中在求测之事，沉思一分钟左右，使铜钱和占测者产生感应，然后手捧铜钱摇晃几下，撒在干净的桌上或地上，共摇6次并记下每次卦象。注意记卦时必须从下往上记。举一例：

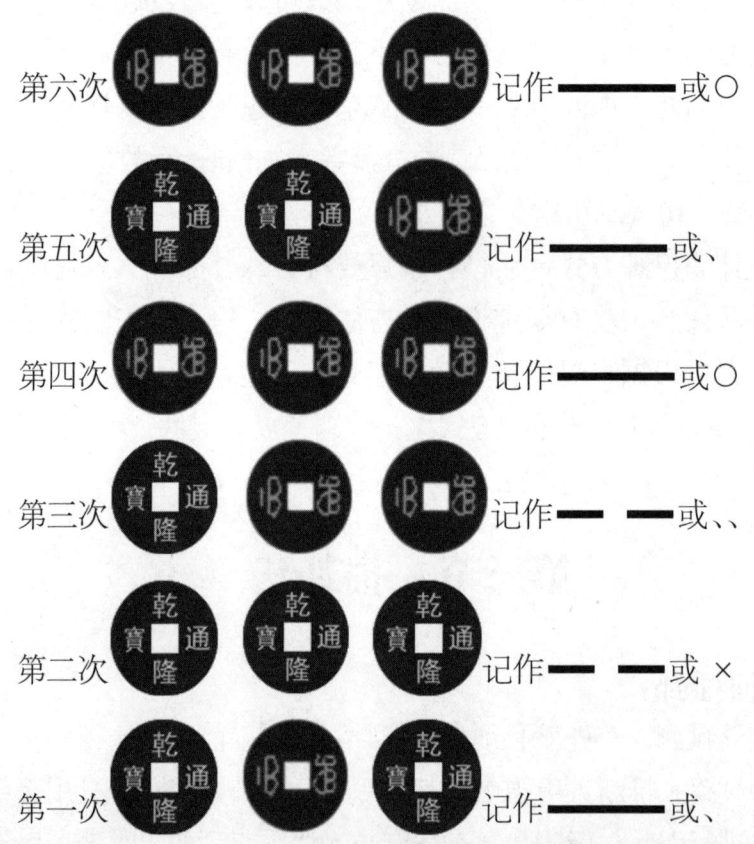

这个〇是阳动可以看作是 ▬▬，× 是阴动可以看成 ▬ ▬ 得卦象为《天雷无妄》。

然后把阳动之爻变成阴爻，把阴动之爻变以阳爻，这样就构成为一个完整的卦象：《天雷无妄》变《水泽节》卦。把《天雷无妄》称为主卦，把《水泽节》称为之卦或变卦。

把摇得卦中有动爻的卦叫动卦，没有动爻的卦叫静卦。

二、如何装卦

1. 标卦名

如何知道自己所摇的卦卦名是什么呢？这要从八卦讲起。《易》有八卦，又名八经卦，分别叫做乾、兑、离、震、巽、坎、艮、坤。凡是由三个爻组合成的卦，称为八经卦，又称八卦、基本卦、经卦。由八经卦上下两两重叠组合成的任何一个卦（六十四卦），称为六爻卦或别卦、重卦。

例如乾上震下则组合成《天雷无妄》卦，其卦象为

 或

震上乾下则组合成《雷天大壮》卦，其卦象为

 或

在六爻以预测中，很少单独用八经卦来断事，都是用六十四别卦来断事。八经卦每卦都象征一种自然现象，各卦的主象义为：乾为天、兑为泽、离为火、震为雷、巽为风、坎为水、艮为山、坤为地。六十四卦的卦名就是根据上下重叠的两个经卦的象义而确定的。读卦名时，先读上经卦的象义，后读下经卦的象义，然后再读卦名。

其它六爻卦即六十四卦都是如此重叠而成。两个相同的八经卦上下重叠时，就以该经卦的象义为卦名。六十四卦分别属于八个宫，每个宫有八个卦。

八宫为乾宫、兑宫、离宫、震宫、巽宫、坎宫、艮宫、坤宫。

八宫六十四卦卦名：

乾宫：乾为天，天风姤，天山遁，天地否，风地观，山地剥，火地晋，火天大有。

兑宫：兑为泽，泽水困，泽地萃，泽山咸，水山蹇，地山谦，雷山小过，雷泽归妹。

离宫：离为火，火山旅，火风鼎，火水未济，山水蒙，风水涣，天水讼，天火同人。

震宫：震为雷，雷地豫，雷水解，雷风恒，地风升，水风井，泽风大过，泽雷随。

巽宫：巽为风，风天小畜，风火家人，风雷益，天雷无妄，火雷噬嗑，山雷颐，山风蛊。

坎宫：坎为水，水泽节，水雷屯，水火既济，泽火革，雷火丰，地火明夷，地水师。

艮宫：艮为山，山火贲，山天大畜，山泽损，火泽睽，天泽履，风泽中孚，风山渐。

坤宫：坤为地，地雷复，地泽临，地天泰，雷天大壮，泽天夬，水天需，水地比。

以上八宫六十四卦必须背熟，这样才能一看卦象，即知卦名，才能知道某一个卦是属何宫，为下面的学习打下坚实的基础。

标出主、变卦的卦名后，就可以进入下一步骤。

2. 看主卦属何宫

此步骤主要是在卦中确定世爻、应爻位置，为配六亲做准备。如起得《山天大畜》卦，应做到一看卦名，就知道此卦是属艮宫第三卦。

3. 安世爻、应爻

一卦之中有六个爻，其中世爻代表摇卦之人，应爻代表摇卦人所要测的事物之环境或对象。当然，这里说的只是最简单的情况，随着学习的深入，大家就会发现实际情况要复杂一些。

以乾宫为例，讲一下世爻和应爻所处的位置。

乾宫第一卦是《乾为天》，世爻在六爻位；《天风姤》世在初爻；《天山遁》世在二爻；《天地否》世在三爻；《风地观》世在四爻；《山地剥》世在五爻；《火地晋》世退在四爻；《火天大有》世退在三爻。世爻中隔两位即是应爻，如乾卦，世在第六爻，应必在第三爻。余卦仿此（参见《六十四卦爻象全图》）。

《天风姤》	《天水讼》	
、	、	……………上爻位（或六爻位）
、	、	……………五爻位（或君位）
、　应	、	……………四爻位
○	、、	……………三爻位
、	、、	……………二爻位
、、世	、、	……………初爻位（或一爻位）

在背诵八宫六十四卦卦名时，一定要按书中所示的先后顺序背。这样就能体会到取世爻和应爻，是有规律可循的。

4. 纳甲（装干支）

把卦象取好以后，就要进行装卦，所谓装卦就是把地支纳入卦爻中，一个复卦是由上下卦组成的，也可以把上面的称为外卦，把下面的称为内卦，每个卦的内卦和外卦各有不同的纳干和纳支。一般情况下，地支的信息量更大一些，所以纳甲时往往只纳地支而将

天干省略掉，但在更深层次挖掘信息时，就显出纳干的重要性了。

1）纳甲歌：

乾金甲子外壬午，【子寅辰午申戌】；

坎水戊寅外戊申，【寅辰午申戌子】；

艮土丙辰外丙戌，【辰午申戌子寅】；

震木庚子外庚午，【子寅辰午申戌】；

巽木辛丑外辛未，【丑亥酉未巳卯】；

离火己卯外己酉，【卯丑亥酉未巳】；

坤土乙未外癸丑，【未巳卯丑亥酉】；

兑金丁巳外丁亥，【巳卯丑亥酉未】；

纳甲的方式是两个父母卦分别各纳两个天干，即：

父：乾内卦纳第一干甲，外卦纳第九干壬

母：坤内卦纳第二干乙，外卦纳第十干癸

剩下的六个天干，按阴阳和幼长顺序，从小到大分别纳给六个子女卦，即：

少男：艮——丙

少女：兑——丁

中男：坎——戊

中女：离——己

长男：震——庚

长女：巽——辛

2）纳地支

纳地支就是从初爻位到六爻位，都添加上十二地支，简称纳支（也可称纳甲）。十二地支就是子水、丑土、寅木、卯木、辰土、巳火、午火、未土、申金、酉金、戌土、亥水。

给六十四卦的纳支是有规律可循的，都是根据八经卦处在上卦还是处在下卦来纳支，八经卦纳支的规定如下：

乾内卦：子水，寅木，辰土　　**乾外卦**：午火，申金，戌土

兑内卦：巳火，卯木，丑土　　**兑外卦**：亥水，酉金，未土

离内卦：卯木，丑土，亥水　　**离外卦**：酉金，未土，巳火

震内卦：子水，寅木，辰土　　**震外卦**：午火，申金，戌土

巽内卦：丑土，亥水，酉金　　**巽外卦**：未土，巳火，卯木

坎内卦：寅木，辰土，午火　　**坎外卦**：申金，戌土，子水

艮内卦：辰土，午火，申金　　**艮外卦**：戌土，子水，寅木

坤内卦：未土，巳火，卯木　　**坤外卦**：丑土，亥水，酉金

例如：《天风姤》卦的纳支，依据上述，《天风姤》卦内卦为巽，外卦为乾，就按照乾外卦午、申、戌排列，巽内卦用丑、亥、酉排列，其余仿此。

《天风姤》

戌土、　　■■■■■

申金、　　■■■■■

午火、　　■■■■■　　　应

酉金、　　■■■■■

亥水、　　■■■■■

丑土、、　■■　■■　　　世

第四节　安六亲

一、把卦纳地支后，接下来便是安六亲。

所谓六亲就是断卦的术语，指父母、官鬼、子孙、妻财、兄弟再加上我。确定六亲是以每卦的卦宫五行属性来确定，把卦宫五行称为我，以各爻地支的五行为它，看它和我的生克关系来定六亲，口诀为：生我者父母，我生者子孙，克我者官鬼，我克者妻财，比

和我者为兄弟，如上一节《天风姤》卦为例：首先确定《天风姤》卦属于乾宫之卦，卦宫五行属金，这个金就是我。初爻丑土是生我的，因此把它写上父母，二爻亥水是我生的，写上子孙，其余类推。

《天风姤》

父母戌土、	██████	
兄弟申金、	██████	
官鬼午火、	██████	应
兄弟酉金、	██████	
子孙亥水、	██████	
父母丑土、、	██ ██	世

二、装变爻。

卦遇变爻要先把变卦纳上地支，纳地支和上一节一样，有些人习惯只把变出之爻装上地支，其它的不标，也有的习惯把变出的所有爻都装上，前者用于一卦一断，若要一卦多断，就应把变卦的所有爻都装上。关于装变爻的六亲要特别注意一个问题，变出之卦可能是另一个宫之卦，无论如何在装六亲时都要按原卦宫五行来确定六亲。如上例《天风姤》卦，假设六爻动变成《泽风大过》卦，第六爻变出来的未土就按《天风姤》的卦宫金五行来确定六亲，决不能用变卦《泽风大过》卦宫五行木来确定，这是初学者容易搞错的。其余依此类推。

《天风姤》（属乾宫金卦）　变《泽风大过》（属震宫木卦）

父母戌土 ██████ ○		父母未土 ██ ██、、	
兄弟申金 ██████、		兄弟酉金 ██████	
官鬼午火 ██████、 应		子孙亥水 ██████	
兄弟酉金 ██████、		兄弟酉金 ██████	
子孙亥水 ██████、		子孙亥水 ██████	
父母丑土 ██ ██、、世		父母丑土 ██ ██、、	

第五节　安世应

世、应是一卦的主体，是卦中阴阳二气消长变化的关节点，一旦世应排错，就不可能准确地断事。本来世、应的位置是决定于八宫六十四卦的排列顺序的，若能死死地记住八宫六十四卦的顺序，也可以排出一卦中世、应的位置。但是万一记错一点儿，则全盘皆错，而且尤其是对初学者来讲也很难掌握，定世应方法很多，下面介绍一种：利用一个二十字口诀定世应的简便方法。

此法是：把一卦分成内、外（或下、上）两卦，每卦三爻。上爻为天爻，中爻为人爻，下爻为地爻。一卦之中包括：两个天爻，两个人爻，两个地爻，初、四爻为地爻，二、五爻为人爻，三、六爻为天爻。利用天、人、地三才爻的阴阳属性之间异同而定出世爻之位，那么再隔两爻，即是应爻。

《风火家人》

六爻	天爻、
五爻	人爻、应
四爻	地爻、、
三爻	天爻、
二爻	人爻、、世
初爻	地爻、

（1）如《风火家人》卦，两个天爻相同，即三爻与六爻同是阳爻。凡是天爻相同的卦，不论同阴或同阳，都是二爻位为世爻，五爻则为应爻。

《火泽睽》

六爻	天爻、
五爻	人爻、
四爻	地爻、世
三爻	天爻、、
二爻	人爻、
初爻	地爻、应

（2）六十四卦中，凡是地爻相同的卦，不论同阴，同阳，都是四爻位为世爻，如《火泽睽》卦，其初爻和四爻同是阳爻，这种卦的地爻相同，但天爻，人爻均不相同。这里以《火泽睽》卦为例，余卦仿此。

《雷山小过》

六爻　　天爻、、

五爻　　人爻、、

四爻　　地爻、世

三爻　　天爻、

二爻　　人爻、、

初爻　　地爻、、应

《雷火丰》

天爻、、

人爻、、世

地爻、

天爻、

人爻、、应

地爻、

《地天泰》

天爻、、应

人爻、、

地爻、、

天爻、世

人爻、

地爻、

《火水未济》

天爻、应

人爻、、

地爻、

天爻、、世

人爻、

地爻、、

（3）六十四卦中，凡是人爻相同而天爻，地爻不同的卦，也是四爻位为世爻，人爻相同的卦即是游魂卦，如《雷山小过》卦，其余仿此。

（4）六十四卦中，凡是地爻、人爻都相同，唯独天爻不相同的卦，都是五爻位世爻，如《雷火丰》卦，其余仿此。

（5）六十四卦中，凡是内外卦的天爻、人爻、地爻阴阳都相反，也就是卦中两个天爻，两个人爻，两个地爻都不相同，同位且阴阳属性相反的卦，叫做错卦，它的世爻在三爻之位，如《地天泰》《水火未济》等。

《风山渐》

天爻、 应

人爻、

地爻、、

天爻、 世

人爻、、

地爻、、

《山火贲》

天爻、

人爻、、

地爻、、应

天爻、

人爻、、

地爻、 世

（6）六十四卦中，凡是天爻相同，地爻相同，唯独人爻不相同的卦，即归魂卦，其世也在三爻之位，如《风山渐》卦等。

（7）六十四卦中，凡是天爻相同，人爻相同，唯独地爻不相同的卦，世爻在初爻之位，如《山火贲》卦等

八纯卦乾、坎、艮、震、巽、离、坤、兑其世爻都在上爻之位。

上面利用内、外卦的天、人、地爻阴阳属性之异同而确定世位的方法，只有下面七种情形：

1. 天爻相同（人、地爻不同）；

2. 地爻同（天、人爻不同）；

3. 人爻同（天、地爻不同）；

4. 地、人爻相同（天爻不同）；

5. 错卦（天、人、地爻全相反）；

6. 天、地爻相同（人爻不同）；

7. 天、人爻相同（地爻不同）。

这七种情形用二十个字的一句口诀即可完全包括，不用记忆很多内容，就可以很方便地使用，这个口诀是：**地同人同四，地人都同五，错卦天地三，天二天人初。**

解释：此口诀只论天、人、地相同的阴、阳之爻，以相同阴阳性之爻定世位。口诀中的地同人同四地爻相同的卦（天、人、爻不同），以及凡是人爻相同（天、地爻不同）的卦，符合这两种情况的卦四爻为世爻之位。

地人都同五：内、外卦中，人、地两爻都对应相同的卦，世爻在五爻上。

错卦天地三：错卦（天、人、地爻阴阳性全相反的卦）世爻在三爻，同样天地三也说明：天地爻分别相同（人爻不同即归魂卦）的卦的世爻也在三爻。

天二天人初：只有天爻相同的卦世爻在二爻；天、人爻相同的卦，世爻为初爻。

附：八宫六十四卦（按宫位排列）

乾宫八卦：属金

《乾为天》

父母戌土、世
兄弟申金、
官鬼午火、
父母辰土、应
妻财寅木、
子孙子水、

《天风姤》

父母戌土、
兄弟申金、
官鬼午火、　应
兄弟酉金、
子孙亥水、
父母丑土、、世

《天山遁》

父母戌土、
兄弟申金、　应
官鬼午火、
兄弟申金、
官鬼午火、、世
父母辰土、、

《天地否》

父母戌土、　应
兄弟申金、
官鬼午火、
妻财卯木、、世
官鬼巳火、、
父母未土、、

《风地观》

妻财卯木、
官鬼巳火、
父母未土、、世
妻财卯木、、
官鬼巳火、、
父母未土、、应

《山地剥》

妻财寅木、
子孙子水、、世
父母戌土、、
妻财卯木、、
官鬼巳火、、应
父母未土、、

《火地晋》

官鬼巳火、
父母未土、、
兄弟酉金、　世
妻财卯木、、
官鬼巳火、、
父母未土、、应

《火天大有》

官鬼巳火、应
父母未土、、
兄弟酉金、
父母辰土、世
妻财寅木、
子孙子水、

兑宫八卦：属金

《兑为泽》　《泽水困》　《泽地萃》

《兑为泽》	《泽水困》	《泽地萃》
父母未土、、世	父母未土、、	父母未土、、
兄弟酉金、	兄弟酉金、	兄弟酉金、　应
子孙亥水、	子孙亥水、　应	子孙亥水、
父母丑土、、应	官鬼午火、、	妻财卯木、
妻财卯木、	父母辰土、	官鬼巳火、世
官鬼巳火、	妻财寅木、、世	父母未土、、

《泽山咸》　《水山蹇》　《地山谦》

《泽山咸》	《水山蹇》	《地山谦》
父母未土、、应	子孙子水、、	兄弟酉金、、
兄弟酉金、	父母戌土、	子孙亥水、、世
子孙亥水、	兄弟申金、、世	父母丑土、、
兄弟申金、　世	兄弟申金、	兄弟申金、
官鬼午火、、	官鬼午火、、	官鬼午火、、应
父母辰土、、	父母辰土、、应	父母辰土、、

《雷山小过》　《雷泽归妹》

《雷山小过》	《雷泽归妹》
父母戌土、、	父母戌土、、应
兄弟申金、、	兄弟申金、、
官鬼午火、　世	官鬼午火、
兄弟申金、	父母丑土、、世
官鬼午火、、	妻财卯木、
父母辰土、、应	官鬼巳火、

离宫八卦：属火

《离为火》
兄弟巳火、世
子孙未土、、
妻财酉金、
官鬼亥水、应
子孙丑土、、
父母卯木、

《火山旅》
兄弟巳火、
子孙未土、、
妻财酉金、 应
妻财申金、
兄弟午火、、
子孙辰土、、世

《火风鼎》
兄弟巳火、
子孙未土、、应
妻财酉金、
妻财酉金、
官鬼亥水、 世
子孙丑土、、

《火水未济》
兄弟巳火、 应
子孙未土、、
妻财酉金、
兄弟午火、、世
子孙辰土、
父母寅木、、

《山水蒙》
父母寅木、
官鬼子水、、
子孙戌土、、世
兄弟午火、、
子孙辰土、
父母寅木、、应

《风水涣》
父母卯木、
兄弟巳火、 世
子孙未土、、
兄弟午火、、
子孙辰土、 应
父母寅木、、

《天水讼》
子孙戌土、
妻财申金、
兄弟午火、 世
兄弟午火、、
子孙辰土、
父母寅木、、应

《天火同人》
子孙戌土、 应
妻财申金、
兄弟午火、
官鬼亥水、 世
子孙丑土、、
父母卯木、

震宫八卦：属木

《震为雷》　　　《雷地豫》　　　《雷水解》

妻财戌土、、世　妻财戌土、、　　妻财戌土、、
官鬼申金、、　　官鬼申金、、　　官鬼申金、、应
子孙午火、　　　子孙午火、　应　子孙午火、
妻财辰土、、应　兄弟卯木、、　　子孙午火、、
兄弟寅木、、　　子孙巳火、　　　妻财辰土、　世
父母子水、　　　妻财未土、、世　兄弟寅木、、

《雷风恒》　　　《地风升》　　　《水风井》

妻财戌土、、应　官鬼酉金、、　　父母子水、、
官鬼申金、、　　父母亥水、、　　妻财戌土、　世
子孙午火、　　　妻财丑土、、世　官鬼申金、、
官鬼酉金、　世　官鬼酉金、　　　官鬼申金、
父母亥水、　　　父母亥水、　　　父母亥水、　应
妻财丑土、、　　妻财丑土、、应　妻财丑土、、

《泽风大过》　　《泽雷随》

妻财未土、、　　妻财未土、、应
官鬼酉金、　　　官鬼酉金、
父母亥水、　世　父母亥水、
官鬼酉金、　　　妻财辰土、、世
父母亥水、　　　兄弟寅木、、
妻财丑土、、应　父母子水、

巽宫八卦：属木

《巽为风》

兄弟卯木、世
子孙巳火、
妻财未土、、
官鬼酉金、应
父母亥水、
妻财丑土、、

《风天小畜》

兄弟卯木、
子孙巳火、
妻财未土、、应
妻财辰土、
兄弟寅木、
父母子水、世

《风火家人》

兄弟卯木、
子孙巳火、应
妻财未土、、
父母亥水、
妻财丑土、、世
兄弟卯木、

《风雷益》

兄弟卯木、应
子孙巳火、
妻财未土、、
妻财辰土、、世
兄弟寅木、、
父母子水、

《天雷无妄》

妻财戌土、
官鬼申金、
子孙午火、世
妻财辰土、
兄弟寅木、
父母子水、应

《火雷噬嗑》

子孙巳火、
妻财未土、、世
官鬼酉金、
妻财辰土、、
兄弟寅木、、应
父母子水、

《山雷颐》

兄弟寅木、
父母子水、、
妻财戌土、、世
妻财辰土、、
兄弟寅木、、
父母子水、应

《山风蛊》

兄弟寅木、应
父母子水、、
妻财戌土、、
官鬼酉金、世
父母亥水、
妻财丑土、、

坎宫八卦：属水

《坎为水》　　　《水泽节》　　　《水雷屯》

兄弟子水、、世　兄弟子水、、　　兄弟子水、、
官鬼戌土、　　　官鬼戌土、　　　官鬼戌土、　应
父母申金、、　　父母申金、、应　父母申金、、
妻财午火、、应　官鬼丑土、、　　官鬼辰土、、
官鬼辰土、　　　子孙卯木、　　　子孙寅木、、世
子孙寅木、、　　妻财巳火、　世　兄弟子水、

《水火既济》　　《泽火革》　　　《雷火丰》

兄弟子水、、应　官鬼未土、、　　官鬼戌土、、
官鬼戌土、　　　父母酉金、　　　父母申金、、世
父母申金、、　　兄弟亥水、　世　妻财午火、
兄弟亥水、　世　兄弟亥水、　　　兄弟亥水、
官鬼丑土、、　　官鬼丑土、、　　官鬼丑土、、应
子孙卯木、　　　子孙卯木、　应　子孙卯木、

《地火明夷》　　《地水师》

父母酉金、、　　父母酉金、、应
兄弟亥水、、　　兄弟亥水、、
官鬼丑土、、世　官鬼丑土、、
兄弟亥水、　　　妻财午火、、世
官鬼丑土、、　　官鬼辰土、
子孙卯木、　应　子孙寅木、、

艮宫八卦：属土

《艮为山》
官鬼寅木、世
妻财子水、、
兄弟戌土、、
子孙申金、应
父母午火、、
兄弟辰土、、

《山火贲》
官鬼寅木、
妻财子水、、
兄弟戌土、、应
妻财亥水、
兄弟丑土、、
官鬼卯木、世

《山天大畜》
官鬼寅木、
妻财子水、、应
兄弟戌土、、
兄弟辰土、
官鬼寅木、世
妻财子水、

《山泽损》
官鬼寅木、应
妻财子水、、
兄弟戌土、、
兄弟丑土、、世
官鬼卯木、
父母巳火、

《火泽睽》
父母巳火、
兄弟未土、、
子孙酉金、世
兄弟丑土、、
官鬼卯木、
父母巳火、应

《天泽履》
兄弟戌土、
子孙申金、世
父母午火、
兄弟丑土、、
官鬼卯木、应
父母巳火、

《风泽中孚》
官鬼卯木、
父母巳火、
兄弟未土、、世
兄弟丑土、、
官鬼卯木、
父母巳火、应

《风山渐》
官鬼卯木、应
父母巳火、
兄弟未土、、
子孙申金、世
父母午火、、
兄弟辰土、、

坤宫八卦：属土

《坤为地》　　《地雷复》　　《地泽临》

《坤为地》	《地雷复》	《地泽临》
子孙酉金、、世	子孙酉金、、	子孙酉金、、
妻财亥水、、	妻财亥水、、	妻财亥水、、应
兄弟丑土、、	兄弟丑土、、应	兄弟丑土、、
官鬼卯木、、应	兄弟辰土、、	兄弟丑土、、
父母巳火、、	官鬼寅木、、	官鬼卯木、世
兄弟未土、、	妻财子水、世	父母巳火、

《地天泰》　　《雷天大壮》　　《泽天夬》

《地天泰》	《雷天大壮》	《泽天夬》
子孙酉金、、应	兄弟戌土、、	兄弟未土、、
妻财亥水、、	子孙申金、、	子孙酉金、世
兄弟丑土、、	父母午火、世	妻财亥水、
兄弟辰土、世	兄弟辰土、	兄弟辰土、
官鬼寅木、	官鬼寅木、	官鬼寅木、应
妻财子水、	妻财子水、应	妻财子水、

《水天需》　　《水地比》

《水天需》	《水地比》
妻财子水、、	妻财子水、、应
兄弟戌土、	兄弟戌土、、
子孙申金、、世	子孙申金、、
兄弟辰土、	官鬼卯木、、世
官鬼寅木、	父母巳火、、
妻财子水、应	兄弟未土、、

第三章
卦中各要
素的信息之象

　　断卦的过程实际上就是通过卦象爻象提取各方面信息，进行综合分析判断的过程。要全面提取卦中各要素的信息之象，很多时候需从卦象和卦位这两个角度入手，然后从六亲、六神、日月旺衰、动静变爻、生克制化、刑冲合害、墓库伏藏、旬空月破、伏吟反吟、游魂归魂等等各要素中提取相关的信息。

　　卦象往往体现事情大象和表像，很多求测之事与卦象、卦位、卦名都有关连。如测失物，卦象、卦位参考意义很大，物品丢在什么地方？在上还是在下？在家内还是家外？此物和什么性质及何种物象的物体在一起？测求财，是内地还是外地？求什么样的财？等等信息主要靠卦象和卦位来提取。卦象卦位体现信息之象的实质：揭示一种对应关系，看其都对应哪些信息。提取六爻信息从入手到结束，都是利用对应关系，这是六爻预测最基本最主要的关系与核心，下面分别阐述。

第一节　卦象卦名信息

　　卦象、卦名往往揭示整个事体轮廓，但并不一定能决定吉凶。如讼卦往往主官司诉讼之象，要测之事不是牵扯到官司就是有口舌，

即使暂时没有在发展中也要出现。卦象、卦名有一些特定意义，《解卦》《说卦》一类易书中有详细说明，现将 64 卦名象合一综述如下（卦象应辩证看，不要一看卦名、卦象就直断，这样会失偏颇；本节卦象、卦名信息仅从几个侧面来论述）：

1. 乾为天：六爻全阳，有刚硬之象，两乾迭加更富刚建不弯，阳刚之气最足，象征政府机关、公安、检察、法院等具有刚正之象的人、事、物。具有天象，广大无垠，覆盖万物。

2. 天风姤：乾上（老男）巽下（长女），不为正配。乾（天、阳、刚），巽（风、阴、柔），阴阳相遇，有风相吸、柔乘刚. 一阴五阳有一女五夫之象，占婚主女人不正，淫荡不贞。卦名有交媾、约会之意，易有外情、暧昧事，尤其女人不正。风云相济之卦，或聚或散之象。

3. 天山遁：天上山下，有山上别有洞天之意，卦名有逃亡、逃跑、逃走、退避、隐遁之意。两阴爻（小人）在内，阳爻（君子）在外，有小人欲制君子，而君子不得不退隐山上之象。占行人往往主逃避、躲避某事而出走。豹隐南山之卦，守道远恶之象。

4. 天地否：三阴爻居内，三阳爻居外，有小人主内政、君子靠外之象。《否》：否定闭塞，阴阳不相交，万物不生长。以人事论为闭塞黑暗，小人得势，君子受排斥之象；以家庭论：夫妻不和，分居分离之象。天上地下符合人们常规思想意识"否极泰来"，占卦并非不好，要结合具体六爻灵活变通，若信息不吉再提出《否》卦的不利信息，推演到现实中可能是小人专权、君子受挫。测人心性是外强中柔，表面强大，实质软弱，或表面坚强，内心软弱。天地不交之卦，人口不圆之象。

5. 风地观：上风下地为风在地上，万物滋生、国运昌盛、求官得爵之象。有观看、观望、等待、展示之意。将道义展示与众人（坤）前，众人皆仰视九五之尊。占卦多有外出旅游或参观、展览之象，或等待观望。云卷晴空之卦，春花竞发之象。

6. 山地剥：艮山居外卦，山高而危必剥落；阴爻成长，剩一阳爻已到极位，要谨微慎行，不可冒然行动。有剥落、掉下、侵蚀之意。此卦阴盛阳衰、阴阳不均衡，小人得势，宜隐忍、待机而动。测官运多剥官降职、降薪。去旧生新之卦，群英剥尽之象。

7. 火地晋：上离（日）下坤（地），象征太阳普照大地，万物柔顺依附之象。忠于职守者晋升。有前进、晋升、晋级、进见之意。占来意主人有更进一步向前发展的意象，或扩大事业规模、寻求升官、晋级等。龙剑出匣之卦，以臣遇君之象。

8. 火天大有：离火为日在天上普照万物，六五君位与乾天相应，象征天命、得人心。卦名大有指所有的人，引申为大的富有。与《同人》卦上下相反，与人协同方能大有；大有助协同，交互作用，虚心与人协同，万民方能归顺。金玉满堂之卦，日丽中天之象。

9. 坎为水：一阳陷于两阴中，而且重迭，有重重险阻之意。阳虚阳实象征心中实在，说话办事有诚信，豁然通达。实际中取象决定于六爻五行生克结果，吉取吉象，凶用负面。卦名有坎坷、波折之意：陷阱、陷入、危险。因水向下、多曲折，又流通，源远流长；预测中如何取舍，需变通灵活运用。船涉重滩之卦，外虚中实之象。

10. 水泽节：水在上往下流，兑为口、凹地、容器之类。有水流入凹地或容器中被截流收容之象，赋予卦名节。有竹节、一段段分开、止意，节制、节约。水流入泽，水满则溢，应有度、有量、有节制才行。比喻人性人事有节制、节约、气节才是美德。船行风横之卦，寒暑有节之象。

11. 水雷屯：上（水雨）下（震木），雷行雨施、滋润草木与万物，有生的含义。屯为草木萌芽于地，但萌芽过程既充满生机又有艰辛；还有停顿、屯积、驻扎之意。测事有集货、囤积之象，或事物刚刚形成、生成。龙居浅水之卦，万物始生之象。

12. 水火既济：三阴三阳全都得位，形象完整完美。预测遇

之多难成功完美，因物极必反。《既济》是已经成功之意，而实际人家正在办理尚未成功，所以必以反论。舟揖济川之课，阴阳配合之象。

13. 泽火革：革为皮革。上兑为润泽，下离火，兽皮润泽水后在火上烤，制成皮革。革引申为改革、革新、革命。比喻人事：移风易俗，实现革新，社会才能进步。测事有改变原来从事的事业，另谋新项目或出路之象。有废除旧老、原来的而谋取新的含义。占卦多主改行换业，变革换新。豹变为虎之卦，改旧从新之象。

14. 雷火丰：上震为动、鼓、雷之声，下离为光明、活跃。意象：人们在地下身着华装，装饰亮丽的景观，到处洋溢鼓乐、欢庆之声。丰有高杯盛物、盛大之意，有丰收欢庆、丰盛之象；也象征过年过节，烟花、爆竹交相辉映，此起彼伏，一种盛世繁华景象。日丽中天之卦，背暗向明之课。

15. 地火明夷：坤（黄色）火（红色）就象人受伤流血流脓，夷明显有受伤之象。测吉凶往往主受伤、得病开刀。凤凰垂翼之课，出明入暗之象。

16. 地水师：一阳居二爻，它爻皆阴，且坤主众多，阴爻也代表众多，师为军队，有浩浩荡荡、众多参与之象。测事必是多人参与，大有势不可挡之象。天马出群之卦，以寡服众之象。

17. 艮为山：两山重迭，重重阻碍，难以前行。有止住、停顿之意。两山相加更是高耸入云、难以攀登；又有云雾之意。游鱼避网之卦，积小成高之象。

18. 山火贲：山火相济有墙意（山墙，将墙视为山）。墙内有离（主亮丽）寓意墙内亮丽，正像人们将居室内墙粉饰一新，故受之以贲（装饰）。延伸为化妆、粉饰、打扮、遮掩、装修、涂抹、包装等含义。占住宅多有装修、装饰之象。测人事主包装自己。测职业多是包装、打扮、化妆、礼品、鲜花等类行业。猛虎靠岩之卦，光明通泰之象。

19. 山天大畜：内乾纯阳，外卦（阳卦，阳为大）阴少阳多

故称大畜。乾（健）被艮阳，另内外卦都具阳刚之德，道德积蓄以成大也是大畜（大的积蓄与停止双重意义）。也有大的六畜含义（如驴、马、骡子、牛等）。测出行被人挽留、拘留，停留时间较长。龙潜大壑之卦，积小成大之象。

20. 山泽损：上山下兑（口、洞、缺），有山被盗空，形成山洞或缺口之象。有缺口漏洞便是减少、损坏、损失，故受之以损（亏损、减少、损坏、损失）。若测求财卦理不吉，多买卖亏损。测物多有损伤、损坏之兆。凿石见玉之卦，渥上为山之象。

21. 火泽睽：有背离，违背之意，序卦传：家道穷必乖，故受之以睽，睽者，乖也。有因家中贫穷而人心背离、分散别离之象。测婚、测合伙生意多有离婚、散伙之象。猛虎陷井之卦，二女同居之象。

22. 天泽履：有妇人裸体之象。占婚主女人不正。履为实践、履行，序卦传曰：物畜然后有礼，故受之以履。如履虎尾之卦，安中防危之象。

23. 风泽中孚：上巽木，下泽为水，木在水上象征船，有船就可涉大川。中孚：中指中正，孚指信服；忠信之意。鹤鸣子和之卦，事有定期之象。

24. 风山渐：上巽为顺，渐进之意；下艮为止。说明举止有节，该进则进，该止则止，且从九二到九五各爻都位正，象征女子出嫁品德纯正（有女子出嫁之象）。高山植木之卦，积小成大之象。

25. 震为雷：为动、戒惧、雷，象征长子，卦象坤初六变初九，最下方生一阳，使大地振动，发生雷电之意。震惊百里之卦，有声无形之象。

26. 雷地豫：余阴爻皆服从九四阳爻，喜悦有利建侯，受之以豫（喜悦，安乐），有利于兴师、教育。此卦阳爻（象征老师）众阴爻（象征学生）：引申为育。凤凰生雏之卦，万物生发之象。

27. 雷水解：内险外震动,动而出困难之境;解除困难。有瓦解、消散之象；具有解决问题,解除困境的意象。春雷行雨之卦,忧散喜生之象。

28. 雷风恒：常久、持之以恒。上震长男、下巽长女为正配,主长久永恒。还有恒心之意,日月长明之卦,四时不没之象。

29. 地风升：土在木上,巽（棺木）:有棺木入土之象。占人疾病有将棺木抬到山上掩埋,人死入土之象。占仕途有晋升、升职之象,为寻求升职。能否升上还要看具体卦爻的生克。灵鸟翱翔之卦,显达光明之象。

30. 水风井：巽为交易,近利市三倍。井:市井(市场、交易场所)。古时井田法：四处井田合成一邑,全村人都到井边汲水,有些人就到此卖东西形成交易场所。因井固定不动,所以邑可改,井不可移。占事安身勿动、守道无亏。株藏深渊之卦,守静安常之象。

31. 泽风大过：阳爻过度,但九二、九五得中,内巽顺外兑悦,故中庸顺从。使人喜悦得到协助,前进有利。大的过度,非常行动；也有事做过头,大转折变化、大行动之象。寒木生花之卦,本末俱弱之象。

32. 泽雷随：随,有随从、跟随、顺从之象。综卦上刚下柔,随时之意,革故鼎新,众美俱至。占出走不是一人,跟随别人一起。占工作有随从。占人事有同意、顺应、随礼之象。良石琢玉之卦,如水推舟之象。

33. 巽为风：谦逊、进入、风,无孔不入、经济,占事有经济往来,或想找机会钻空子求财求利。风行草僵之卦,上行下效之象。

34. 风天小畜：小积蓄、阻碍、停留;引申为小家畜（鸡、狗、鹅鸭等）。本卦阳多阴少,阳盛阴不足,一阴养五阳,力量不足,不得不暂时停顿,终久能亨通。匣藏宝剑之卦,密云不雨之象。

35. 风火家人：为叙述家庭伦理关系,特别强调主妇在家中

地位，主妇正则一家正。占事往往主家庭内部事。入海求珠之课，开花结子之象。

36. 风雷益：六二与九五中正相应，下震为动有利前进。上巽风下震动，象征船，风吹船动，利涉大川。有受益、益处、利益之意。鸿鹄遇风之课，湖水添河之象。

37. 天雷无妄：上乾为动，下雷也为动，有行动之象。不要妄动，动多则乱，乱动必有灾咎。也有不虚伪、意外。石中蕴玉之卦，守旧安常之象。

38. 火雷噬嗑：上下颚咬合，将东西咬碎，将中间物咬碎才亨通。为咀嚼、品味、考察、咬合、刑罚。卦辞曰：亨，利用狱，占卦遇此，利于官司诉讼。日中为市之卦，颐中有物之象。

39. 山雷颐：下雷上艮，雷动而止，万物得养。颐：养，节食能养其身；自求口实（凡事需自己亲自而为）。测事有找工作、自求生活出路之意。龙隐清潭之卦，迁善远恶之象。

40. 山风蛊：败、坏。上艮山，下巽木又为虫。巽陨落为虫所败。有腐败、溃烂，蛊惑民心，腐朽败落之象。测国政主朝政腐败，人心涣散。三蛊食血之卦，以恶害义之象。

41. 离为火：表示光明、美丽，利于文章、不利出师（离主文）。测婚分离、分散。已婚人测婚多离婚。飞禽遇网之课，大明当天之象。

42. 火山旅：旅者，寄客之名，旅之称，失其本居而寄他方为旅。测事先乐后悲。可引申为旅游、外出、旅行等。占事多主有外出走动、或租房、借居之象。属如鸟焚巢之课，乐极生悲之象。

43. 火风鼎：鼎为食器、君主权威的宝物，也是祭器，有时将法律条文铸于鼎上，以示庄重，新君登位，第一件事是铸鼎，颁定法律，以示吉祥。所以鼎主隆重，属调和鼎鼐之卦，去故取新之象。

44. 火水未济：未完成，全部爻位不正，在形象上极端恶劣，但变化在酝酿中，未来充满希望。属碣海求珠之卦，忧中望喜之象。

45. 山水蒙：启蒙、蒙昧、教育。万物生成后接着是幼稚蒙昧时期，教育为当务之急。测事主事情刚打算（或开始），为事物初始阶段。人藏禄宝之卦，万物发生之象。

46. 风水涣：涣散，冰溶解、破裂、离散。虽散还可重新聚合。测住宅则风水不好、不聚气，风水涣散。测人事主人心涣散、四分五裂，也有别离、分别之意。属顺水行舟之卦，大风吹物之象。

47. 天水讼：争讼、诉讼。上乾刚健，下坎险陷。占事多主是非口舌，重者官司诉讼。俊鹰逐兔之卦，天水相违之象。

48. 天火同人：集结、和同。下离上乾，火光上升与天同。引伸为：同姓、同命相连、同行之人等。占卦多与引申意义一类的人打交道。游鱼从水之卦，二人分金之象。

49. 坤为地：柔顺，地气舒展之象，具纯阴之性、元亨利贞四德，西南方。大车之象、承载万物。有大地之象，属生载万物之卦，君昌臣和之象。

50. 地雷复：复归、归来、反复。上九剥落成纯阴之坤，而阳爻出现在下方，阴阳去而复返，使万物生生不息。占事多有反复。淘沙见金之卦，反复往来之象。

51. 地泽临：迫临、临下，情况较紧急，目前就要来到或面临。上级来看望、考察下级之象。下兑为悦，上坤为顺，悦快而顺从保证亨通。无论什么紧急事情要乐观面对，才会万事顺利。凤入鸡群之卦，以上临下之象。

52. 地天泰：亨通、泰平。序卦传云：履而泰，然后安，故受之以泰，泰者通也。泰为消息卦的正月卦，相当于天地交泰万物亨通的安泰时期。天地交泰之卦，小往大来之象。

53. 雷天大壮：壮大、昌盛。连续四个阳爻表示壮大、阳气隆盛、象征君子。抵羊触藩之卦，先曲后顺之象。

54. 泽天夬：决断，决裂。五阳一阴象征强大的阳将阴切断。

有哭泣、判决官司之象。反目成仇之卦，险中求利之象。

55. 水天需：踌躇、期待，需要，需求。下乾刚健，上坎险陷，虽刚强但前面有险阻，需等待时机。云霭中天之卦，密云不雨之象。

56. 水地比：相亲、相依附，比邻、攀比、比肩、比赛、相仿。九五阳刚君位至中至正，下五阴爻追随依附于君，和平共处而吉祥。众星拱比之卦，水行地上之象。

57. 兑为泽：喜悦、取悦、残缺、缺少，泽中水滋润万物。属江湖养物之卦，天降雨泽之象。

58. 泽水困：穷困、困扰、拘留、困住。此卦阴爻两边、阳爻在内，为君子受困于小人。占事主窘困，有被某人某事某物困扰、困住之象。河中无水之卦，守己待时之象。

59. 泽地萃：聚集，原义为丛生之草。上兑泽下坤土：水在地上聚集成泽滋润万物、造福于民。占人事有相聚、相约、汇聚、集合之意。鱼龙汇聚之卦，如水就下之象。

60. 泽山咸：感应。下艮少男，上兑少女，象征少男追求少女，艮止兑悦表明爱情专一、为正配，卦书云：取女吉，利于婚嫁。占测无论何事，多有男女感情、感应之事发生。山泽通气之课，至诚感神之卦。

61. 水山蹇：困难、跛脚。下艮止、上坎险，山高水深，前途艰难，止步不前。测事多有因某人事物绊住或蹩脚而难以进行。飞雁衔芦之卦，背明向暗之象。

62. 地山谦：谦逊。内止外顺：内心知道抑止，外表柔顺（谦虚的态度）。艮山应高于地，但将自己贬到地下，也是谦虚形象。地上有山之卦，仰高就下之象。

63. 雷山小过：小的过度、过错。此卦四阴两阳，阳少阴多，两个阳爻像鸟身，四个阴爻像翅膀，象似飞鸟。飞鸟遗音之卦，上逆下顺之象。占卦宜下不宜上。

64．雷泽归妹：嫁娶，婚姻卦。上震长男，下兑少女，二者结合称作归妹。占婚主长男配少女。浮云蔽日之卦，阴阳不交之象。卦辞曰：征凶，无所利，意思不要外出，或改旧变新，宜于保持现状。归魂卦，不利变化及外出。

上面将卦名卦象一些特定意义作了综述，只是象征之象，并不体现吉凶，决不能仅凭此而论吉凶。

第二节　爻位爻象信息

一、爻位

阳居阳位、阴居阴位为位正，其信息之象一般为：

1．测人事：世爻位正，说明卦主为人处事行得端、做得正。不正则为人处事不光明磊落，必有某些违反道义、理法之事。

2．测官运官职：官爻位当，说明官位与自身能力、品德等相称。不当则官位不适当，不是自身能力、素质、品质高而官位低，就是自身能力低或品行不端难于和本位相符相称。

3．人的性别：一、三夫，二、四妇（阴位女性位置，阳位男性位置），将阴阳爻代表具体的男女。阴爻居阴位：说明女人品行端正，具有女性传统美德（温柔体贴、贤惠善良等）。阴爻居阳位：女有男性作风，或此女品行不端，二者必居其一。男测婚姻：未婚以应爻代表女方，若应阴居阳位，或应阳居阴位，都主女不具传统性（有男性作风或行为），有失于人们正常理念，这与婚姻能否成没有关系，位不正不代表不能成。

4．五爻为道路、君位、男人、长子、一家之主等；初爻为地基、脚部、最底层等；二爻为宅、女人、腿部等；三爻、四爻为门户、兄弟、腰部等；六爻为房顶、梁栋、高处等。

5. 卦象信息定向原理：当所测事项定下来时，爻位信息随之定下，如测房宅：二爻宅，五爻人、为走廊，六爻房顶、栋梁等。所有爻位信息都定位于有关房宅方面，其它与房宅无关的信息就不体现。知道信息定位原理就能从容提取很多信息之象。

二、爻象

少阴 --、老阴 ×、少阳 —、老阳 〇。

1. 将卦象、爻象、卦位等反看、正看、变形看、形象看，再结合易理与社会，从而提取一些信息之象：阴爻具有女象，阳爻具有男象的最初原型。

2. 阴爻中间断裂有虚象，依据形象和寓意可衍生出多重信息（如缺少、残缺、口、洞、分裂、小人、阴人、柔物、顺从、阴柔、众多）。这些信息要结合具体事情合理提取。坤（众）是根据卦象的形象提取的。阳爻中间不断裂有实象，具有刚直、圆满、完整、整体、君子、刚硬等信息。所以乾（圆、君子、刚直等）由此衍生。

3. "×"爻形象（从形象上衍生信息之象）：对应现实生活中有交叉、支丫之类形象的物象，（如树枝、交叉路口、巨毒农药标志（一个骷髅象加个×）、交叉贴的封条、被绳索交叉捆绑等）。从寓意上看："×"有禁止、预防、警示、错误、违令、未完成、未圆满等寓意。

4. 老阴爻还代表未来将要发生的事。通过老阴爻所临六亲、六神及具体事情就可推断有何事发生。

5. "〇"爻形象在现实生活中对应：一个张开的口、一个孔洞、球类、球形物、圆形物，圆形井口、井盖、缸盖、缸口、瓶口、瓶盖等。还可形象拓深为环形物（环形运动场、公章、戒指、项链、耳环、手镯、手链、绳套、钢圈、钢套、轴承等）。"〇"爻从形状寓意引申为：圆满、完成、结束（象句号）、答复、张口说话、进食等。

6. "〇"爻还代表已经发生的事，主过去。

第三节　六亲信息

一、父母爻

1. 对应人物:长辈（叔叔、大伯、爷爷、奶奶、父母等）、教师、岳父母等相当卦主父母辈及其以上的亲属。具体运用时还泛指比自己年龄大者。在测人事关系时，若父母爻生合世爻，说明比自己年龄大者、尤其父母辈以上的人对自己比较关照，关系处得融洽。

2. 对应事项:学习、学业、知识、通讯、通信、信息、教育、教诲、爱护、关照、保护、承载、容忍、包涵等等，凡是体现保护、培养、包容功能的事都以父母爻为对应点。

3. 人物特性:知识渊博、死板守成、变通性不强、老成有经验等。把四柱印星心性类化到爻中，二者有很多地方相通，要善于引用常悟。

4. 对应物项：城池、墙垣、房舍、车船、衣物、雨具、文章、文书、案卷、证书、证件、票据、字据、契约、合同书，法律条文、规章制度等等，这些具有保护功能的对象都以父母爻为对应点。

5. 对应地理:文化事业单位、教育单位、通讯单位场所、交通局、工商管理所、审计局、打字印刷单位场所、设计院、学校、敬老院、慈善机构、佛道院等等，一切与文化、文字、证件、信仰、慈善、保护有关的机构和场所都可用父母爻作对应点。

6. 其他：代表天地、土地、坟墓、建筑、工程、自行车、飞机等交通工具。

二、官鬼爻

1. 对应人物：长官、领导、法官、小人、凶手、歹徒、盗贼；具有黑社会性质、鬼怪邪祟之人物等等；能制约、限制或陷害我，使我恐惧的人都可用作对应点;女测以官鬼爻对应丈夫、情人、男友；

还代表广义上的男人。

2. 对应事项：名誉，求名气地位、官职官位、荣誉、表扬、奖励等，一切使我荣身、扬眉吐气之事都为对应点（好的一面）；另一面对应一些凶的信息：官司诉讼、牢狱之灾、口舌是非、吸毒、发雷霆之火、鬼神邪祟之事、恐吓陷害、打击报复、诬蔑诽谤、疾病、灾祸、忧郁之事等等，凡能毁我声望、使我恐惧害怕、限制约束我之类的事都可以官鬼爻作对应点。测工作还对应着工作。

3. 人物特性：狡猾、深藏不露、阴险歹毒、好功名、雄心壮志，有荣誉感、责任感等等一些心性。其心性与四柱的官杀相通，可把四柱中十神信息之象延伸到六爻来可获得更多信息。

4. 对应物项：奖状、毕业证书、荣誉证书、尸首、凶猛的野兽、鬼祟、凶器、枪支弹药、毒药、白粉、摇头丸等。

5. 对应地理：法院、检察院、公安局、法庭等法制机构。政府机关、事业单位、监狱、工商管理所等官家单位和机构。还对应色情场所、酒店、舞厅、赌场、刑场、凶事（出事）现场等。

6. 其他：代表鬼神、雷电、雾、烟等。

三、兄弟爻

1. 对应人物：兄弟姐妹、朋友、同行、同事、股东等等一类与我同辈之人。

2. 对应事项：劫财、破财、克妻、分离、分手、分散、阻碍、阻隔、阻拦、争斗、争端、争执、掠夺、劫掠、抢占、帮助、帮扶、资助、携手、合伙、合作等。

3. 人物特性：自尊心强、固执己见、唯我独尊、我行我素、喜自由、不愿受制约、求财心切、做事都是心情迫切的心态。还死要面子、好争夺、好斗，也热心好客、好交友，与四柱比劫心性大致相同。

4. 对应物项：假肢、假牙、扶手、栏杆、健身运动器具等。

5. 对应地理：体育馆、体委、竞争场所、运动场、比赛场。与我经营业务相同的场所或单位，如你开酒店，周围其它酒店就以兄弟爻代表；若养鱼，其它养鱼户就以兄弟爻代表（同行竞争）。

6. 其他：代表风云、门户、厕所、墙壁等。

四、妻财爻

1. 对应人物：男测婚代表妻子、情人、女友。对应兄嫂弟媳，仆人、下属、工人、职员等等，一切为我所用、受我驱使之人都可用财爻代表；还代表广义上的女人。

2. 对应事项：财务利欲、欲望享受、色欲情欲、感情、被控制、受指使、使用，求财利、婚姻、经济往来、钱财得失等。

3. 人物特性：重视钱财利欲、实际、物质、财色，能脚踏实地生活等，具有四柱正偏财所具有的特性。

4. 对应物项：金钱、金银财宝、财物财产、贵重物品、粮食食物、工具、碗筷盘子、器皿、车辆等，一切为我使用之物、我养命之源一类的东西都可用妻财爻来对应。

5. 对应地理：证券交易场所、金融财政单位、银行储蓄所、粮油单位、劳务场所等，和金钱财物有关的单位和场所都可以财爻为对应点。

6. 其他：代表晴天、珠宝、装载物品、首饰、日用品等。

五、子孙爻

1. 对应人物：晚辈、小孩、子孙、儿女、女婿、侄儿等等，凡属儿女辈都可以子孙爻为对应点；另外下属、兵卒、徒弟、仆人、忠臣良将、医生、僧道、公安、检察机关人员等都以子孙爻为对应点。

2. 对应事项：寻欢作乐、吃喝嫖赌、唱歌跳舞、旅游运动，发

表著作、演说、抑制官司、克官、与领导有矛盾、顶撞领导，和气生财、生财之道、财源、展览、展示、绘画、艺术创作等。

3. 人物特性：好动、歌唱跳舞、玩乐幻想，幼稚、灵活机变、图新鲜、有来钱之道，会经营享受、好说、好表达，与四柱食伤特性相似。

4. 对应物项：收音机、录音机、鼓号乐器等，供开心欢乐之物；六畜禽兽、玩具、运动器材、欢乐器具、性药、药物、趋吉避凶器具等。

5. 对应地理：游乐场所（公园、动物园）、酒店酒吧、色情场所、剧院、电影院、公安局、检察院、纪检委等。

6. 其他：代表日月、星辰、晴天、道路、走廊等。

第四节　六亲外延

要提取卦中信息之象需灵活掌握，如父母爻除了代表长辈、父母、工作单位、证件等这些人与物外，还代表什么呢？

一、父母爻：

除代表车辆、证件、通讯、房屋外。

1. 测求财经营：由于父母爻是耗财爻，代表投资费用、消耗、路费盘缠。若父爻旺动，说明经营费用大，花耗较多；财爻休囚说明开销过大，要缴纳的各种费用多，导致生意不景气。父母爻也代表管理、事物头绪。父爻旺动说明事物头绪很多、很乱、很繁琐，致使管理不善，漏洞较多，财物流失较大，使经营不挣钱。

2. 测子女：父爻为孙爻忌神（相当官鬼爻性质，六亲通变）所以代表灾难、祸患。

3. 测婚姻：父母爻为嫁妆、婚期。

4. 父爻为辛苦劳碌之神，父世主辛苦劳碌，心事多、烦恼、杂

事多。

5. 测官司：父爻为状子、证据。父空还没起诉状子；已打官司逢父空，说明官司证据不足，没有头绪。

二、兄弟爻：

1. 测生意：兄爻代表劫财、破财，阻力、竞争、口舌争斗、争执。兄动若无孙爻同动通关，说明求财阻力大，竞争较多，破财无疑；若兄弟临朱雀发动，还伴随口舌是非。若卦中孙兄同动，这兄弟爻就成了财的渊源，反得朋友、同事、同行、兄弟姐妹等的帮助而财源广进。

2. 男测婚：兄（阻隔之神）动主婚姻有阻碍、竞争，有人从中作梗。若兄世求婚主成婚心切，但自己家中比较贫乏。

3. 兄爻克财爻，具有花费、投资寓意，还有竞争、求财心迫切、占有欲强的特性。兄世主将本求财，要有本钱投入形式的求财。又兄爻为同伴，很可能有合作者参入。兄世求财若动，必有争财之事，有竞争者或合伙者来分财。

4. 测官司：兄世主打官司耗破钱财；若发动破财更大。若兄在间爻（证人），说明证人有勒索钱财的迹象，兄弟爻克哪方就对哪方不利。

三、子孙爻：

表示流动、运动、旅游、说话、玩乐、快活，财源、产品。

1. 子孙爻代表技艺：孙世不是靠技艺求财、就是靠嘴求财。孙动说明有来财的路，有挣钱的地方。

2. 测官司：孙爻代表讲和的说客（孙克官，使官方不再插手）。一般孙旺动说明讲和之人口才好，道理讲得透彻，使打官司的双方能和解。

3. 测战事：孙爻代表舆论、和平（孙克官，克制灾祸）。

4. 测养殖：孙爻代表养殖物。其旺衰代表养殖物的健康状况、

成长速度。

5. 测种植：孙爻代表种植物。其旺衰代表种植物的生长状况。

四、妻财爻：

代表钱财、资金、经费；代表广义上的女人。财动意味要动用钱财资金。

1. 测人事：财动克世则有妻或女人制约自己，或女人从中作梗、阻碍、使坏，或受钱财物制约、限制。

2. 测生意：财爻（代表利润）临日建，说明从事生意可天天见财。就象卖店、卖菜等经商类求财，天天有顾客光临，日日临财。若财爻不上卦，不是天天见财的求财方式，而是偶尔出现几次、时出时没的形式。搞养殖、种植，开始时不断投资，见不到钱，到一定时期出售才见到钱。

五、官鬼爻：

代表官方、东家、名誉、祸患，广义上的男人。

1. 测求财：官鬼爻盗泄财，代表要支出的费用（官方或东家），如税收、各种要交纳的费用，付给房主的租金等。卦中官爻旺动说明这方面支出大，或有人从中搞鬼，或有财物丢失。

2. 测经营求财：官爻旺相发动而财爻休囚，必因上述原因导致经营不赚钱。若兄官同动、财爻旺相，官（制约兄弟劫财）起护财作用，说明企业利润与官方或企业内部管理、保卫措施得力有直接关联。

3. 测流年：官动克世有来自官方的灾祸（官司、罚款、处罚、警告等）；也可能小人兴风作浪、盗贼光临；或疾病、伤灾等加临。若得官生世就有官爻代表的好事临门，如得官方支持、贵人扶助等。

总之，六亲本身中性，都有吉凶两面，提取信息之象就看此六亲是向着（提取吉的信息）还是背着（提取凶的信息）世爻和用神，这是总原则。六亲代表事象需结合具体事和卦象综合判断。

第五节　六亲通变

六亲通变以辨证思维，从实际角度对原卦六亲作重新审视，依据所测具体人事物的类别不同，以此为坐标原点（立太极点），按克我者为官鬼；我克者为妻财；生我者为父母；我生者为子孙；与我比和者为兄弟这个原则，把原卦六亲进行合理通变，而产生新的六亲复合之象。这也是一卦可以多断的原理所在。

运用六亲通变原理，并非全都按变化后的六亲选取用神。一般来测人事关系取用神时，还是以卦中原来六亲取用。看此人对卦主的向背，则利用六亲变通原理来看他对日主实质是一种什么关系。

1. 看朋友对自己有无助益，就以原卦兄弟爻为用，若兄爻克世则兄弟爻体现官鬼爻性质，这朋友并不是真正朋友，因为它克世（相当世爻官鬼）。体现的是小人、克制、危害的本质。若兄爻生世，这朋友就显现出父母爻性质，朋友对世爻就有爱护、保护、生养功能，相当世爻父母所体现的性质。

2. 测领导对自己如何？以原卦官鬼为用，若生世则官爻对世体现父母爻性质；领导信任自己，对自己有爱护、保护、容纳、教育等作用。若官世比和，官爻性质相当兄爻，自己与领导关系象兄弟朋友一样，不分上下，相互帮助，但在利益、钱财面前，又具有纷争、竞争的信息。

3. 测买房是否有利：以父为用，看其对世生克关系论利弊，若克世体现官鬼爻性质，具有危害、克制、阻碍世爻的本质，就不再体现父母爻的保护功能。

4. 测考驾照对己有益否？以原卦父爻为用：如果生世，父母爻的性质不发生转变，考驾照就有利，对世有维护、养护效用；若父世比和，父爻性质就发生转变，不再体现父爻性质，而体现兄爻性质，也有帮助世的功能。

上面是已经确定了人的看法。若所测人事物不确定，应以变通原理看。如：自己被小人坑害，但不知真实面目。用六爻预测小人真面目不以官为用，而以冲克世的五行为用：看冲克世的五行是何六亲，若兄爻则小人为同事、朋友、兄弟姐妹、竞争对象等人所为；若官克世则小人可能是自己上级领导、仇人、丈夫等人所为；财克世则小人可能是女人、管钱财之人、妻子、自己下属，曾被自己打击、控制之人所为；若孙克世，则小人可能是晚辈、游手好闲之人、下属、士卒，好唱歌跳舞、运动、有手艺、好说笑之人所为；若父克世，则小人可能是父母长辈、有文化、开车、文书、秘书工作之人。

这些信息的体现是利用六亲的通变原理，这就是六亲通变原理的本质核心。卦中原六亲只体现人事物表面的象，而真正实质的关系按变化后的六亲来论。变化后的六亲是显现事物本质的象，通过原六亲的六亲通变揭示人事物的表面信息。象测朋友以兄为用，克世则朋友表面是朋友、兄弟关系，实质却是小人，明一套暗一套。这就是所测这朋友的本来面目。至于这朋友能否对卦主造成危害，要看兄爻力量及动静来论，若旺相发动有明显危害性且大。发动弱，危害程度轻；若暗动则暗地使诈、背后危害卦主利益；若不发动则存有坑害世的心里和想法，但未行动，没有实质损害的行动。可能说说而已，不足以构成大患。其它看法道理相同，学易关键要明理。

六爻通变原理很关键，揭示事物本质关系，可提取很多表面与内涵的信息之象。

第六节　六神信息

六神也叫六兽，指青龙、朱雀、勾陈、螣蛇、白虎、玄武。六神即六种动物，分别是天上二十八宿中东西南北七宿的合称，又是分管东西南北之神，还具有不同寻常的出身、功能。朱雀是凤凰与

孔雀合体；勾陈是猪猴合体，腾蛇是龙蛇合体；白虎是猴虎合体；玄武是龟蛇合体。六神本身并不主吉凶，切不可单独使用，必须配合具体六亲、爻位、卦象、爻象，并结合实际综合推断，六神作用只是辅助我们提取一些具体信息，可使断卦更具体生动。

六神配方位及五行：

青龙东方木，朱雀南方火，勾陈腾蛇中央土，白虎西方金，玄武北方水。

六神配卦爻的方法：

甲乙起青龙,丙丁起朱雀,戊日起勾陈,己日起腾蛇,庚辛起白虎,壬癸起玄武。

甲乙起青龙,起卦日的日干是甲或乙，则初爻配青龙，二爻朱雀，三爻勾陈，四爻腾蛇，五爻白虎，上爻玄武。

丙丁起朱雀,起卦日的日干是丙或丁，则初爻配朱雀，二爻配勾陈，三爻腾蛇，四爻白虎，五爻玄武，上爻青龙。

其它仿此。按日干配六神列表如下：

六神配卦爻表

日期 卦爻	甲乙日	丙丁日	戊日	己日	庚辛日	壬癸日
上爻	玄武	青龙	朱雀	勾陈	腾蛇	白虎
五爻	白虎	玄武	青龙	朱雀	勾陈	腾蛇
四爻	腾蛇	白虎	玄武	青龙	朱雀	勾陈
三爻	勾陈	腾蛇	白虎	玄武	青龙	朱雀
二爻	朱雀	勾陈	腾蛇	白虎	玄武	青龙
初爻	青龙	朱雀	勾陈	腾蛇	白虎	玄武

一、青龙

亦称苍龙,《礼曲礼》：前朱雀而后玄武，左青龙右白虎。青龙属龙类，青龙青色，大龙与蟒蛇比较而言，因龙体大被称为大龙，蛇体小被称为小龙。古有青龙吉、白龙凶之说。

青龙主喜庆之事、酒色、官贵、大道、左边、树木、正直、仁慈、乐观、领导、财喜、文、正义、忠直、清高不俗、正配之偶、财帛、福禄、吉祥之气、享乐。

二、朱雀

凤凰孔雀合体，羽毛朱色（大红色），故称朱雀，属龙类。应用中青龙也可代表凤凰，朱雀可代鸟代禽；勾陈代家猪、野猪、猴；白虎代狼、虎、豹等凶猛野兽，螣蛇代各种蛇、长形体爬行动物（蚂蟥、长形鱼类等），玄武代龟、蛇、方短形鱼类等。

朱雀主口舌、信息、文书、口才、教师、文职、管理、吵闹、繁华、众人、手机、电话、通信、巷道、朝案、邮汇、火光、飞行、快捷、前面。

三、勾陈

（猪猴合体）属麒麟类，猪头猴身。猪毛猴爪，此物虽怪但很灵，不仅能爬树，还用嘴拱地，拱成地垄的质量与速度均超过犁杖，并昼夜不停地看护庄稼，因此勾陈属土。

勾陈主田土、勾绊、纠缠、吸引、牵制、迟滞、诚实、三叉路、牢狱、公安、粗技术、长久、牵连、损伤、勾引、坟墓、房产、打架、医院、肿瘤、农民、农具。

四、螣蛇

龙蛇合体，黄色，龙属，龙头蛇身，无足。能兴云雾而游其中，亦作田蛇。

螣蛇主惊疑、怪异、梦寐、阴私、阴德、阴中之定数、阴灵、冥冥中之风缘、虚惊、狡诈、变化、蛇、绳子、投机、计谋、消瘦、小人、骗子、技术、弯曲小路、有事缠身。

五、白虎

亦称虎猴，为猴虎合体。长相为猴眼虎头，猴鳃虎嘴，虎身虎腿，猴爪虎尾，毛为白色，短而稀疏，体形与老虎相似。青龙、白虎、朱雀、

玄武四灵同为龙属。民间称某人身体阴部未长毛或毛白被称为白虎。白虎有虎的凶猛野性，又有猴的翻脸无情，因此白虎凶猛无情。白虎行走如风，且能飞、能隐能现，能寒光烁火，能柔情似貂蝉。《协纪辨方书》引《人元秘枢经》：白虎者，岁中凶神也，常居岁后四辰。白虎在青龙后排行第二。古有青龙怕白虎，可见白虎凶猛无情的程度。

白虎主痛苦、血光、流血、损伤、开刀、刀剑枪伤、疾病、死亡、丧事、孝服、煞气、手术、性暴、武官、右边、车祸、阻碍、威严、尸体、虎、猫。

六、玄武

称龟龙，是龟蛇合体。龙头龟体，皮肤黑红色，身上长甲，是蟒蛇与灵龟相爱生下。玄武为龟蛇，位于北方故为玄，身有鳞甲，故曰武。

玄武主盗贼、鼠蛇之辈、淫乱、娱乐过度、不正景、赌搏、邪淫、欺骗、虚伪、色情、房后、座山、弯曲、诡计、阴谋、盗贼、小人、骗子、风流、嫖赌、黑社会、排水沟、遗忘、偷情、厕所。

六神与六亲配合所主：

青龙 + 桃花（子午卯酉）= 漂亮、风流、好色。

青龙 + 兄弟 = 娱乐花费、交朋好友。

朱雀 + 官鬼 = 官司口舌。

朱雀 + 兄弟 = 口舌破财。

勾陈 + 官鬼 = 久病、官司、牢灾。

勾陈 + 父母 = 田产、房屋、坟地。

勾陈 + 桃花 = 勾引、外遇。

螣蛇 + 官鬼 = 欺诈、怪异、凶灾。

螣蛇 + 兄弟 = 伪君子、小人。

白虎 + 官鬼 = 凶杀、血光之灾、车祸、病危、孝服。

玄武 + 官鬼 = 盗贼、外遇。

玄武 + 兄弟 = 赌博、小人。

玄武 + 桃花 = 偷情、外遇。

六神精义——青龙

青龙主吉：吉、吉庆、吉神、吉详。代表顺、顺利等。

青龙主喜：喜、喜庆、喜神、喜气、喜悦、喜欢、高兴、快乐、喜事、庆事。凶则乐中生悲。

青龙主婚：主男女情感之事、男女情感之交、感情之事、婚事、婚姻。

青龙主孕：孕、怀孕、胎产、生孩子、添丁。

青龙主色情:感情顾恋，情迷意乱，迷花恋色，色欲、男女性交、房事、好色、色情、嫖客、妓女等。

青龙主赌：有赌性、好赌、赌博、赌博成性。

青龙主财：钱财、财富、富有、富人、富贵事。凶则为损失。

青龙主贵：丈夫、出生名门、贵、高贵、贵人、尊贵、官贵、或君首之类。

青龙主聪：聪明、聪颖、工巧晓事。

青龙为口：嘴善吟（善吟诗词名句之类）。

青龙主新：新、新的、不是旧的、性喜清新、有光明之性。

青龙为清:清色、清秀、俊秀、清廉、清高、意向高远，性喜自然、多老庄思想。

青龙主雅：雅致、雅观、优雅、和雅、高雅等。

青龙主端庄、美丽、漂亮，也代表爱美、打扮、华丽、爱服装等。

青龙主和善：和、和气、和善、和颜悦色、和谐。心软、慈详、多礼仪、礼貌、仁慈。

青龙为左：左、左边、左方、左面等。

青龙为木：林木、稼、粮食、五谷、春等。

青龙主直:为人光明磊落、正直、公正不阿、多一心为公或为公职。

青龙为酒：酒、好酒、酒食、宴会、多酒宴之乐事。

青龙为龙蛇地震。

青龙为雨。

六神精义——朱雀

朱雀主口舌唇齿：红脸雀斑长满面，脸上口舌唇齿现。

朱雀为口吃食物：嘴连肚子管食物、厨火美食酒宴乐。

朱雀为声音：耸起双耳总能听、凡声音、声响、多声音、能发出各种声音。唱歌等。

朱雀为说话：为说、为说话、为言辞、须把耳朵耸起来、此地此人急言辞，从言从语口为业，或以口招人为业，凡言凡语嘴多话、善言、巧辩、喋喋不休。

朱雀为号令呼叫：号令呻吟皆因此、呼叫传声远播音。

朱雀主口舌是非：口舌是非多往来，人事竞争多纠纷。

轻则:（1）口舌唇齿脸膛现、恶声恶气多责怪、责怪责令住往来。代表生气。

（2）兴言造谤多诽谤、狂言乱语流言飞。诅咒等。

（3）言语冲突是非争、争争吵吵一团糟。

重则：（1）打斗：口舌唇齿手足来、扰乱干戈打斗乱。

（2）血光：见血伤杀不为奇、奇祸沾身血淋淋。

（3）讼狱：好讼见官争胜负、官司法院须明狱。

朱雀为电：电工居电地、凡电皆我管，电灯、电话与电器，木火金现时、电流会打人。

朱雀主文书纸类：文地总是出文人，从文老师有文才、大笔一挥文满章，文字声声印成书、文书文学学不尽、凡文凡书凡纸凡印件类。

朱雀为电信、信件、信息、消息：邮局邮车有邮员、汇寄信件与邮包，份份信息报君知，千里传音听声息。

朱雀为前：前面、前方。

朱雀为飞：飞鸟、飞行、空中之物。

朱雀主火：易燃又易爆、木火多现时、木火生火星、纵火焰焚人须防、以免家涂四壁财成灰。

朱雀为红为光明：红色、赤黄、光明之象、光明满人间。

朱雀为热：火场多热闹、人如热窝蚁、热足热身热心肠。

朱雀为急、为活泼：性急活泼难安宁、躁急如马不停息。

六神精义——勾陈

勾陈为田土：田、土、田园、田产、田地、家、家里、室内、宅地、住宅、房屋、办公室、山地等。

勾陈为兴土木工程：起造、建造、动土、拆迁、修建坟墓等。

勾陈为农物：农作物、五谷、粮、食等。

勾陈为敦厚稳重：保守、不显示自己、性顽、规矩、死板、生硬、不动则无转变、为人多节制、约束力强、但不够圆滑。性格喜欢安定、安宁、不喜欢变动，为人多有固定的职业或专业。

勾陈为黑丑而诚实：其貌不扬，黑丑而诚实。老实。

勾陈为隐伏、隐伏不动、或不敢动。不轻易表态。

勾陈为迟缓：行事迟缓、行事拖拉、行事迟滞、行事迟纯、行事迟久、时间拖的很久。

勾陈为勾：勾子、勾连、牵连、牵扯、牵挂、人事多缠身、象勾子勾着、勾住，主难脱、或因难脱身、牵连、连累而陷入困境。

勾陈为中：中间、中央等。

勾陈为跌倒。

勾陈为肿胀：突出。占病凶则为肿瘤、癌症等。

勾陈为官方牵扯拘留：讼狱之事，如对执、争讼、词讼、兴讼、捕盗，捕盗为吉不用忙，喻指为警察、公安、官方、衙门、拘捕令、关压、牢狱、劳改场等等。

勾陈为战斗、打斗等。

勾陈为陈、姓名为陈、秀等。

六神精义——螣蛇

螣蛇为虚空：少实信不真实、狡诈奸诈多、忧疑多、多虚假、虚言虚信、虚无难凭、虚情假意、虚诈、主虚空少实信、主不真实、其人虚伪、狡猾、说话不算数。

螣蛇为多用心机。

螣蛇为内心猜忌、担心、多疑。

螣蛇为忧：忧疑、忧思缠绕、心中烦闷、心中烦燥很不爽快，或心乱如麻。

螣蛇为不爽快：性情善于隐藏而不露真象、善于隐藏而不为人知、不喜欢吐露真象。

螣蛇为蛇、绳子、绳索、带子之类。其性柔、缠绵难解。

螣蛇为长、长形物体、长而曲。卷曲着、转来转去。

螣蛇为难解难分主缠绵：缠住、牵扯住、为人缠劲足、是个难缠的人、很麻烦、抓住不放或八面玲珑、手腕高明。

螣蛇为丑：丑陋、不好看，外貌不美观。

螣蛇为光滑、润泽。

螣蛇为毒：毒素、毒气、毒液、毒药等，多发生中毒事件。

螣蛇为毒、狠毒、恶毒。

螣蛇为毒蛇、象征恶毒之口。

螣蛇为变：多变、多变幻；诡异多端、性情难测难解；怪、怪异、奇奇怪怪、妖邪、魔鬼之类。性情善于作怪、作风行事怪异。少见多怪。

螣蛇为惊：吃惊、意外、惊异、惊心、惊吓、惊骇、惊恐、惊魂；令人坐立不安、心神不宁、精神不安；心乱如麻。

螣蛇为阴：阴暗、夜里、阴私、阴邪、防小人暗算。

螣蛇主梦：多梦、怪梦、常在梦中惊醒；主床不安宁、在床不安宁、

难睡、难眠、常失眠。

腾蛇为黄色、黑白色。

腾蛇为路。

六神精义——白虎

白虎为性狠、狠毒、残暴不仁:性狠、心狠、猖狂、凶猛、凶悍、凶残、暴虐、心毒、少仁慈。

白虎为性急:刚强、强悍、勇、好勇、果断、豪爽、专制、脾气暴燥、强暴、性野难驯、气势汹汹、不知礼仪、志短少谋（旺则城府深沉、善工心计）、行事露骨、不加遮掩；身体强壮或胖。

白虎为冲突:多冲突、好强好胜、喜战好斗、打架、斗殴、动武、动手、打手、暴卒、军人、武官、虎将、大将军。

白虎主口舌、词讼、刑法:好战喜斗、专门掌管口舌、词讼、刑法；有权势或掌管兵权；行军作战、兴师动众、常有惊人之举；为官方、警察、警卫、保安人员、律师、高层领导人员等。

白虎主凶恶、灾殃:凶象、不祥、非佳境；主凶、凶事；主恶、恶事；主灾、灾殃；主危、危险等。

白虎主口、口咬、如虎咬伤；主伤、损伤、伤残、破败、破坏、破旧等；

白虎主金刀破败,主金刀之伤害,如动手术、开刀、刀剑子弹等；

白虎主丧:主死亡、丧亡、丧命等；引抻为防人口、老辈多凶灾丧亡、因此孝服至、办丧事、哭泣下、悲伤肠,由此要花费大量钱财、故言白虎主损失、丧失。

白虎主病医:轻则身体不舒服、不自在、体力差或很累、或有些小病小痛之类；重则为病、疾病、病灾；多接近医生、或看医生、或上医院检查、上医院看病、再重则为重病不起。

白虎主杀:宰杀、专司兵戈斗乱；为兵器、刀剑、砍杀、杀生之事；能发动战争、造成战乱、屠杀、凶杀、伤杀、伤亡及丧亡等凶暴事件。

白虎为血：见血、血光、血神、流血事件。女性则多血、为月经、生育、临产、流产。

白虎为金：金属、金钱、金银铜铁等，或金性人、姓名中带金。

白虎为白。

白虎为右、右边、右面、右侧。道路。

白虎为水源、风、风神、风波、台风等。

六神精义——玄武

玄武为凡与水有关的人或事物：江河湖海、波浪、水流、水利、阴沟、厕所、卫生间、洗澡、雨、湿、水灾、水险、投入水中、血崩、遗精；凡与水有关的行业，如水电、行船、船员、船业、水上运输、各种洗涮、清洁性等行业。

玄武为睡、睡觉、睡神：人神志不清、神思昏倦、懒动、懒开目；人喜欢呆在床上、想睡、贪睡等。常因神思昏沉、懒散和贪睡等误事或生灾。

玄武为阴、阴暗、阴私、为黑、黑暗、不明不白、没有、失踪之类：阴、阴暗、阴私、私情、代表私下里；黑、黑色、黑暗、暗昧、代表暗中、黑暗里、不明不白、不光明、不公正、不易发现、不易察觉、不详、难以说明；此神很具有独立性的密秘，常黑暗里私下里做不明不白不公正不光明的事，例如投机倒把、奸诈、欺满、骗子、诈骗、不真实、伪造商、假产品、赌徒、走私、贪污等。歪门邪道、行为不实，常谋不义之财；要防止上当受骗、防阴谋密算、防暗害、暗算等，常出现违反国家利益和违反国家法律之事，易触犯法律、招来词讼、拘留、刑狱等。

玄武为失：遗失、走失、失踪、在黑暗中消失、不知不觉中消失；忘、遗忘、忘怀、在不知不觉中遗忘了；偷、偷偷摸摸、三只手、盗、小偷；流氓、匪、匪徒、抢劫者、多遇小偷、流氓、匪徒等缠绕、抢劫甚至伤害。因此时常出现走失、失物、捕盗、抓流氓、抓匪徒之事。

玄武为聪明：多智、善计谋、善于谋算、善于心里策划、善于心里计算等。

玄武为忧郁：忧闷在心、阴沉等。

玄武多欲：主情感、情欲；对异性感兴趣、发生感情、相思缠绕、想入非非或色欲缠身、迷花恋色；男女之间多暧昧关系；为色、色欲、或风流好色；性欲易冲动、禁不住；贪色、迷花恋色、主男女性关系，例如男女性交、同居、性生活、床第之事、不贞、嫖客、妓女、出示性器官、要流氓、强奸、乱伦等。风月场所。

玄武为脏：不洁、不清洁、不干净、不卫生等，例如拉圾、污水等。

玄武为后：后面、后头、后方等。

玄武为肾、占病为失眠、性器官、遗精、性病、肾虚、肾病等。

玄武姓名为：三点水、雨、雷、泉、子、孔、孙等。

玄武为冷：天气冷、下雨、水灾等，同时也代表冷谈、冷清、冷冷清清、不景气等。

第七节　三传信息与纳音五行

一、三传信息

卦排好以后，要配上三传才能断卦。三传指的是起卦时相关的年、月、日所代表的天干地支，年上称为太岁，月上称为月建或月令，日上称为日建或日辰，有时还要把起卦时的时辰加进去，合在一起称为四值，也就是人们常说的四柱或八字。

在预测几年间或一年之中要发生的事情时，以太岁及月建为主。在断近期事情时以月建、日建为主。在断像足球比赛之类当日当时发生的事情时，则重点要看日建和时辰。

在实际断卦中，最主要的是月建和日令。在六爻信息预测中，

卦中各个爻的旺衰强弱主要是以卦爻所属五行的旺衰强弱来体现的，而五行的旺衰强弱主要取决于四时值班的月建、日令。各个卦爻的生克能力和旺衰依据都是月建、日令（有时也要参考太岁和时辰）。

（一）太岁

要了解太岁，就要懂得阴阳历法。在中国传统的阴阳历法中，年、月、日、时都是用干支按一定规律相配来表示的。在六爻预测中，年、月、日、时也都是用干支来表示的，太岁就是指年的干支。

干支纪年法：

十个天干：甲、乙、丙、丁、戊、巳、庚、辛、壬、癸

十二地支：子、丑、寅、卯、辰、巳、午、未、申、酉、戌、亥

十天干与十二地支按顺序两两相配，每配合六十次就循环一周，如甲子、乙丑、丙寅、丁卯……癸亥。到癸亥相配为止，十天干同十二地支形成 60 种不同的组合，然后再重新从甲子开始，进行新一轮的循环。这样每六十年循环一次，称为一个花甲，或称一个花甲子。

每一花甲中的年代排列顺序如下表：

1984甲子	1994甲戌	2004甲申	2014甲午	2024甲辰	2034甲寅
1985乙丑	1995乙亥	2005乙酉	2015乙未	2025乙巳	2035乙卯
1986丙寅	1996丙子	2006丙戌	2016丙申	2026丙午	2036丙辰
1987丁卯	1997丁丑	2007丁亥	2017丁酉	2027丁未	2037丁巳
1988戊辰	1998戊寅	2008戊子	2018戊戌	2028戊申	2038戊午
1989己巳	1999己卯	2009己丑	2019己亥	2029己酉	2039己未
1990庚午	2000庚辰	2010庚寅	2020庚子	2030庚戌	2040庚申
1991辛未	2001辛巳	2011辛卯	2021辛丑	2031辛亥	2041辛酉
1992壬申	2002壬午	2012壬辰	2022壬寅	2032壬子	2042壬戌
1993癸酉	2003癸未	2013癸巳	2023癸卯	2033癸丑	2043癸亥

如 1924 年干支为甲子年，相隔六十年后的 1984 年，又一花甲

子重新开始，干支仍为甲子年；到2044年，又过六十年，干支还是甲子年。

比甲子更大的纪年单位是元，每一百八十年为一元，每元又分做上、中、下。1864年至1923年为上元，1924年至1983年为中元，1984年至2043年的六十年为下元。

（二）月建
1. 干支纪月法：

在中国农历历法中，将一年分为十二个月，分别用一月至十二月来表示。其中一月俗称正月，十一月俗称冬月，十二月俗称腊月。在每月的天数中，分别用初一至三十来表示。易学行业所用易历，表示方法与公历农历略有不同。

易历用十二地支对应十二个月：正月为寅月，二月为卯月，三月为辰月，四月为巳月，五月为午月，六月为未月，七月为申月，八月为酉月，九月为戌月，十月为亥月，十一月为子月，十二月为丑月。

公历年的起始日为1月1日，终止日为12月31日；月的起始日为每月1日，终止日大月为31日，小月为30日（2月平是28闰29日）；日的起始时及终止时为24时即零时。

农历是适合我国农事之历法，农历年的起始日是正月初一，终止日为十二月三十（或是廿九）；农月的起始日是每月的初一，终止日是每月的三十或廿九；农历的每天起始时是子时（23时始），终止时为亥时。

易历是我国特有的用干支纪年纪月纪日纪时的方法，在我国延续了几千年，组成了特有的天地人对应全息场，虽然在浩瀚的历史长河中使用沿袭至今，却未能破解其奥秘。易历年的起始日不是1月1日，也不是正月初一，而是按节气起始的立春，终止于大寒结束；每年的建月，从每一组节令起始，终止于气令结束；每日起始时为子时（23时始），至亥时结束。

十二组节气令（立春为节令，雨水为气令）：

立春（雨水）－惊蛰（春分）－清明（谷雨）－立夏（小满）－芒种（夏至）－小暑（大暑）

立秋（处暑）－白露（秋分）－寒露（霜降）－立冬（小雪）－大雪（冬至）－小寒（大寒）

十二节令简记法：春惊清明夏中暑，秋露寒冬大雪寒。

纪月法：正月建寅（从立春到惊蛰）；二月建卯（从惊蛰到清明）；三月建辰（从清明到立夏）;四月建巳（从立夏到芒种）；五月建午（从芒种到小暑）；六月建未（从小暑到立秋）；七月建申（从立秋到白露）；八月建酉（从白露到寒露）；九月建戌（从寒露到立冬）；十月建亥（从立冬到大雪）;十一月建子（从大雪到小寒）；十二月建丑（从小寒到立春）。

一年当中十二个月的地支都不变，从寅月开始到丑月结束，年年如此。而月令的天干却要经过推算才能得出。推算月令天干的口诀（也称五虎遁诀）如下：

甲己之年丙作首，乙庚之年戊为头；丙辛之年寻庚上，
丁壬壬寅顺水流；若问戊癸何处起，甲寅之上好追求。

甲己之年丙作首，即逢年干为甲或己时，这一年的寅月干从丙开始排起，正月的干支是丙寅，二月是丁卯……十二月是丁丑。如1994 年是甲戌年，年干为甲；1999 年是己卯年，年干为己，故这两年的正月都是丙寅。

乙庚之岁戊为头，即逢年干为乙或庚时，这一年的月干从戊开始排起，正月的干支是戊寅，二月是己卯……十二月是己丑。如1995 年是乙亥年，年干为乙；

1990 年庚午年，年干是庚，故这两年的正月都是戊寅月。

丙辛之岁寻庚上，即逢年干为丙或辛时，这一年的月干从庚开始排起，正月的干支是庚寅，二月为辛卯……依此类推。

丁壬壬寅顺水流，即逢年干为丁或壬时，这一年的月干从壬开始排起，正月的干支是壬寅，二月为癸卯……依此类推。

若问戊癸何处起，甲寅之上好追求。即逢年干为戊或癸时，这一年的月干从甲开始排起，正月的干支是甲寅，二月为乙卯……依此类推。

年上起月表

要推出月干支，可以直接查专业用易历，也可以把上面的口诀记熟，理解其含义，然后在掌诀图上推算。掌诀图最好用左手，现以左手图为例来说明。无名指根部为子，中指根部为丑，食指根部为寅，……如图排列之情形。

月序 干支	一	二	三	四	五	六	七	八	九	十	十一	十二
甲己	丙寅	丁卯	戊辰	己巳	庚午	辛未	壬申	癸酉	甲戌	乙亥	丙子	丁丑
乙庚	戊寅	己卯	庚辰	辛巳	壬午	癸未	甲申	乙酉	丙戌	丁亥	戊子	己丑
丙辛	庚寅	辛卯	壬辰	癸巳	甲午	乙未	丙申	丁酉	戊戌	己亥	庚子	辛丑
丁壬	壬寅	癸卯	甲辰	乙巳	丙午	丁未	戊申	己酉	庚戌	辛亥	壬子	癸丑
戊癸	甲寅	乙卯	丙辰	丁巳	戊午	己未	庚申	辛酉	壬戌	癸亥	甲子	乙丑

如欲知辛未年阴历三月干支，因十二地支在手上已固定位置，所以只需要推出月干即可。根据口诀丙辛之岁寻庚上可知，辛为年干，则正月的月干必是庚，而正月的地支寅在食指第一指节上。将左手大拇指点在寅位。正月的干支为庚寅，故拇指在寅位上时读庚，然后向卯位顺推，在卯位上读辛，三月在辰位上读壬，这

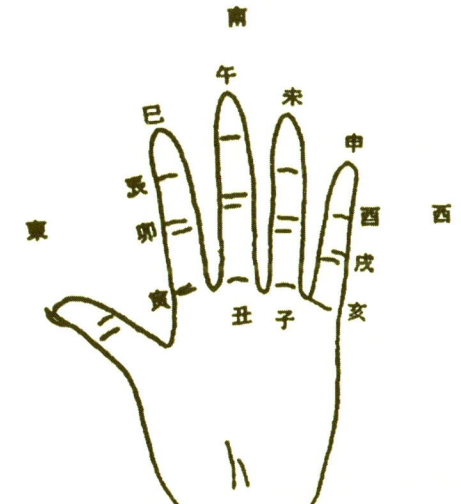

样就得出三月份是壬辰月。

在预测中，月建是以上个节的节气结束和下个节的节气开始为界限的，每年每月交节的时间都不同，需要查有交节时间的万年历。下面举例说明。

如欲知 1990 年 3 月 15 日的月令干支。先将公历（阳历）换算成农历（阴历或夏历）。从万年历查得农历为二月十九日，其日已进入惊蛰，从惊蛰到下一个节令清明是二月建卯，通过推算可知这一天是在己卯月中。

如欲知 1990 年农历闰五月十七日月令干支。

闰五月，但月令以节令为准，故该日所在月令是癸未月。

如欲知 1990 年农历十二月二十日之月令。

从万年历可知，这一天刚好是 1991 年的立春日，也就是旧年和新年交接的一天。按交节的时间来看是 16 时 09 分交节。如果在 16 时 09 分以后摇出的卦就要算新年的月令，即 1991 年的正月令：辛未年庚寅月乙巳日。如在 16 时 09 分以前摇出的卦，就要算旧年的月令，即 1990 年十二月的月令：庚午年己丑月乙巳日。

2. 月建（也叫月令）的作用

每年的寅卯辰巳午未申酉戌亥子丑十二地支值月时为月令。月令在一月内有生杀之权。月令能助卦爻之衰弱，挫爻象之旺强，制服动变之爻，扶起飞伏之神。月建当权为主帅纲领，爻之衰弱者，能生之合之，拱之扶之，衰而亦旺；爻之强旺者，能克之冲之，刑之破之，旺而亦衰；卦有变爻克制动爻者，月建能制服变爻，卦有动爻克制静爻者，月建能制服动爻。用神伏藏，飞神压住者，月建能冲克飞神，扶助伏神而有用。

以寅月为例，卦中寅爻临月而旺，卯爻临寅月与寅木为同五行也旺，辰临寅月受克处死地，巳午爻在寅月为长生而旺相，未土爻受寅月建克制，申爻受寅之冲为月破，酉爻逢寅为囚，戌爻逢寅受克，

亥爻逢寅为休，但寅亥合，子爻在寅为休，丑爻逢寅为囚。十二个爻在月令制约下，可以说顺月令者生，逆月令者亡。月令对卦中一切不服者都有制裁权（有动爻或日建生扶者除外），对一切顺应者都有生扶拱合之力。此权力过月则无。

（三）日建

1. 干支纪日法

干支纪日也是用十天干同十二地支依次相配来表示，六十日一循环。由于大月、小月、闰月、交节时间等十分复杂，故推算日干支就变得十分繁琐。如民间流传的流星赶月，金钳诀即可推算日干支。这些方法都需要强记和心算，故多为盲人所用，对明眼人来讲推算日干支，最容易简便的方法就是查专用易历。

2. 日建的作用

上边说月令在一月之内有生杀大权，现说日建，也叫日辰、日令。日建即是子、丑、寅、卯、辰、巳、午、未、申、酉、戌、亥，十二支周而复始。地支为一日之主，是卦中六爻五行生旺墓绝的具体标志之一，是信息预测时决断事情成败的重要依据。

月建司三旬之权有春夏秋冬之分，四季生旺墓绝之别。日建则不然，四时俱旺，为六爻之主宰，行一日之令，掌一日生杀之权。日建与月建同功同权。

日建能对一切逆其之卦爻进行制克刑冲，能对一切顺其之卦爻生扶拱合。以日建午火为例，能克申酉爻，能生扶丑未辰戌及巳火，能冲子，破解卦中子丑合；能合未，解除卦中丑未之冲。总之，对卦中任何爻都有生、克、拱、扶、刑、冲、合、害的权力。

卦中之爻在月建休囚而得日建之生如旱苗逢雨。卦中之爻受月克而伤，若逢日辰生扶，为得救，化险为夷，若再得动爻生为吉。卦中之爻受日建之克、冲、刑为不利，若得月建生扶则无妨，倘月建再克，是雪上加霜，凶之又凶。

例： 戌月　甲子日 （戌亥空）

《风雷益》	六神
兄弟卯木、 应	玄武
子孙巳火、	白虎
妻财未土、、	螣蛇
妻财辰土、、 世	勾陈
兄弟寅木、、	朱雀
父母子水、	青龙

卦中戌月建，子日建，戌月六爻兄弟卯木处囚地，但得子日之生，故卯木为旺相。戌月巳火休囚，又受子日建之克而受伤。四爻未土得戌月建帮扶，在日上为囚，总体来讲为旺相。三爻辰土日囚月破之爻。二爻寅木月囚日生为旺相。初爻子月克临日建以旺相论。

3. 月令与日辰的关系

有的古书把月令日辰的关系说得相当复杂，其实很简单，不管是月克日生，还是月生日克，都是讲卦爻受一方生，受另一方克，是一种扯平即平局之象。因月日同功同权，卦爻受月生克还是受日生克，损失与受益是一样的，只是受生克的表现形式有区别而已。所以某爻在月、日一个受生，一个受克，关键取决于自身动静和卦中其它动爻或变爻的生克向背。即动爻生扶哪方，哪方就胜，动爻克制哪方，哪方就败。月与日的关系，实质是双方力量的对比，能否取胜取决于动、变之爻的生扶与克制。

在月休囚之爻，得日建生扶为旺相。在日休囚之爻，得月建生扶为旺相。

爻逢月建，日冲不散，爻逢日建，月冲不破。

爻逢月建，日辰克之，虽有不利影响，但甚为轻微，卦爻仍能

生克它爻。

爻逢日建，月建克之，虽有不利影响，但甚为轻微，卦爻仍能生克它爻。

（四）时辰

1. 干支纪时法

在中国农历历法和周易预测技术中，都是将一天（一昼夜）分做十二个时辰的，每两个小时为一个时辰，分别用十二个地支来对应表示，子时初为一天的开始，亥时末为一天的结束，天天如此。

时辰的划分

时辰	子	丑	寅	卯	辰	巳
点钟	23-1	1-3	3-5	5-7	7-9	9-11
时辰	午	未	申	酉	戌	亥
点钟	11-13	13-15	15-17	17-19	19-21	21-23

十二时辰的地支是固定不变的，每个地支所配天干在不同的日期是不同的，因此需要推算。只有已知当日的日干支，才能根据日干支推算出时干。

可以通过下面的口诀推算（也称五鼠遁诀）：

甲己还加甲，乙庚丙作初，丙辛从戊起，丁壬寅子居，戊癸何方求，壬子是真途。

甲己还加甲，是说日干为甲或己时，该日的子时为甲子时，则丑时为乙丑时，顺次为丙寅时……乙亥时。

乙庚丙作初，就是日干为乙或庚时，该日子时是丙子。

丙辛从戊起，就是日干为丙或辛时，该日子时是戊子。

丁壬庚子居，就是日干为丁或壬时，该日子时是庚子。

戊癸何方求，壬子是真途，就是日干为戊或癸时，该日子时是壬子。

推算时可以从掌诀图上推导，方法同推导月建天干的方法相同。

2. 时辰（也叫时令）的作用

我们知道，每个时辰是两个小时，即一百二十分钟。在断近期或短期内发生的事情的时候，时辰就显得非常重要。尤其是象预测比赛、股票、彩票这样的时效性很强的事情，更是如此。这时我们就要将时辰作重要的坐标，来衡量卦中的吉凶旺衰。

3. 分时令

为了断准更加细致入微的事情，我们还应该引入分时令这个概念，即将每个时辰化分十二等份，分别配以十二个地支，那么每个时辰就可以有十二个分时，每个分时令就代表十分钟。如果熟练地掌握了分时令的用法，我们在断事情的应期的时候，就有可能达到确定应期到某日某时，甚至是几点几分。

每个时辰内分时令的划分

分时令	子	丑	寅	卯	辰	巳
分钟	1–10	11–20	21–30	31–40	41–50	51–60
分时令	午	未	申	酉	戌	亥
分钟	61–70	71–80	81–90	91–100	101–110	111–120

三传（四值）在断卦中起到决定卦象或卦爻旺衰，安六神、定吉凶等重要作用。因此必须掌握相关的历法知识才能学好周易预测学。

二、纳音五行

古人认为，宇宙是由金、木、水、火、土五种元素构成的，五行运动即相生相克的结果构成了大千世界。五行有正五行和纳音五行之分。按天干、地支的自身属性所定的五行为正五行，如甲木、子水等；按干支结合生出的五行为纳音五行。纳音来源：六十甲子纳音，实即六十律逆相为宫之法。一律合五音，十二律即纳六十音。纳音的基本方法是：同类娶妻，隔八生子。这也是律吕相生的法则。干为天，支为地，音为人。

六十花甲子纳音表

甲子乙丑 海中金	丙寅丁卯 炉中火	戊辰己巳 大林木	庚午辛未 路旁土	壬申癸酉 剑锋金
甲戌乙亥 山头火	丙子丁丑 涧下水	戊寅己卯 城头土	庚辰辛巳 白腊金	壬午癸未 杨柳木
甲申乙酉 泉中水	丙戌丁亥 屋上土	戊子己丑 霹雳火	庚寅辛卯 松柏木	壬辰癸巳 长流水
甲午乙未 沙中金	丙申丁酉 山下火	戊戌己亥 平地木	庚子辛丑 壁上土	壬寅癸卯 金箔金
甲辰乙巳 佛灯火	丙午丁未 天河水	戊申己酉 大驿土	庚戌辛亥 钗钏金	壬子癸丑 桑柘木
甲寅乙卯 大溪水	丙辰丁巳 沙中土	戊午己未 天上火	庚申辛酉 石榴木	壬戌癸亥 大海水

关于纳音信息的联想：

纳音在六爻预测中，也能提供大量的细致入微的具体信息。六十纳音具体象什么，要结合六亲、六神、爻位、干支、五行、阴阳、三才、外应、所在卦及互卦等等，充分展开合理想象。下面可提供一些展开联想的思路：

海中金：海船、石油，石油产品，海底文物宝藏、死绝为沉船。

炉中火：炼钢厂、火盆、炊具、饭馆、街边小吃摊、大排档、火锅城。

大林木：森林、神农架、林场、姓林、电线杆、木材批发部、苗圃。

路旁土：土匪、泥瓦匠、建筑工、街道、马路、街边清洁工、垃圾堆。

剑锋金：凶器、晨炼者、古董店、军队。

山头火：烽火台—信息战，火山、高层霓虹灯广告、热电厂（烟囱）

涧下水：小桥流水、小别墅、郊外、水源处、自来水厂、喷泉、冷饮供应部、自来水管、酒店。

城头土：保卫国土、高楼大厦、高层宾馆、广告业、户外广告、八达岭长城旅游、雕堡。

白腊金：防冷涂的蜡—护肤膏、化妆品，假首饰，伪币假钞。

银样蜡枪头—假枪—保安；手术刀、熔化、化学、希腊。

杨柳木：没立场、搔首弄姿的骚婆娘，牙签，春天、公园，姓杨姓柳。

泉中水：矿泉水、桶装水、打井、油井、（离卦）矿井、姓名如：李井泉。地名如：酒泉，泉州，济南（趵突泉）。

屋上土：飞贼、瓦片、墙壁、房子，装修业、广告业，房子盖了一半（烂尾楼），坟墓。

霹雳火：闪电打雷、发电厂、高压线（变压器）、火山（艮）、地震（坤），恐怖分子（携带炸药），火车（雷霆万钧），天上：火箭升空，导弹发射，爆米花作业处，油田爆炸、9.11事件（天爻），火爆脾气，喷气飞机。

松柏木：烈士陵园，墓地，千古不朽，长寿，坚强、刚直，在公司、单位是栋梁之材。

长流水：珠江、河流、银行、工厂流水作业、爆水管（月破）、馋流口水（小孩贪吃）。

沙中金：沙雕，淘金业，小首饰，沙漠，人才（沙里淘金）。

山下火：土窑，砖瓦窑，热电厂，炉灶。

平地木：建材业（平的铺地板的木），枕木，木桥。

壁上土：装修业，壁画挂历，飞贼（飞檐走壁的土匪），不管闲事（作壁上观），壁上涂料，户外广告、招牌，玻璃窗（空亡、在四五六爻）。

金箔金：冥器店，装饰器，首饰，纸钱，表面风光。

佛灯火：庙宇，灯火闪烁的舞厅，晚上的夜游神，路灯、电筒。

天河水：瀑布，水塔，晴朗的夏夜，牛郎织女（银河相隔感情好），地名：天河区，加沙中土为沙河，大雨。

大驿土：高速公路，马路边，路边土匪（路霸）；国道。

钗钏金：真首饰，金屋藏娇，唱戏者，打金店，文物古董，礼品店。

桑柘木：养蚕业，丝绸，高档衣服，故乡（桑里）。

大溪水：洪水、大江、郊游、淋浴冲凉、水运。

沙中土：煲汤、海滩、阳光浴、沙浴、沙雕；紫沙壶，好喝茶，彭加木，沙漠。埃及人面狮身，穿山甲，秦兵马俑古文物，埋没人才、埋没前程。

天上火：烈日高照，打雷闪电，空难、空战，恐怖事件，殒石，流星、火箭，飞来横祸，现代战争，宇宙飞船。

石榴木：女孩，好色（石榴裙），打麻将，牙痛，牙医及其诊所，假牙，夜总会，水果店，各种结石病（视在何卦何爻位），肿瘤，青春痘，鱼卵。

大海水：海洋，游泳池，远洋轮，飘洋过海，放生，海量，酒量大，海派，上海，海南。

第八节　旺衰信息

旺衰表示五行能量状态大小及参与五行生克力度的大小，旺衰不但影响结果，同时体现一种信息之象，需要活学活用。旺衰所反映的含义由所测的具体事情决定。

1. 测比赛：旺衰代表实力体力、技能等竞技水平高低。测选美：旺衰代表美丑程度、身材条件的优劣。

2. 测求财：财爻旺衰代表大小、有无；世爻旺衰代表求财、担财能力大小。

3. 测合伙经营：世应旺衰代表各方实力、合伙诚意、信心态度如何。

4. 测疾病：世或用神旺衰代表病人与病魔作斗争的信心能力。若休囚无气说明病人被疾病压倒，毫无气力，精神颓危。旺则表示病轻或病人精神还好，抵抗疾病能力强，易于医治好。

5. 测运气：世旺衰代表自身素质、运气高低；财旺衰代表财富

多少。

6. 测官司：世应旺衰代表各方打官司的实力、信心、气势大小。也代表输赢程度：旺者赢，衰者输。

7. 测住宅：父母爻或宅爻旺衰程度代表宅的新旧程度。

8. 测灾祸：忌神旺衰代表灾祸的危害程度。

9. 测天气：父母爻旺衰代表雨雪量的大小及有无。父母爻旺说明雨雪量大，衰表示雨雪量小或无。

10. 测事情成败：用神旺衰在某种程度上揭示事情成败；忌神旺衰在某种程度揭示求事的阻力大小。

总之，旺衰赋予含义都依测事不同而不断变化，旺衰含义的提取必须符合社会常理、所测具体事物本意。

第九节　动静信息

爻的动、静状态既体现生克力度与权力，也体现特定信息之象。预测学本身就是理象结合，生克的原则、形式就是理，生克过程和结果就是象，理象相辅相成，理为象服务，也不能忽视对理的研究，理是提取象的一种手段，取象凭理，所以要提取更多更确切的信息之象，还得先明理。要灵活提取动静信息之象，先得悟透动静之理，再展开联想。动也包括暗功，虽暗权力与地位相同，都属动爻层次，但体现的信息之象大径相庭。下面将明动、暗动、静爻的含义阐述于下。

一、明动寓意外延

动是事态的明显显象，是透明，已觉察。爻动便有主动生克权的倾向，是事情主动参与者。动则有变，有主动实施力就有行动。

1. 测工作调动：世动往往自己主动、积极要求变动。若世爻不动所产生的工作变动为被动形式。

2. 测心态：动主不安定、不甘现状，为人处世积极，好变化，想法多。总之是一个动态的形象。

3. 测婚姻：动的哪方态度就显像明显，主动进取或退出行动。应动生世，则对方主动体现爱慕之心；应动克世，则对方主动退出，对世方不满意的情绪表现明显。反之同论。

4. 动是产生卦变根源，何爻动就因何爻代表的人事物的原因产生卦变。

5. 动爻是卦的中心点，有几个动爻就有多少事绪，动爻越多，事情就越繁杂、越乱。卦中动爻多还体现：若测者得到的卦象动爻有三个以上、甚至全动，说明卦主测事目前还不明朗，事绪很乱，有多种烦事困扰；或求测时心境不稳，大脑不是一片空白，就是想得太多，意念不集中，精神恍惚。卦是信息反馈，有什么样心境卦象就反映什么样状态。所以透过卦爻状态，就揭示了卦主心境状态如何。动还有很多含义，可根据原理任意发挥。

二、暗动寓意外延

暗动，主暗里、悄悄、不知不觉，令人难以预料，事前没有明显征兆。古书云：暗动，祸来不知，福来不觉。暗动是在背地里做事，如暗地里有小人，或事物本身就蕴藏危机而没意识到。暗动爻克世用，一定要防有意料不到的事情发生：是何爻暗动，就是何爻代表的人事物要产生变故，要有意料不到的祸患发生。暗动爻生世是有人暗地帮助，或有好运气不知不觉降临。暗动还有表面一套、背后一套的寓意，如测人情态，应爻（代表对方）暗动就有表面一套，暗里一套的迹象，如与您合作，暗动化退可能表面合作，实际对方已暗暗打算退出。暗动还表现无所谓，实际内心动荡不已。

三、静爻的寓意外延

有安静、不动、静观事态发展之意。静爻是事情被动参与者。

如测合伙生意：若应静世动，说明积极主动找对方。世静应动，说明对方主动找自己。爻静就变化小、少，凡事求持之以恒、保持现状、稳定发展，如有变故都不是主动的，而是迫于外界原因。测事：世爻旺衰代表自己决心、信心大小、运气高低。世爻动静表示对事态度：世静要静观事变，稳扎稳打；世动积极争取，立马行动。

四、独静独发

从本卦变为变卦，如仅有一爻不变，称为独静。若仅一爻变，则为独发。似此于判卦时均较易拿捏，盖天机有所示焉，可于静中取动，乱中取静。

第十节　变爻信息

变爻在卦中体现生克职能，也揭示一定信息之象：动爻变出的本位变爻，作用较大，体现信息较明显；主卦静爻随卦变而产生的本位变爻，间接地揭示一定信息。还有种变爻没有卦变，而随原卦照录的变爻，在一卦多断时也有一定意义。如：地水师之坎，五爻兄亥化出变爻官戌，显示信息较明显。具体显何信息、吉凶？要结合具体测事决定，随兄动而卦变之变爻，应父与四官丑化出的兄子与父申，它们体现一些隐蔽信息，何种信息要结合具体测事来定。另外内卦没有动爻，按着内卦照搬的三个变爻（财午、官辰、孙寅），运用中也体现一些深层次的信息。现将变爻揭示信息如下：

1. 变动爻是种互为因果关系：动爻有时体现事情起因，而动之变爻则体现其结果，或动爻体现结果信息，而变爻体现起因信息。

2. 动变爻在卦中有一定暗示作用：何事发生、吉凶应期、事情结果。

3. 动化回头克、化绝：本爻生克权受到克制，为本爻代表的人

事物之原因导致。如世化回头克是卦主本人原因所致,这是对本爻最不利的变化。

4. 动化进神:主此爻代表的人事物有力量增进、向前迈进、发展。

5. 动化退神:本爻所代表的人事物有退回、反悔、撤退之意,主本爻的力量递减。

6. 变爻体现的具体信息之象,完全取决于所测之事,所测之事不同,变爻体现的具体含义就有所不同。

第十一节　卦宫信息

卦宫就是一个场:环境、处所、状态,一个具体卦由上下两个单卦组成,这两个单卦处在一个共同的场态中,都受卦宫场态影响。卦宫对每个单卦影响力的大小,取决于卦宫场态能量大小:卦宫得日月生扶则场态能量级大,对单卦制约力就大;若在日月休囚则场态能量级小,对单卦制约力就小。实际预测中卦宫场态相当于测事的大环境、大气候:如世界风云、国情、地区形势、天气、自然界的规律。若世爻所在单卦受卦宫克,说明世爻所在环境不利,受国际、国家形势或地理、天气等制约、影响。到底受哪方面影响,还取决于所求的事。单卦相当一个具体小环境,世爻所在单卦是其所处的小环境;应爻所在单卦是对方所处的小环境。说白了,卦宫是大气候、大环境,宏观调控。单卦是小气场、小环境,直接影响其管到卦爻。单卦可影响卦爻,而卦爻无权影响单卦。

1. 测工作:世单卦(测者工作环境,即工作单位),若受卦宫克制,则单位受市场经济或国家形势、政策影响,即使此单卦临日月旺相,只是眼下单经营状况、经济效益好,但趋于大气候环境的限制很难有更大发展,最终会被大气候所淘汰。若卦宫生扶世单卦,

则单位发展适合市场要求，受国家政策等因素扶持，即使在日月不旺相，虽眼下经营状况不良，也不会倒闭。

2. 测婚姻：世单卦（测者家庭状况）、应单卦（对方家庭情况），哪个旺相则哪个好，或家庭对自己婚姻影响力大。若单卦克世爻，不是自己家庭状况不好，就是家庭对自己的婚姻制约性强。若单卦生世爻，说明家庭与自己意见统一，或对自己成婚起到有利影响。应爻同此论。

第十二节　生克冲合信息

生克冲合是五行生克的一种规律，生克结果产生吉凶，生克过程揭示一定信息之象。生克既对立又统一，揭示着万物的运化规律，五行间的生克冲合，在预测中既有生克结果（吉凶）的体现，又有事物信息之象的揭示。充分理解其本质含义，在此基础上进行合理的寓意延伸，便可利用各种生克关系提取许多信息。

一、生

生是力量传递与给与，有生养、爱护、给与的含义。

1. 测婚姻：未婚者应生（表示爱慕、喜欢、愿意）世，说明对方爱慕自己，愿意相处。已婚者财（女）官（男）生世，说明配偶喜欢、关心、爱护自己。若世生对方，说明自己爱对方，对人家有好感。

2. 测人际关系：应生世则对方爱护自己，真心帮助，有益。兄爻生世说明朋友或兄弟姐妹、同事等帮助，得他们之力。若官生世有官贵之人、男人帮助，得他们之力。若子孙爻生世，则子女小辈等子孙爻所代表的人事物对己有益。总之，不论何六亲爻生世，就揭示此六亲爻所代表的人事物对己有助益。若世生应或它爻，被生之爻所代表的人，会得到自己关心、关注或资助，这生就有付出、奉献、给与之意。

3. 测求财：财生世求财易得。若财动生世，则财主动找上门。官动则财官是相生关系；财爻不发动，这生的关系就是官鬼盗泄财爻的力量，是官所代表的人事物要消耗财。如交租金、交税、送礼、交各种费用，这生就代表交纳、征缴、征收、送与、消费、消耗的含义。

4. 测运气：世得何爻动生，就得到何爻代表的人事物方面的利益。

5. 测能否得到某人好处或帮助：看某爻代表的人是否生合世，生合世爻可以得到，否则得不到。如看能否得到朋友帮助，就看兄弟爻是否生世爻。看能否得到没有亲属、朋友关系之人的助益，就看应爻是否生合世。

6. 测做某事有无利弊：看卦中有无动爻生克世爻。若动爻生世，会得到此爻代表的人事物方面的利益或好处。只有克世爻的五行发动没有生世爻的五行发动，就会因此爻所代表的人事物方面引起的灾难或祸患。若世爻所生之五行发动，说明世爻要损失或付出一些利益。

二、克

生克对立，克有利时就好、不利时就不好。如忌神受克就好，用神受克就不好。克是力量的抑制与阻碍，有管制、制约、限制、压制、陷害、打击、阻挠、阻碍等含义。测不同事体现的含义有所不同。

1. 测婚姻：未婚男女克世说明对方不满意，没看上自己，不想相处，也说明对方挑剔大。世克应说明自己没看上对方，不太如愿，挑对方毛病，感觉不称心。这克就主不愿意、不满意、挑剔的含义。

2. 测运气：动爻克世就要受此动爻代表的人事物的限制、制约、受其害。如官（主灾祸、小人、官司）动克世，卦主就会有这些方面的祸患。兄动克世就会有破财、伤身、朋友或兄弟姐妹等方面的灾难。财克弱世，就会因财或女人方面之事而遭殃。父动克世，就有父母爻代表的人事物带来的灾祸。有时灾祸信息之象由被克爻体现出来，如父动克孙，那么子孙爻代表的人事物会有灾；孙动克官，

那么官代表的人事物会有损,如损官损名声。总之要结合具体测事来论。

3. 测求财:兄动孙静,那么财受兄克,这兄弟就会劫财,致使世爻破财。这克就是抑制、抢夺、克破。

4. 测合伙经营:应克世则受对方制约、牵制。反之亦是。一般不利世应相克,相克有相互欺害、不同心协力之象。

5. 测人事关系:何爻克世,哪爻代表的人就是小人。发动说明小人明露与自己对着干,暗动是暗地背后使坏。不发动只是心里怀恨,没有坑害行动。

6. 测某人对自己的向背:应为对应点,看应世关系。应克世则对方不满意、有恨意;发动克世有不利于自己的言行,会陷害、压制自己;不发动只有恨意,没有坑害行为。

三、合

合是生克的一种特殊表现形式。有合好、合住、合起、绊住之意,联合之象。合主聚,冲主散。风水中的山环水抱以六合(环、抱)来体现,有围绕之象。合也是生克,合比正常生克有优先权,在五行生克中,合冲在先,卦爻相合时生克关系最近,最先发生。合体现具体信息根据测事不同而变化。

1. 测婚姻:世应相合则情意相投。

2. 合伙生意:世应相合则双方凝聚力强,同心协力。

3. 测出行:世或用被合有合住之象,因事缠身不能出行,至于何事?看被何六亲合住,若被父爻合住则因父爻所代表的人事物而不能出行;被财爻合住必因财爻代表的人事物而不能出行。其它仿此。

4. 测官司:世应相合,和解之象。

5. 测情感:相合主外遇,有相好。一般不论半合、会局。三合、六合的基本含义相同,但三合除具备六合信息外,还有多人、多事物聚合之象,比较众多、有团体之意。相合有种吸引、相聚力,抱团。所以测人事关系喜合,合多说明人缘好、朋友多。

四、冲

冲合相对立，合主聚，冲主散。合主气场融合，一团和气；而冲主气场不和，斗争激烈。冲主破裂、决裂、失和、争斗。冲有冲散、冲脱之意，好事喜事忌冲；忧愁、恐惧之事喜冲。

1. 测思想：主矛盾、冲动、变化。

2. 冲有撞击、冲击之象。力量来得猛烈，来得直接。如测平安，世被父冲克有车祸之象，是车撞击世。如木爻冲克世，有被棍棒击伤之象。如金爻冲克世爻，就有被刀具等金属器械撞伤的迹象。

3. 测合伙生意：世应相冲，未合伙者主合伙不成，已合伙者则合伙必散，会有矛盾冲突不欢而散。

4. 测婚姻：未婚男女世应相冲，主双方一谈就破，根本合不来，双方都看不上对方。已婚男女看财官与世的关系。财官与世相冲，说明夫妻间矛盾多，常有冲突。

5. 测人事关系：逢六冲则关系紧张，意见冲突较多，人与人之间关系恶劣，仇恨较多，矛盾重重。

6. 测合伙、合作、合好等合和之事：逢六冲都是一种离散之象。

第十三节　空亡信息

卦爻的空亡也叫旬空。按照中国的传统历法，把每一日都用一组干支来表示。天干有十个：甲、乙、丙、丁、戊、己、庚、辛、壬、癸；地支有十二个：子、丑、寅、卯、辰、巳、午、未、申、酉、戌、亥。天干起自于甲，地支起自于子，天干地支之相配便从甲子开始，接下是乙丑、丙寅、丁卯、戊辰、己巳、庚午、辛未、壬申、癸酉，排到这里十天干就排完了，这十天就叫做一旬，因为是甲子打头，甲子日是第一天，所以就叫做甲子旬，在甲子旬这十天当中是没有戌、

亥两地支的，所以当卦起出来后，如果日建是甲子旬中的任何一天，那么卦中的戌、亥两爻就叫做旬空。

再往下排就要重新从甲开始。地支戌、亥还没有和天干组合，故新的一旬从甲戌开始，往下依次是乙亥、丙子、丁丑、戊寅、己卯、庚辰、辛巳、壬午、癸未共十天，在这十天中，天干从甲至癸全部排了一遍，而地支中申酉两支没能和从甲至癸中的天干组合上，故此，在这个甲戌旬中是申酉空。

天干与地支排列，可形成六十种完全不同的组合，叫六十花甲，故此农历的日干支是六十天一循环。这六十天共有六旬，十天为一旬，因为每个月大约30天，故此每个月就约有三旬，两个月约有六旬，六十花甲约两个月循环一遍。

六旬的起始日是甲子、甲戌、甲申、甲午、甲辰、甲寅。每旬都有两个地支是旬空的，故又叫六甲空亡。

空亡是个非常重要的概念，在各类预测术中应用十分广泛，必须牢牢记住或能迅速查找出来，在六爻预测技术中也莫不如此。可以通过歌诀或图表记忆。

歌诀：

甲子旬中戌亥空；甲戌旬中申酉空；甲申旬中午未空；

甲午旬中辰巳空；甲辰旬中寅卯空；甲寅旬中子丑空。

甲子	乙丑	丙寅	丁卯	戊辰	己巳	庚午	辛未	壬申	癸酉	戌亥空
甲戌	乙亥	丙子	丁丑	戊寅	己卯	庚辰	辛巳	壬午	癸未	申酉空
甲申	乙酉	丙戌	丁亥	戊子	己丑	庚寅	辛卯	壬辰	癸巳	午未空
甲午	乙未	丙申	丁酉	戊戌	己亥	庚子	辛丑	壬寅	癸卯	辰巳空
甲辰	乙巳	丙午	丁未	戊申	己酉	庚戌	辛亥	壬子	癸丑	寅卯空
甲寅	乙卯	丙辰	丁巳	戊午	己未	庚申	辛酉	壬戌	癸亥	子丑空

空亡体现的信息之象随着测事类别而变化，根据测事类别将空亡体现的具体含义提炼如下：总体含义为空与实相对，空有不实、

虚伪、心里没底、没有、不存在、不在、发挥不出来、躲避等。实际断卦中可依据这些基本含义结合测物进行合理的寓意延伸。空亡表示空无一物，若逢月令填实不为空，不过亦须等到出空才有用；若太岁填实，出空方可。又有旺不为空，动不为空，逢日冲之不为空。旬空安静之弱爻，又逢月冲，为旬空月破无用之爻。从旬空到出空，也是应期。

1. 测合伙生意：世（自己）应（对方）哪方逢空就有不实之象，主没诚意，或心里没底，不踏实。

2. 测行人：用神逢空，主无音迹。

3. 测婚姻：用神逢空，一没配偶；二与配偶分居（空有无象）。

4. 测讨债：应逢空则对方躲避不在家，或主对方不实。世空说明自己对讨债心里没底。如世爻在未出空期间去讨债，必是竹篮打水一场空。

5. 测求财：财爻真空则无财可求。旺相逢空有钱一时拿不到手（要看世爻旺相程度、世财关系来论到底钱能不能到手）。

6. 测怀孕：世爻或子孙爻或胎爻逢空，没有怀孕。

7. 测交易：财爻逢空难成或钱财虚假。遇此要防假钞、假货等欺诈行为。

8. 测工作：官空无固定工作，或工作没落实下来；已有工作官空，主无官位或权力被架空，或职位空缺。测找工作父空，则单位没落实，或单位不尽人意、徒有虚名等。

9. 测出行：上爻（天）父空，坐飞机之象，因有飞机在空中的寓意，不能说没有车辆或行李。还要结合实际，并非都是坐飞机之象，若出行距离很短，或所行之地根本就没飞机通航，就不能死搬硬套。

10. 测音讯等：有时父空并非无音信，很可能代表手机、广播、电讯等靠空中信息传递的音讯。

11. 测介绍对象：间爻（媒人）临父旺相逢空，可能无媒人，

还很可能靠空中喜桥为媒（如广播电台、电视、网络等为媒介相识）。空可理解为卫星、架空电话线、电线等空中信息传递。

12. 测风水：父（建筑物）临五六爻（天爻，代表高处）逢空，不能绝对说高处没建筑物，很可能是架空的（如父五爻为道路逢空，可能是架空的公路—立交桥，或天桥、桥梁等。地爻（初二）逢空有地洞、地窖、井、口洞等信息（因地爻逢空，有地上或地下有孔、空之象）。

总之，空象要灵活运用，千万不可生搬硬套。

第十四节　月破信息

月破：月令冲爻为月破，因月令为卦爻之提纲，力量甚大，故称之为月破。

寅月卦中申爻破，卯月卦中酉爻破，辰月戌爻破，巳月亥爻破，午月子爻破，未月丑爻破，申月寅爻月破，酉月卯爻破，戌月辰爻破，亥月巳爻破，子月午爻破，丑月未爻破。月破之爻有如枯根朽木，逢生不起，逢伤更伤，如果月破之爻是静爻，即使有日建生之，在此月破之月，此卦爻也没有生克权，但月破之爻若得日建生合或得卦中动爻生扶，则过了此月就会有生克权。月破之爻，目下虽破而无用，但出月不破，今日月破，逢卦爻临日建之时不为破；逢生合之日不为破。

月破之爻有的可以补救，有的则不能补救，在一般情况下，月破之爻如是静爻，此月破这爻无法补救；月破之爻如发动，再逢日建或动变之爻克伤，也无法补救；这就是所说的月破之爻，逢生不起，逢伤更伤之理。月破之爻本身发动，又无动变日克，才能补救，而且是被救后出月才不破，才为有用。

爻若安静又受日或动爻之克伤逢月破为之真破无用。爻得日之生扶或动爻之生有气不为破。动爻不为月破；爻逢月破化合或日合、

动爻之合，不为破。辰戌冲、丑未冲不论月破，论墓开。月破之爻月内不管事，出月方可，应于年月。从月破到出月或填实，也是应期。

例：　巳月　甲申日　（午未空）

《兑为泽》	六神
父母未土、、世	玄武
兄弟酉金、	白虎
子孙亥水、	腾蛇
父母丑土、、应	勾陈
妻财卯木、	朱雀
官鬼巳火、	青龙

此卦中四爻子孙亥水月破，因亥水是静爻，故虽有申日建相生也是逢生不起，如果测财运，子孙亥水是财爻卯木之源，财源月破受伤，不能生财则必破财。

第十五节　墓库信息

墓库限制爻的生克权，同时体现一定的信息之象。其本意具有收藏、收敛、收容、装载、躲避之意。休囚之爻逢墓库为入墓，叫死墓。旺相之爻入墓库叫入库，有收藏、收留作用；可进入也可出来，具有一定保护功能；爻在入库期间不受它爻克，也不克它爻。总之既限制又保护入库爻。实际中凡具有收藏、收敛、装载、保护、限制、管制等双向功能一类性质的物象，都可视为墓库。如公共汽车、车辆、飞机等可容人、装载人，可视为一种库；监狱、收容所、医院一类场所，收容限制人，也有墓库性质；各种仓库、容器、盒子、包装

箱等;袋子、衣兜、杯子、抽屉等也可视为墓库;水库、水井、池塘、水缸等可容水、装水，它是水墓库;银行、储蓄所、保险柜等是金钱的墓库。总之墓库形式种类很多，要根据墓库本质含义，便可延伸更多墓库之象。

辰戌丑未四大墓库，内含杂气，一片氤氲。或者是群魔乱舞，或者是宝气珠光，里面大有文章。

1. 墓与库

以得令旺相有气为库。库者:仓库、车库、财库，甚至还是大本营，避难所,金屋藏娇的小别墅,韬光养晦修炼服气的山穴野洞也可谓之库。

而失令无气为墓，祖宗八代之坟墓，牢狱，奄奄待终的病房，若在初、二爻则更添几分墓气。

逃犯在墓，难逃地网天罗;在库则藏形匿影，难访其踪。

钱财在墓，有亦无多，若为古董文物则吉;在库则为已存入银行。

辩别金银之真假:在墓库,因其气杂,不专,故多为伪劣。

凡占行人，用神临墓库均主难以行动。在墓者已被人控制;在库者此间乐不思蜀，亦无归意。须冲开墓库之月日才能跳出樊笼飞回家。临勾陈主坐牢，临玄武则陷色情不得自拔。

2. 看何库

要看是什么库，以六亲分别看，论具体情况。

比如巽为风卦，库为财，则要看这财是何类之库? 如丑财, 则是酉金之库, 酉为官, 为国库, 国家之财。未财, 是兄弟之库, 赚兄弟的钱，亦即通过朋友同事兄弟之介绍联系而生财，如传销之类。

再如震为雷卦，辰库，为子水父母的财，赚企业商店工厂之财，如广告、装磺企划业等;戌库，火财，为子孙之库;赚儿童的钱，以及学生。学员、开班传徒之类的财。

冲开之日月为进财之始日、始月。为开张择日，即以此为准。

库有真有假，假库，纵然有房住，只是租借而已。而以任何五

行之爻为座标然后认真追究起来的库，便为真墓库。比如巳日，为火，库戌。此便谓日库于此，换言之无异是说有关日的信息资料藏于此地，假如巳日在卦中为子孙，则扩言之无异是说有关值日方面的货物都藏在戌爻里了。

第十六节　卦身信息

卦身有两类，一种是卦身，另一种是月卦身。一般比较常用的是月卦身。

安卦身诀： 子午持世身居初，丑未持世身居二，

　　　　　　寅申持世身居三，卯酉持世身居四，

　　　　　　辰戌持世身居五，巳亥持世身居六。

起月卦身法： 阴世则从五（午）月起，阳世则从十一（子）月起，俱从初爻上，数至世爻便是卦身，吉凶俱与世爻同断又须究论进退。假如正月卜卦，月卦属二三四月为进度，属十二十一十月为退度。进则诸事进益，退则百事退沮。

卦身主事体，指该事的性质。卦身入卦时，表示此事已动作，有定向。不入卦，表示此事只是一种意向。卦身出现两处，表示事关两项。另外，对于入卦的卦身，可以看作卦主的身体形貌，配合六神可以判断卦主的性格特征。世爻若不空不破，不须论卦身，世爻若空破，祸福凭卦身判断，取卦身以代替世爻。

测来意时，不论卦身上不上卦，从其带六亲上看是何事。如卦身临财，求财之事；临官、父，问工作事业之事。生卦身之爻是世爻的什么，表示什么事，如未父是卦身，巳午火生未土，若世爻属木，木生火，火为世爻子孙，表示问的是小孩或生意之事，含有子孙的本义在里边。

爻在卦身前，言过去；在卦身后，言未来。如未是卦身，因卦身为月卦身，未为六月之卦身，则寅、卯、辰、巳、午爻主过去之事，申、酉、戌、亥、子、丑爻为将来之事。

黄金策云：最要者身位，喜扶而不喜伤。因卦身为事体，受冲克刑害为有伤，事体有伤表示此事不顺，故卦身宜生旺,,得生助合扶为吉。

第十七节　反吟　伏吟

一、卦之反吟

当主卦与变卦在方位上互相对冲时，称为卦变反吟。八个经卦的方位对冲如下：震兑相对相冲，故震变兑，兑变震为反吟，其它仿此。

当震兑互变，巽乾互变，离坎互变，坤艮互变时，都是卦变反吟。反吟有因伤病或忧疑之事而痛苦呻吟之意。

1. 全卦反吟

主卦与变卦的上卦下卦都相冲为全卦反吟，表示整体大象皆为痛苦呻吟之象。

2. 外卦反吟

上卦冲下卦不冲，称为外卦反吟，表示上边、外部、远处有痛苦呻吟之象。

3. 内卦反吟

如果主卦与变卦之间只是下卦之间相冲，而上卦之间并不相冲，称为内卦反吟，表示在下边、内部、近处有痛苦呻吟之象。

二、爻之反吟

当主卦与变卦相克，卦中之爻也同位对应相冲时,称为爻变反吟，其含意与卦之反吟相同。但在具体断卦中,还要看主卦中是何神发动，

变出何神，用神是否反吟，以及此爻之反吟对用神是益是损。卦爻反吟只有一种情况，就是坤卦变巽卦，或巽卦变坤卦。爻之反吟也分全卦反吟、外卦反吟和内卦反吟三种。

1. 全卦爻之反吟

例：变卦之爻均回头冲主卦本位爻。

《坤为地》	《巽为风》
子孙酉金 × 世	官鬼卯木、世
妻财亥水 ×	父母巳火、
兄弟丑土、、	兄弟未土、、
官鬼卯木 × 应	子孙酉金、应
父母巳火 ×	妻财亥水、
兄弟未土、、	兄弟丑土、、

2. 外卦爻之反吟

例：外卦坤变巽，为外卦反吟，卦爻卯酉、巳亥、丑未，互相冲击。

《坤为地》	《风天小畜》
子孙酉金 × 世	官鬼卯木、
妻财亥水 ×	父母巳火、
兄弟丑土、、	兄弟未土、、应
官鬼卯木 × 应	子孙辰土、
父母巳火 ×	官鬼寅木、
兄弟未土 ×	妻财子水、世

3. 内卦爻之反吟

例：内卦巽变坤为爻之反吟，卯酉、巳亥、未丑相冲。

《天风姤》   《天地否》

《天风姤》	《天地否》
父母戌土、	父母戌土、应
兄弟申金、	兄弟申金、
官鬼午火、 应	官鬼午火、
兄弟酉金〇	妻财卯木、、世
子孙亥水〇	官鬼巳火、、
父母丑土、、世	父母未土、、

三、反吟的吉凶之象

凡卦或爻遇反吟，多为不安之兆，外卦反吟外不安，内卦反吟内不宁。测彼之事，内卦反吟我乱他定，外卦反吟他乱我定。若遇回头冲为大凶之兆。反吟之象：来而又去，去而又来；得而复失，失而复得；成而即败，败又即成；聚而复散，散而又聚。

凡得反吟之卦，判断吉凶仍要以生克制化刑冲合害为主。

四、伏吟

当主卦与变卦相克，而主卦与变卦所对应的爻的地支却没改变时，称为伏吟。

实际上只有乾卦与震卦互变时才会出现伏吟。因为乾卦的地支排列从初爻到六爻为子寅辰午申戌，而震卦的地支排列从初爻到六爻也为子寅辰午申戌。

伏吟也有内外卦同时伏吟、只是外卦伏吟、只是内卦伏吟三种情况。

卦遇伏吟也有忧虑呻吟之象，是断卦中的大象信息之一，卦有

伏吟，爻没有伏吟。外卦伏吟他心不定；内卦伏吟，我心不快；内外伏吟内外皆呻吟。实际运用中仍要以卦内五行之生克制化、刑冲合害为主。

在实际运用中还需注意一个问题：有时上卦因动而变，而下卦没变，主卦与变卦的下卦对应的卦爻地支没有变，有时下卦因动而变，而上卦没变，主卦与变卦的上卦对应的卦爻地支也没有变，但这种形式都不是伏吟，卦变相克而爻不变才是伏吟。

1. 内外伏吟

内外伏吟之卦只有两个：《乾为天》卦与《震为雷》卦互变，《天雷无妄》卦与《雷天大壮》卦互变。

例：	《天雷无妄》	《雷天大壮》
	妻财戌土〇	妻财戌土、、
	官鬼申金〇	官鬼申金、、
	子孙午火、 世	子孙午火、世
	妻财辰土 ×	妻财辰土、
	兄弟寅木 ×	兄弟寅木、
	父母子水、 应	父母子水、应

外卦乾卦变成震卦，六爻戌化戌，五爻申化申，四爻午化午，地支五行不变，是外卦伏吟；内卦震变乾，三爻辰化辰，二爻寅化寅，初爻子化子，地支五行为变，是为内卦伏吟。

2. 外卦伏吟

外卦伏吟，必是外卦有爻动，且外卦为乾变震或震变乾。外卦伏吟的有：《雷风恒》与《天风姤》两卦互变，《雷山小过》与《天山遁》两卦互变，《雷泽归妹》与《天泽履》两卦互变，《雷火丰》与《天火同人》两卦互变，《天水讼》与《雷水解》两卦互变，《天地

否》与《雷地豫》两卦互变等。

例： 　　《雷泽归妹》 　　《天泽履》

父母戌土 × 应 　　父母戌土、

兄弟申金 × 　　兄弟申金、世

官鬼午火、 　　官鬼午火、

父母丑土、、世 　　父母丑土、、

妻财卯木、 　　妻财卯木、应

官鬼巳火、 　　官鬼巳火、

外卦为震变乾，外卦伏吟。内卦虽然地支也没变，但无动爻，所以不能叫伏吟。

3. 内卦伏吟

内卦伏吟必是内卦有爻动，且内卦为乾震互变，有《水雷屯》《水天需》两卦互变，《地天泰》《地雷复》两卦互变，《火天大有》《火雷噬嗑》两卦互变，《泽雷随》《泽天夬》两卦互变，《山天大畜》《山雷颐》两卦互变，《风天小畜》《风雷益》两卦互变，它们的共同点是内卦乾震互变。

第十八节　游魂　归魂

游魂卦是八宫中每一宫的第七个卦，其世爻居四爻位。游魂卦有：火地晋、雷山小过、天水讼、泽风大过、山雷颐、地火明夷、风泽中孚、水天需。

归魂卦是八宫中每一宫的第八个卦，其世爻居三爻位。归魂卦有：火天大有、雷泽归妹、天火同人、泽雷随、山风蛊、地水师、风山渐、水地比。

游魂卦有变化不定之意，古人认为我行此事欲久者，游魂而不能久，心无定向，迁改不常。归魂卦有不动不变之意。归魂不出疆，占身命生平，论事拘泥不行与游魂卦正好相反。

占坟遇归魂则安，游魂则成孤魂野鬼；占在外行人得归魂卦，归期不远；占出行遇归魂不宜出行，得游魂不归乡。具体预测时，仍要以卦内五行之生克制化为主，然后参以游魂、归魂之含义。

第十九节　六爻信息拓扑

拓扑（数学几何学上的专业用语）：将几何图形任意拉长、缩小变换形状而其基本特性不变。六爻上就是将一卦正看、反看、变形看等任意发挥，而又不离易理，从而提取更多信息之象。无处不象、无处不卦，时时太极、点点成象。要侧某事，其信息就相应在此时空段内同步体现出来，此时空、地点、事物就暗示测事状态（外应）。

1. 申字可形象思维：

①可看成轴承套与轴的组合俯视示意图；

②可看成两头细长中间粗的器物。

③测人外貌：用神临申就是申字形脸。

2. 酉字：测外貌可看成方形脸；看成酒字，测事如酉临玄武发动为忌，很可能因酒招灾。可看成上面有盖下面呈方形的事物。总之可看成一切象酉字形的事物、图案等。

3. 丑字：测人相貌是长脸型，象丑字。灵活运用时，手写字形是何形象就是何形象，根本不用考虑正体字的形象是什么。很多时候以手写体取象就很准确，如死板按正体字来取反而不准。字形取象多用来辅助测人的脸型、体貌特征、物体形状等，帮助推断事物类别。

第二十节　地支五行信息

地支五行既体现方位、方向、季节、日期这方面的信息，同时体现其属性、颜色、味觉等信息。所以根据地支五行，再结合六亲、六神等因素，就可从卦中挖掘出大量信息。

一、五行信息（以下五行对应物象、特性是最原始、最基本、最基础的。）

1. 水：

对应北方；季节：冬天（亥子丑月）；人体：耳部器官，血液循环、肾脏泌尿系统等；事物性质：弯转向下，有润下功能，主聪明智能，有流动变化等特性。五味：咸；五常：智；五色：黑。

2. 火：

对应方位：南方；季节：夏天（巳午未月）；人体：眼目、咽喉、小肠、心脏系统等；事物性质：有炎上热烈之象，主礼，有文明、谦逊、光明之意；五味：苦；五常：礼；五色：红。

3. 木：

对应方位：东方；季节：春天（寅卯辰月）；人体：肝胆、四肢、毛发、神经系统等；事物性质：曲直向上，有条达、侧隐、善良、仁慈、倔强等信息；五味：主酸；五常：仁；五色：绿。

4. 金：

对应方位：西方；季节：秋天（申酉戌月）；人体：骨骼、牙齿、经络、肺、呼吸系统等；事物性质：坚硬、刚强，有肃杀、义气、宁折不弯之性等；五味：辛辣；五常：义；五色：白。

5. 土：

对应方位：内地、本地、中心地带、在四面八方方位上居中；季节：每季的末季，即：三（辰）、六（未）、九（戌）、十二（丑）月；人体：皮肤、肌肉、脾胃、消化系统等；对应着事物：厚重、容纳、承载特性，

主诚实、守信、踏实认真、主静、有信仰等；五味：甜；五常：信；五色：黄。

二、五行对应行业

1. 属水的行业：

凡漂游性质、奔波性质、流动性质、连续运动性质、易变化性质、水属性质、音响性质、清洁性质，靠入海求生活者，均属之。

靠水发财之事业属水（例如雨衣、雨伞、洗衣粉等）；航海业（船员）；冷温不燃液体、冰、水、鱼类、水产、水利、冷藏、扫除、流水、港口、泳池、湖、池塘、浴池、菜市场内售卖冷食物（鱼、肉、豆腐）均属之。

特技表演、运动、导游业、旅行业、声乐音响业、音乐、歌唱家、魔术、马戏团、采访记者、侦探、旅社、灭火器具、钓鱼器具，均属之。进出口贸易、跨国经营、运输业、渔业、水族馆、航空业、广告、设计、出版、网络美编、建筑设计、观光业、大众传播业、演艺圈、IC 设计业、娱乐业等。

2. 属火的行业：

热度性质、火爆性质、光线性质、加工修理性质、做工性质、易燃烧性质、手工艺性质、一切人身装饰物性质，均属之。

高热性、火药性、光亮性的行业、瓦斯、放光、照明、光学、高热、易燃烧物、油类、酒类、食品、自助餐、加油站、饭店、火锅店、手工艺品、玩具业、镕铸、修复、装潢、衣帽行、理发店、服饰、印制、化妆美容、化妆品、化学、电镀、一切人身装饰物品、电脑制造、无线通讯、微波通讯、卫星通讯、电子业、电子商务、光纤电缆、电容、电阻、光电产品、磁碟片、电池、军界、歌舞艺术、雕刻师、评论家、心理学家、演说家，均属之。

3. 属木的行业：

木器、木材、傢俱、植物养殖业、种植、中药类、花店、林业、

花草、树木、苗、盆栽、竹、茶、纸、书、文艺、文教、书店、文具行、教育界、文化事业、作家、教师、出版业、宗教业、香料及敬神用品、布匹、政治、公务员等。

4. 属金的行业：

重电机、马达、钢铁业、金属建材、金属医疗器材、金属商品制造、电子零件制造、监视器、电器用品、麦克风、通讯零组件、笔记本电脑、主机板、汽车、汽车维修、网站系统组装、工具、机械、制造刀剑、机械加工、工厂、制造厂等。坚硬、决断、武术家、民意代表、五金商、挖掘、发掘、金矿、主宰、交通、银行、会计师、证券业、金融界、保险业、科学界、珠宝界、伐木业、法官、司法、军警，均属之。

5. 属土的行业：

土产或地产性质、农作性质、畜牧性质、大自然原物性质、中间人之性质，又因土最卑下、最中央、故宜担任领导性质、人才事业、防水事业均属之。

农人、农作物（杂谷、米、麦等），畜牧兽类（如放牛羊或养鸡猪等），大自然原物（即石、石灰、土地、山地、水泥）等；建筑业、房地产、大坝、当铺、古董家、鉴定师、中间商人、律师、说客、代理、管理、护理、代替、附属品、西药类、土地买卖、房地产、建筑、土产业、农牧、饲料、中介、管理、企业顾问、秘书、经销商、代理商、百货业、超市商场、防水业、丧葬业、水泥、石板、石器、瓷器等属中间性或基础性之行业也属之。

三、12地支对应类象

1. 子水：

为仲冬，农历十一月。属阳，具有阴阳两重性，属外阳内阴：表像是阳，实显阴性。居首位，属溪涧汪洋水。为墨池，方位正北，五行水，颜色象墨。

1）对应类象：水、阴水、地下水、下水道、暗流、寒水、江河湖海、池、井、沟渠等。

2）身体部位：膀胱、耳道、血液、泌尿、生殖系统等。

3）数目：1、10、100，6、9，11、110。

2. 丑土：

为季冬，农历十二月，含水气为湿土，五行属阴，为金库。五行颜色:黑黄。为柳岸（丑中有水、土、金，岸是土堆成可阻止水流）。

1）对应类象:凝土、稀泥、沼泽地、稻田、桥梁、宫殿、坟墓、金属矿山、矿场、堤岸、湿土等。

2）身体部位：肚、脾。

3）数目：2、20、200，12、7、8。

3. 寅木：

为孟春，农历正月。五行属阳，绿色。为广谷，东北艮方。

1）对应类象：树木、大树、佛像、桥梁、高楼、深山，有广谷之称，虎踞之地等。

2）身体部位：四肢、胆、脉、手足，毛发、指甲等。

3）目：1、3、7、8。

4. 卯木：

为仲春，农历二月：万物生长，树木碧青，故为琼木，正东方，五行属木。

1）对应类象:小树木、灌木、花草、柔树（柳树、果树等），门窗、街道、篱笆，有琼林之称，风花雪月之场所、花街柳巷、草坪、菜园等。

2）身体部位：肝、四肢、十指、毛发等。

3）数目：2、3、4、6。

5. 辰土：

为季春,农历三月。水泥湿土,万物之根靠它培养生长。为草泽(大泽是水聚之地，而辰位置在东方稍偏一点的地方，正好是水库)。

1）对应类象：湿泥、水库、井、泉等积水之所（池塘、沼泽、沟渠等）。为土堆、田园、稻田，有草泽之称。

2）身体部位：皮肤、肌肉、肩、胸、胃、消化系统等。

3）数目：3、5、10。

6. 巳火：

为孟夏,农历四月巳火更旺。为大驿(人烟密集、道路通达之地)。巳里藏丙火、戊土。

1）对应类象：汇聚人烟之所、小城镇、道路、寺观、楼台。为蛇、烟火。

2）身体部位：咽喉、齿、肛门、眼目、心脏系统等。

3）数目：2、4、6、7。

7. 午火：

为仲夏，农历五月火势正旺。为烽堠（位置正南方，五行属火、土，颜色赤黄。同时午生肖马，而烽堠正是戎马兵火所处之地）。

1）对应类象：干亢之地、窑炉冶炼之所、战场、沙场、战火烽烟之处、厅堂、富丽豪华大厦、体育场、马棚、放牧场等。

2）身体部位：眼睛、头、心血系统等。

3）数目：2、5、7、9。

8. 未土：

季夏，农历六月阴气加深，火势渐弱。为花园（因卯木旺盛、自成茂林、未是木的墓库，好比墙亘里的花木，并且丛杂而生）。

1）对应类象：燥土、木库，引申为花园、庭院、墙堰、干井、新建的坟墓、加工木具之所、林场、木材厂、菜园、果园、酒食店等。

2）身体部位：胃、腕、皮肤、肌肉、脾、消化系统等。

3）数：5、6、8。

9. 申金：

孟秋，农历七月，是壬水、戊土长生之地，是顽钝耐磨之金，

为阳金、名都。八卦方位属坤地西南方，其地体势广大无疆，不用名都作比喻，不足以说明它广大。中宫生出壬水和艮山相对，是水绕山环之地。

1）对应类象：仙堂、大路、城宇、祠堂，有肃杀之气，为金属物、大型金属及器材、矿石等。

2）身体部位：大肠、经络、肺、骨骼、呼吸系统等。

3）数目：4、7、8、9。

10. 酉金：

仲秋八月，辛金色如白水清明。为阴金、寺钟。

1）对应类象：小型金属及器材、农用金属器具、刀具、针、酒、碑碣、街巷、铁塔、寺庙、鸡等。

2）身体部位：骨骼、小肠、精血、肺、呼吸系统等。

3）数目：4、6、8、9、10。

11. 戌土：

季秋，农历九月为火库，所有钝铁顽金靠它锻炼成器。为燎原。

1）对应类象：虚土、窑洞、加油站、变压器、变电所、油房、油库、矿山、山洞、天门、命门、宰杀之地、监狱、牢房、看守所、刑场、法场、殡仪馆、坟墓、寺观、岗岭、有香火之地等。

2）身体部位：腿、命门、踝足、胃、皮肤、肌肉等。

3）数目：1、5、9、11。

12. 亥水：

为孟冬，农历十月。为坤卦，六阴，这时一片白雪，土到此不暖，金到此会生寒气。亥属水，象五湖归聚的地方。为悬河、天河水。

1）对应类象：寺院、水地（江、河、湖、海等），沟道、猪场、楼台、仓房等。

2）身体部位：头、肾囊、血液、泌尿系统等。

3）数目：1、4、6、10、12。

四、12地支综合之象

常听有些人说某预测师真神，能说出人的长相如何。其实根据地支类象判断人的胖瘦、高矮并不难。任何一门学术，要想学有所得，除了正确的技术外，还必须把基础的知识学好，要熟记、消化、理解方能在实践中应用得出神入化，现把十二地支对应事物的类象列出来。

子水

人物肖像：强时为高黑、长脸；弱时为矮胖、国字脸。

环境：为喜神时表示为清澈的江河、水井、水地、水缸等。为忌神时类象为污臭之水、如臭水沟、下水道、臭水塘等。

人物：为喜神时类象为少男、军警、公务员等吉利人物；为忌神时类象为盗贼、土匪、少年犯等不吉利人物。

人体：不论喜忌均可类象为排泄系统、生殖系统、体液、膀胱、尿道、阴部、精液、月经、耳朵等。

动物：老鼠。

疾病：类象为高血压、肾结石、性病、早泄等。

吉凶：喜则表示聪明，吉祥；忌时表示淫乱、血光之灾，污秽不吉之事。

丑土

人物肖像：强时类象为脸大、皮肤好；弱时类象为矮丑、皮肤粗糙。

环境：为喜神时类象为菜园、桑园、桥梁、宫殿、礼堂等；为忌时类象为阴湿之地、污浊之地、坟地。

人物：为喜时类象为贵人、师长、神佛、父；为忌时类象为老妇、丑妇、死尸等。

人体：不论喜忌均可类象为脾脏、肚腹、子宫、阴茎、嘴唇。

动物：牛、大象。

疾病：类象为感冒伤风、糖尿病。

吉凶：喜则升官、得奖、走好运等吉庆之事。忌则表示口舌、疾病、被吓等不吉利之事。

寅木

人物肖像：强时类象为个子高、长方脸、脸色青白、眉毛粗浓；弱时类象为个子中等、脸形较小、眉毛稀少。

环境：为喜神时类象为树木、公园、果园、盆景；为忌时类象为断木桥，阴森森的丛林。

人物：为喜时类象为丈夫、女婿、贵人、家长宾客；为忌时类象为贪官污吏、不速之客、恶鬼、贱人等。

人体：不论喜忌均可类象为胆、胸、尾椎、毛发等。

动物：老虎、豹子、猫。

疾病：四肢伤残、肝病、胆病。

吉凶：喜则类象为得财、好信息；凶则类象为疾病、口舌、破财。

卯木

人物类象：强时类象为身高中等、脸较园、双眼皮；弱时类象为个子不高、脸青黑、眉毛稀少、脸长。

环境：为喜时类象为道路、门窗、小船；为忌时类象为破船、被毁的树木、被弃的花木。

人物：为喜时类象为兄弟、姑母；为忌时类象为老姑婆、丈母娘、小偷。

人体：不论喜忌均可类象为肝、筋骨、肘、神经、体毛、十指、腋下。

动物：兔子、狐狸，驴、骡子。

吉凶：喜则出行吉利、车船平安；凶则车船遇险、犯电线杆、树木等煞。

疾病：肝腹水、腰椎突出、断腿。

辰土

人物肖像：强时类象为个子较高、大眼、方脸、额部宽广、面

部较满；弱时类象为脸形较小、个子中等。

环境：为喜时类象为麦地、田园、土岭；为忌时类象为坟墓、破花盆、泥泞之道。

人物：为喜时类象为长男、医生、护士；为忌时类象为尼姑、道士、僧人。

人体：不论喜忌均可类象为骨、皮肤、脖子、喉咙。

疾病：糖尿病、皮肤病、骨炎，声音嘶哑。

动物：龙、大蛇、蚯蚓。

吉凶：喜则医术精明、健康、愉快；凶则表示怪声怪气、呻吟痛苦。

巳火

人物肖像：强时表现为个头中等、园脸、脸色白中带红、眉毛特别浓黑；弱时类象为个子不高、脸椭圆、脸部较无表情、呆板。

环境：为喜时类象为烧烤店、电器行、电影院、舞厅；为忌时类象为火葬场、废弃的砖瓦房、浓烟滚滚的冶炼厂。

人体：不论喜忌均可类象为三焦、小肠、牙齿、口腔、眼睛。

动物：蛇、泥鳅、黄鳝。

疾病：牙疼、口腔炎、近视眼、结肠炎。

吉凶：喜则表示爱情、温暖、热烈；忌则表示为寒冷、失意、怯场。

午火

人物肖像：强时个子较高、苹果脸形、双眼皮、眼大而有神；弱时个子中等、脸不透血色、眼睛下陷。

环境：为喜时类象为娱乐场、会议室、游戏厅；为忌时类象为地下赌场、被火烧过的山岭、废弃的炉灶、门前的电压器。

人物：为喜时类象为高贵女人、卖酒人、女秘书；为忌时类象为火葬场焚尸工、酒鬼、七窍流血之人。

人体：不论喜忌均可类象为舌头、额头、脸部、脐、神气。

动物：马。

疾病：红眼病、胸闷、热症、心肌梗塞。

吉凶：吉则表示衷情、感激；凶则表示口舌、惊疑、血光之灾。

未土

人物肖像：强时脸长、个子瘦高、不漂亮；弱时类象为脸方、个子中等、长相一般。

环境：为喜时类象为厨房、油库、茶房；为忌时类象为废弃的油库、野外烧烤用的炉灶、医院的消毒室。

人物：为喜时类象为放羊人、高贵的妇人；为忌时类象为尼姑、巫师、道人、牢狱之人。

人体：不论喜忌均可类象为胃部、皮肤、头屑、脾。

动物：羊、鹿。

疾病：便秘、皮肤红肿、急性胃炎。

吉凶：吉则安静、享受；忌则精神颓丧、表情模糊、吃苦。

申金

人物肖像：强时类象为个子高、皮肤白净、鼻梁高、没有耳垂；弱时类象为个子中等、皮肤白中带黑斑、山根下陷、耳朵反轮。

环境：喜时类象为冰山、河源、珠宝店、钢铁厂、汽车销售部；忌时类象为祠堂、废弃的钢铁厂、报废汽车。

人物：为喜时类象为医生、军人、警察、珠宝商人；为忌时类象为暴徒、屠夫。

人体：不论喜忌均可类象为：胸、肺、筋骨、大肠。

动物：猿、猴。

吉凶：为吉时神佛化佑、逢凶化吉；为忌时则惹神撞鬼、出行不吉。

疾病：肺结核、急性肺炎、骨折、四肢不灵。

西金

人物肖像：强时类象为椭圆形脸、明亮的杏眼、皮肤细白、个头适中；弱时类象为瓜子脸、个子矮小、皮肤粗糙。

环境：为喜时类象为机厂、停机坪、汽车站、修理厂、五金店、化装室；为忌时类象为停尸房、手术室、爆炸现场、打靶场。

人物：为喜时类象为妾、女贵人、酒廊女侍生；为忌时类象为酒醉鬼、理发学徒、烹饪学徒。

动物：鸡。

戌土

人物肖像：强时类象为大脸、个子高、鼻梁直；弱时类象为个子不高、脸呈椭圆形、勾鼻。

环境：为喜时类象为花果山、厨房、砖瓦厂、变电所；为忌时类象为：坟墓、弹药库、牢房、厕所。

人物：吉时为农民、清洁工、好人、佛教徒、风水先生；为忌时类象孤寒之人、盗墓者、狱吏、丑妇。

动物：狗、熊。

人体：不论喜忌均可类象为命门、膝、腕、鼻子、皮肤等。

疾病：胃出血、鼻炎、关节炎、皮肤搔痒。

吉凶：吉则办事顺利、心情舒畅；凶则牢狱之灾、心情压抑。

亥水

人物肖像：强时类象为脸长、个子中等、脸黑、耳朵较长；弱进类象为个子矮小、脸白、耳朵较小。

环境：为喜时为小溪、泉水、小湖泊、天池；为忌时为下水道、臭水沟、污水坑、厕所。

人物：吉时为少女、船工、自来水公司职员；忌时为乞丐、犯人、捕鱼人。

人体：不论喜忌均可类象为膀胱、阴道、肛门、分泌物、头颅。

动物：猪。

疾病：血病、月经不调、早泄、遗精、盗汗、咯血、小便赤热。

吉凶：喜则婚姻美满；凶则家庭破裂、凶事不断。

五、12地支类象

1. 地支地理类象：

子：湖海池塘	**丑**：园圃田坎		
寅：山林桥梁	**卯**：林木舟车		
辰：茔墓山岭	**巳**：炉冶窑灶		
午：市道旌旗	**未**：村寨井泉		
申：驿铺石经	**酉**：岗城街巷		
戌：田垄营丘	**亥**：江河港涧		

2. 地支人物类象：

子：丫鬟妇女	**丑**：牧筑耕夫
寅：隐樵书史	**卯**：船户车夫
辰：鱼翁禁子	**巳**：炉灶窑工
午：马夫蚕妇	**未**：山村林人
申：铺兵驿站	**酉**：卑女娼妓
戌：军丁奴仆	**亥**：道士医伶

3. 地支脏腑类象：

子：膀胱	**午**：心	**卯**：肝	**酉**：肺
寅：胆	**申**：大肠	**巳**：三焦小肠	**亥**：阴、肾
辰戌：脾	**丑未**：胃		

4. 地支饮食类象：

寅卯：青色，春季所生之物。

巳午：赤色，夏季所生之物。

申酉：白色，秋季所生之物。

亥子：黑色，冬季所生之物。

辰戌丑未：黄色，四季田园所生之物。

5. 地支器物类象：

子：胭脂、簪环。**丑**：帽子、腰带。**寅**：桌子、椅子。

卯：家具、木器。**辰**：量器、米尺、筛网。

巳：炉、扇、弓弩。

午：书画、旌旗。**未**：餐具、布匹。**申**：碾磨。

酉：金银珠宝。　**戌**：盔甲、印章。**亥**：图画、雨具。

6. 地支动物类象：

子：鼠燕蝙蝠　　**丑**：牛象　　　**寅**：狮虎豹

卯：兔狐狸驴骡　**辰**：龙鱼虾鳖　**巳**：蛇蟒蝈蝉

午：马鹿獐　　　**未**：羊雁　　　**申**：猴子猩猩

酉：鸡鸭鹅鹌鹑　**戌**：狗狼獾　　**亥**：猪熊

7. 地支屋宇类象：

子：后宫、后殿、内房、内室　**丑**：圣殿、神祠、官署、宦地

寅：客馆、山房、草房、茅舍　**卯**：行室、雷庙、船行、木厂

辰：龙庙、星宫、天牢、帅府　**巳**：方店、炉店、炕房、厨房

午：大堂、马厩、命馆、书斋　**未**：酒店、茶房、典当、仓库

申：碾坊、磨房、递铺、旅店　**酉**：金银、珠宝、铜锡、铁铺

戌：佛堂、禅房、营房、牢房　**亥**：道观、仙宫、戏院、楼阁

8. 地支室内类象：

寅为箱柜卯为床，辰为盆瓮衣包箱。

巳为炉灶并火炉，午为衣架笼皮相。

未为中堂外为院，申为神祠供佛堂。

酉为凳子或刀剑，戌瓮仍兼吃物粮。

亥为登台并帐布，盏瓶笼匣为子箱。

丑柜斛斗在其下，家中器物尽其祥。

9. 地支占坟外景类象：（本为六爻所用，四柱以死亡之年支配运看方验）

寅为花树卯桥船，巳坟高冈辰暗泉。

午岭横山未堤岸，申河石道酉麻山。

戌骨臭穗破窑灶，亥地南还有水穿。

子坟地头如仰瓦，丑为平地坤下轩。

此是孙膑地行法，取法临用着意观。

10. 地支占坟内景类象：（四柱看正偏印配运）

寅卯根绕似龙须，申酉铁器走耕梨。

巳午热气熏蒸苦，亥子蛇鼠孔迁居。

辰戌丑未土塞墓，此是孙膑妙法遗。

以上类象多用于论居家风水。

11. 地支测病类象：

子属膀胱水道耳，丑为胞肚及脾乡。

寅胆发脉并两手，卯木十指内肝方。

辰土为脾肩胸肋，巳为齿咽下肠肛。

午火精神司眼目，未土胃脘膈脊梁。

申金大肠经络肺，酉中经血小肠藏。

戌土命门腿髁足，亥水为头及肾囊。

第四章
断卦的基本原理

　　断卦是一个运用形象思维和抽象思维、直观思维和灵感思维、逻辑思维和辨证思维等一系列思维活动的复杂的综合分析判断推理过程。在整个思维过程中，必须知道卦爻的对应关系，找出对应点愈多愈准确，才能提出更多信息之象，从而断出更多事情。六爻取用神实质就是找测事的对应点。如测求财，取财爻为用，世爻为自己；测病，取官鬼爻为用，等等。在测卦中往往只找出一两个用神的取用方式，只能断出事情成败及应期，而一些有关联的信息很难提取出来。而求测者往往不但要求预测师测出事情吉凶成败及应期，还想知道在这事情运作过程中，会有何种事情发生，每种事态对欲办之事影响如何，等等。提取这些信息必须找出更多有关此事的对应点。世爻对应着求测者，求测的具体人、事、物为主要对应点，围绕此事的有关人事物为辅助对应点。这些对应点都要落实到卦爻中，才能提取更多信息之象。只有灵活选准对应点，才能准确发挥六爻的预测功能。

第一节　用神、原神、忌神、仇神

一、用神

　　用神就是在卦中代表摇卦人要测的人、事、物的那个卦爻。广义地讲，还包括那些与之相关的人、事、物的卦爻。

用神在六爻信息预测中一般通过六亲关系、万物类象、五行关系、世应关系来取定。

六亲为世爻(我,代表自己),兄弟(代表同辈兄弟姐妹),子孙(代表儿女、晚辈),妻财(妻子、钱财),官鬼(代表丈夫、官职),父母(代表父亲、母亲)。

欲测兄弟姐妹或好友之事,以兄弟爻为用神。其实就是看卦中其它卦爻和月建、日辰对兄弟爻的生克制化刑冲合害,同时考虑卦爻的空亡、墓库、反吟、伏吟等规定,综合分析以后再判断所测事情的吉凶,吉凶已定,再推断此吉凶发生的具体时间。

欲测儿子、女儿、侄儿、侄女、学生、徒弟的事情,以子孙爻为用神。

欲测妻子的事,财运等以财爻为用神。

欲测丈夫、官运、疾病,以官鬼爻为用神。

欲测父亲、母亲、叔叔、大爷、老师等长辈,以及书刊、信函,用父母爻为用神。

卦中世应二爻,世为自己,应作他人,世应相生相合是宾主相投之意。世应相克相冲是两情不睦。

凡占自己之疾病、寿数、出行吉凶、诸如损益自身之事,以世爻为用。凡占无尊卑之称呼、无深交之朋友、竞赛对手、仇人、或指某处地头,或指此山此水,此寺此观及未知的人、事、物等,俱以应爻为用。

问此地若葬有利我家否,应做穴场,世是我家。

仆人占主人,以父母爻为用神。主人占仆人以财爻为用神。一切抚养庇护我身者,以父母爻为用。一切供我驱使之物、人,以财爻为用。测兄弟之妻、妻之弟妹,以财爻为用。占夫之弟以官爻为用。占天气以父爻为雨;兄爻为风;孙爻为日、月、星斗;财爻为晴明;官爻为风为雷电。

例：测弟今日回家否？

子月	壬辰日	（午未空）
《坤为地》	《山泽损》	六神
子孙酉金× 世	官鬼寅木、 应	白虎
妻财亥水、、	妻财子水、、	腾蛇
兄弟丑土、、	兄弟戌土、、	勾陈
官鬼卯木、、应	兄弟丑土、、世	朱雀
父母巳火×	官鬼卯木、	青龙
兄弟未土×	父母巳火、	玄武

测弟弟，取兄弟爻为用神，卦中两重兄弟爻，取动者为用。初爻兄弟发动生世爻能回之象，但不宜未土旬空，且辰日为未土之库，用神旬空入库不能生世爻就是不能回家之象。后当日果未回家。

二、原神

生用神之爻是原神。原神分有用和无用。有用的能生用神，无用的不能生用神。

1. 原神有用的情况

原神旺相，或临月建、日建，或得月建、日建、动爻生扶；原神动化回头生，及化进神；原神长生帝旺于日辰；原神与忌神同动，如用神是木，水为原神，金为忌神，若金水同动，叫做原神忌神同动，形成金生水，水生木的情况，忌神金便不再克用神了；原神旺动，临空亡化空亡，待出空时可生用神。

2. 原神无用的情况

原神休囚不动，或动而休囚又被克伤；原神休囚，又逢旬空月破；原神休囚动化退神；原神休囚又逢绝；原神入墓；原神休囚动而化破、化绝、化散。

原神只要不旬空，没入墓，没受伤均有生克权，有生克权就是有用，反之没有生克权就是无用。

三、忌神

克用神之爻为忌神。

1. 忌神能发挥作用的情况

忌神旺相,临月日建或有月日动生扶;忌神动化回头生或化进神;忌神旺动，出空有用;忌神长生帝旺于日辰;忌神与仇神同动。

2. 忌神不能发挥作用的情况

忌神休囚不动或动而休囚被日月动爻克伤;忌神临空临破;忌神入墓;忌神休囚动而化退神;忌神休囚而又逢绝;忌神动而化克破散绝;忌神与原神同动。

四、仇神

克制原神，生扶忌神之爻叫仇神，它是消耗用神力量的。如原神与忌神皆休囚无力，则由仇神之旺衰来判定用神的强弱。如果卦中仇神发动，它一是要生忌神;二是要克原神;三是要消耗用神的力量。若用神木，则土为仇神，土克木之原神水，生木之忌神金。余仿此。

用神、原神、忌神、仇神是卦爻五行生克关系的一种表示方法。例如，一提原神，我们就会想到它是生用神的，它表示的是一种生的关系。

第二节　用神两现

一、何谓用神两现

用神两现就是测一件事情，代表此事情的六亲或五行卦爻在主卦当中出现两个。例如测兄弟事需以兄弟爻为用，但主卦中却同时存在兄弟申金和兄弟酉金两个爻，称为用神两现。这时候就要根据断卦的原理和生活实际来取其中的一个为用神，或者以其中一个为

主用神同时参考另一个来断所测事情的吉凶、应期以及卦中所显示的诸多信息之象。有时候两个都要取做用神。

二、用神两现的取用原则

古人在用神两现时多主张取其中一个为用神，且在究竟取哪一个为用上存在着争论，有的书中主张取其中旺者或动者、不空不破无伤者为用，有的书中主张取其中空破有伤的有病之爻为用。

根据实践经验来看，一般情况下，取用神的原则是：持世者优先为用神；自占离世爻近者优先为用神；占他人离应爻近者优先为用神；一动一静首取动爻为用神；当两爻同动或同静时，首取较旺或无病伤之爻为用神；结合生活实际取用神；如测丈夫出差外地何时回，得《雷风恒》卦，内卦三爻是官鬼酉金，外卦五爻是官鬼申金，自然要取外卦五爻官鬼申金为用，为什么呢，因为内卦为内地，外卦为外地，丈夫在外当然要取居外卦的官鬼申金代表丈夫；两个爻都要看。两个爻都代表用神，都具有所要测的人、事、物的信息，就像一个人从东屋走到西屋一样,虽然处境稍有不同,但都是一个人。在实际运用中，可用其中较旺而无病的推断吉凶，通过其中较衰而空破有伤有病者推断应期。总之，对于初学者而言用神两现虽较难，但只要不断实践，这个问题是很快能得到解决的。

例1．占丢失钱物能找回否：

寅月	戊戌日	（辰巳空）
《巽为风》	《天水讼》	六神
兄弟卯木、世	妻财戌土、	朱雀
子孙巳火、	官鬼申金、	青龙
妻财未土 ×	子孙午火、 世	玄武
官鬼酉金○应	子孙午火、、	白虎
父母亥水、	妻财辰土、	螣蛇
妻财丑土、、	兄弟寅木、、应	勾陈

用财两现，一为动爻未土，一为静爻丑土，未土发动是卦中玄机所在。所谓易卦不妄成，神爻岂乱发。动，就必有玄机存在，故取财爻未土为用。未土动与午火相合，且化回头生，财旺无伤，是财物不失之象。何时能找到呢？原神巳火旬空，待其出空生用神之日可复得。果验。此是取动爻为用之例。

例2. 测赶去渡口寄信能来得及否：

卯月	甲午日	（辰巳空）
《天地否》		六神
父母戌土、 应		玄武
兄弟申金、		白虎
官鬼午火、		螣蛇
妻财卯木、、世		勾陈
官鬼巳火、、		朱雀
父母未土、、		青龙

此卦静爻父母两现，取应爻父母戌土为信件，为要去之目的地。应爻戌土也代表出行之船。今月建卯木合之，为船未出发之象。明天就进入辰月令，戌土被冲动，就要出航，今日赶去来得及。后其人连夜赶去，次日即开船了。

此是取应爻为用之例。

第三节　飞神、伏神

一、飞神、伏神的概念

卦中有用神爻，为用神不缺，无用神爻，为用神不上卦或用神不现。如果立卦后用神不现，可在八纯卦中寻之，每宫八个卦中第

一卦是纯卦，纯卦的五行六亲是俱全的。立卦后如用神不现可查其在本宫纯卦中处于第几爻，就将其爻写到所立主卦第几爻的旁边，称为伏神，主卦中与之同位的爻即称为飞神。

伏神为伏藏之神，藏在飞神下。有躲藏、掩盖、隐伏、埋伏、藏匿、不露面、没有、不显，还有身下、背后、事后、背地里等信息。飞神在伏神上，起到掩盖、遮掩作用。有压制、控制、制约、庇护、包庇、笼罩，还有身上、表面、前面等寓意。

伏藏，总有麻烦不顺之应。用爻伏藏得出者：透于年月日三传之上，三传合之冲之，冲去飞神。主卦伏藏变卦有，若没有不利之因素，先凶后吉；反之，始终为凶。主卦变卦均不见者，前后皆非。不利因素旺动于卦中，如虎视眈眈，一旦伏藏之爻露出三传之上，虎食其子。有利因素旺动于卦中，如旱苗渴水，一旦伏藏之爻露出三传之上，时雨滋苗。伏神是伏藏之意，在下方，飞神在上方，只有飞神被月、日冲开，或伏神临日建时，伏神才能出现。

1. 测失物：用神伏藏主失物不在明面，有物体遮掩在上面。何物遮掩？主要依据飞神所临六亲及五行来论：伏在父下，失物可能隐匿在父爻代表的人事物中（父母房中、衣物、箱柜）。

2. 测求财：财不上卦为伏神，说明财不是天天见到，有待引拔才出现。这种求财很可能是上班、做投机性生意。

3. 测财运：财不上卦则暂没效益。来财形式是隔段时间来点钱。

4. 测人员：用神伏藏有人躲藏起来之象，不想露面，不想让人看见。用神伏藏在何飞神之下，则人就藏匿、躲避在飞神代表的人家或事物中。

5. 测动物丢失：用神不现则动物被人抓住、藏起或在山间树林等有遮掩的地方。什么地方？关键看飞神体现的信息之象：飞神临木可能在柴草、树林中。

6. 测追捕：用神伏藏有到处躲藏、隐匿之象，不见踪影，没有线索。若用神伏受飞神生或入飞神墓库，说明有人包庇。是何人看

飞神所临六亲而决之。

7. 测婚姻：官伏财下，财伏官下，有外遇、异性朋友、有婚姻关系之象。暗藏、隐瞒男女关系，或已有过这些事实。男测婚：卦中有财，世下又伏财，未婚则脚踏两只船。已婚则有外遇，暗里有女人。女测婚：世下伏鬼，亦然。未婚男女测谈对象：应下伏官（男测）财（女测），主对方已有相好，或有不正当男女关系。

二、飞伏神之间的生克关系

伏克飞神为出暴，飞来克伏反伤身，伏去生飞为泄气，飞来生伏得长生，

爻逢伏克飞无事，用见飞伤伏不宁，飞伏不和为无助，伏藏出现审来因。

三、伏神有用与无用

1. 伏神有用之情况

伏神得月日生或临月建日辰；飞神生伏神，或有动爻生扶伏神；月日动爻冲克飞神；飞神空破休囚，墓绝于日。

2. 伏神不得出无用的情况

伏神休囚无气，或被月日克；飞神旺相，得月日生助，且飞神克害伏神者；伏神墓绝于日、或墓绝于飞神；伏神休囚兼旬空月破。

例：某女测婚

	辰月	甲申日	（午未空）
	《风天小畜》	《巽为风》	六神
	兄弟卯木、	兄弟卯木、世	玄武
	子孙巳火、	子孙巳火、	白虎
	妻财未土、、应	妻财未土、、	螣蛇
官鬼酉金	妻财辰土、	官鬼酉金、应	勾陈
	兄弟寅木、	父母亥水、	朱雀
	父母子水○世	妻财丑土、、	青龙

女测婚主要看自己同丈夫的关系。世爻为己，官爻为夫，看此二爻同其它爻的关系。官爻不现，伏藏于辰土之下，辰酉相合，辰土为财为女人，相合主男欢女爱，其夫定有外遇。反馈：该女士说她丈夫确有外遇。

第四节　进神、退神

一、进神、退神的概念

前进与后退是发展中的事物所具有的必然规律。卦爻也是一样，动就有变化，化生、化克、化比和、化进、化退。

五行十二地支的排列顺序是：子、丑、寅、卯、辰、巳、午、未、申、酉、戌、亥，自子为始，以亥为终，亥与子首尾相接形成一个循环。每个五行至少有两个地支，只有土五行是四个地支。运用到六爻卦中，如同一五行前一个地支爻发动变为后一个地支爻，则称为化进，如申动化酉，酉爻称为进神；反之，同一五行后一个地支爻发动变为前一个地支爻，则称为化退，申爻称为退神。对土五行而言。是按辰未戌丑排顺序的，也自成一个循环圈，如辰动化未为化进，辰动化丑则为化退，未动化戌为化进，未动化辰为化退。

古人规定：用神动而变进神，是事物具有向前发展的趋势，是用神增力的象征；用神动而变退神，是事物具有向后倒退的趋势，是用神减力的象征。

二、进退之条件和时机
1. 化进的条件和时机
（1）旺相动而化旺，乘势而进。

（2）休囚动而化休囚，待生旺时能进，测眼下近事不论进。

（3）动爻变爻有一逢空、入墓，待出空出墓时而进。

（4）动爻变爻有一个逢合，待破合之时而进。

（5）若动爻被月、日或其他动爻克伤，则不能化进。

例1：测中考如何：

巳月	己酉日	（寅卯空）
《泽地萃》	《天地否》	六神
父母未土 ×	父母戌土、 应	勾陈
兄弟酉金、 应	兄弟申金、	朱雀
子孙亥水、	官鬼午火、	青龙
妻财卯木、、	妻财卯木、、世	玄武
官鬼巳火、、世	官鬼巳火、、	白虎
父母未土、、	父母未土、、	螣蛇

世爻持官星旺相，主有名气。父爻未土代表成绩，未土旺相动而化进，成绩定好。后考入重点高中。

2. 对化退时机的掌握

动爻旺相有生扶，化退为旺而不退；动爻休囚化退为得病；化退逢空入墓，待出空出墓时而退；动爻、变爻有一逢合待破合之时而退。

例1. 自占求婚能成否：

卯月	乙丑日	（戌亥空）
《火雷噬嗑》	《水地比》	六神
子孙巳火○	父母子水、、应	玄武
妻财未土 × 世	妻财戌土、	白虎
官鬼酉金○	官鬼申金、、	螣蛇
妻财辰土、、	兄弟卯木、、世	勾陈
兄弟寅木、、应	子孙巳火、、	朱雀
父母子水○	妻财未土、、	青龙

世爻持财动而化进，得巳火之生，婚可成。父爻与官鬼为求婚阻力。但子水被未土克，日建克合，不能克巳火。酉动化退又逢月破，是立时化退，有阻无力之爻。

第五节　用神转换原理

六亲对应人事物及地理、心性，要在理解的基础上加以记忆。有些信息对应是从不同角度看的，如父母财爻都代表车辆，好象矛盾，以父母爻为车辆是从车辆具有承载功能的角度来论；以财爻代表车辆是从车辆受我驱使、被我使用，车辆也可看成财产的一部分。这就是六爻的变通性，即用神转换原理，只有明白此道理才能活断。

测事取用神关键看实际功能，当今社会事物繁多很难定性，有些事用神很难取，需认真斟酌。如测打井能否出水，取何为用？有取水爻、子孙爻、财爻、父母爻等为用。这些取法自然有其道理，但有些取法不用实践，只结合社会常理（用正常逻辑思维稍加推理）就知道不合理。取水爻为用是因打井为了出水，所以要看水爻；水爻旺说明可打出水，水爻休囚无气，自然打不出水；这种思维乍看挺有道理，但细思一下却不合常理，如果申、酉、亥、子月求测打井，岂不水爻查旺相都能打出水？其实测打井主要看打井目的和实际功用，若卦主打井主要为了吃水、浇灌，是为了保障生活、生存，就应取父母爻为用。若打井工程队来求测能否打出水，是为了追求利润，水打出来就有利润了，所以对他们来说取财爻为用，钱挣到手就说明打出水了。万事万物都在不断变化，同种事物由于观察角度、心态、处境不同，其不同出发点所显现的意义就有区别。拿电视来说，买电视的主要目的是为了消愁解闷，此时求测应以子孙爻为对应点（用

神），因子孙爻主消愁解闷、寻求快乐、消遣娱乐；当买电视机是为了听听新闻、了解世界、增加知识、开阔视野时，则以父母爻为用。这是从电视机的主要功用、购买动机和心态的角度来看；当电视机被盗，测丢失能否找回时应以财爻为用，电视机是家庭财产、财物的一种，其实质就是财物丢失；商家测电视销售情况以子孙爻为对应点，这和购买电视机取用一致，但出发点却有本质不同；经销商测电视销售状况，是把电视看作一种财源，子孙爻旺说明电视机产品多、货源充足，而财爻代表利润，若财爻衰弱，说明电视积压多，销量、效益都不好。

测比赛、对弈等具有对抗对立、竞争性质的事类，无论参加对手是谁都以应爻为对应点代表对方。如你与弟弟赛跑，世爻对应你，应爻对应弟弟；不论应爻是何六亲，决不可取兄弟爻为弟弟；此时求测是看竞争比赛的结果，要从二人对立角度来论。测官司也同样。拿测人来说：长官、领导等都以官鬼爻为用，并不是说所有当官的都为官鬼爻，本单位领导或能管辖到卦主的领导、执法人员可用作对应点；若管辖不到你，尽管他是领导也不可为用。开出租车的看一天运气如何，官鬼爻就对应交通警察或灾祸、车祸之类令人担心害怕的人事。如测某地方治安管理、社会秩序情况：公安人员从维护治安、整治邪恶分子的角度来看以子孙爻为对应点（看子孙爻旺不旺、有没有力），旺相有力发动，说明公安人员积极主动维护秩序，确保平安无忧。若是违法犯罪分子来求测，把公安人员看成小人、敌人，处处与他作对的仇家，公安人员是令他恐惧、限制他人身的官鬼，此时应以官鬼爻来定位。这取决于求测者心态，得从求测者对人事物的看法和角度来论，绝不能以预测师的主观意识和心态来看。公安人员或受害人员、有正义感的平民百姓求测犯罪分子、歹徒的情况、行踪以官鬼爻为用（对应犯罪分子）。这是从犯罪分子危害社会、具有不安全隐患的角度来看。公安人员求测将犯罪分子

确定为官鬼爻，而犯罪分子求测却把公安人员看成官鬼爻，好人坏人两颠倒，原来各自心态不同，这正是现实社会的复杂多变性，好坏、赞赏与否定都源于心态和出发点不同。卦理与现实中的道理相通，现实多变、具有多角度、多层次化，卦理也同样。不然就难正确推断现实中的人事。

取用神找对应点必须从求测者角度出发，看其对所测事物的心态、看法、目的和出发点这几方面来综合考虑，不要教条看问题，已往六爻书取用所列六亲代表的事象都是从事物使用功能角度论的，并没讲清当事物功能发生转变时用神要随之改变。所以很多易学爱好者看到某些大师断卖房子只着重看财爻，以财爻为主要用神，而不太看父母爻，自己不理解其中道理，反认为人家用神取错了。当买房子居住，此时房子体现其使用功能（避暑取暖的保护、防御等）以父母爻为用；当要卖房屋，房子具有商品性质，体现价值功能，求测者主要目的是为价值交换，故着重看财爻，财到手了就意味房子卖出去了。所以同种事物在不同历史时期、处境、地点，心态、角度下，必然显示不同实质和意义。这需要从社会角度，用辩证思维看待每种事物，只有用变化眼光和思维来探索、研究六爻才能有更大突破。总之，爻中用神随着求测角度不同而变化，取用神找对应点关键看求测角度及实际功用！

找用神（对应点）：卦中测事对应点很多，最主要是世爻、所测事的主用神。一卦列出先将这两个主要对应点正确找出，再根据所测具体事项，从卦中找出与此事有关的各种对应关系，为下一步一卦多断确立目标，才有多断内容和头绪。

第五章
断卦的基本方法与规则

第一节　断吉凶成败

一、八卦象数断法：

　　用八卦象数断吉凶，宋代邵康节的《梅花易数》有专门论述，摘录如下：

1. 占卜总决

　　大抵占卜之法，成卦之后先看《周易》爻辞，以断吉凶。如乾初九"潜龙勿用"，则诸事未可为，宜隐伏之类；九二"见龙在田，利见大人"，则宜谒见贵人之类。余皆仿此。

　　次看卦之体用，以论五行生克。体用即动静之说。体为主，用为事。用生体及比和，则吉；体生用及克体，则不吉。

　　又次看克应。如闻吉说见吉兆，则吉；闻凶说见凶兆，则凶。见圆物，事易成；见缺物，事终毁之类。

　　复验己身之动静。坐则事应迟，行则事应速，走则愈速，卧则愈迟之类。数者既备，可尽占卜之道，必须以易卦为主，克应次之。俱吉则大吉；俱凶则大凶；有凶有吉。则详审卦辞，及克用体应之类，以断吉凶也。要在圆机，不可执。

2. 占卜论理诀

　　数说当也，必以理论之而后备。苟论数而不论理，则拘其一见而不验矣。且如饮食得震，则震为龙。以理论之，龙非可取，当取

鲤鱼之类代之。又以天时之得震，当有雷声，若冬月占得震，以理论之，冬月岂有雷声，当有风撼震动之类。既知以上数条之诀，复明乎理，则占卜之道无余蕴矣。

3. 体用总诀

体用云者，如易卦具卜筮之道，则易卦为体，以卜筮用之，此所谓体用者，借体用二字以寓动静之卦，以分主客之兆，以为占例之准则也。大抵体用之说，体卦为主，用卦为事，互卦为事之中间，刻应变卦为事之终。应体之卦气宜盛不宜衰。盛者如春震、巽，秋乾、兑，夏离，冬坎，四季之月坤、艮是也。衰者，春坤、艮，秋震、巽，夏乾兑，冬离，四季之月坎是也。

宜受他卦之生，不宜他卦之克。他卦者，谓用互变也。生者，如乾、兑金体，坤、艮生之，坤、艮土体，离火生之。离，火体，震巽木生之。余皆仿此。克者，如金体火克，火体水克之类。体用之说，动静之机，八卦主宾。五行生克，体为己身之兆，用为应事之端。体宜受用卦之生，用宜见卦体之克。体盛则吉，体衰则凶。用克体固不宜，体生用亦非利。体党多而体势盛，用党多则体势衰。如卦体是金，而互变皆金，则是体之党多。如用卦是金，而互变皆金，则是用之党多。体生用，为之泄气，如夏火逢土，亦泄气。

体用之间，比和则吉，互乃中间之应，变乃末后之期。故用吉变凶者，先吉后凶；用凶变吉者，先凶后吉。体克用，诸事吉；用克体，诸事凶。体生用，有耗失之患；用生体，有进益之喜。体用比和，则百事顺遂。又卦中有生体之卦，看是何卦。

乾卦生体，则主公门中有喜益，或功名上有喜，或因官有财，或问讼得理，或有金宝之利，或有老人进财，或尊长惠送，或有官贵之喜。

坤卦生体，主有田土之喜，或有田土进财，或得乡人之益，或得阴人之利，或有果谷之利，或有布帛之喜。

震卦生体，则主山林之益，或因山林得财，或进东方之财，或因动中有喜，或有木货交易之利，或因草木姓氏人称心。

巽卦生体，亦主山林之益，或因山林得财，或于东南得财，或因草木姓人而进利，或以茶果得利，或有茶果菜蔬之喜。

坎卦生体，有北方之喜，或受北方之财，或水边人进利，或因点水人称心，或有因鱼盐酒货文书交易之利，或有馈送鱼盐酒之喜。

离卦生体，主有南方之财，或有文书之喜，或有炉冶场之利，或因火姓人而得财。

艮卦生体，有东北方之财，或山田之喜，或因山林田土获财，或宫音之人，或得带土人之财。物当安稳，事有终始。

兑卦生体，有西方之财，或喜悦事，或有食物金玉货利之源，或商音之人，或带口之人欣逢，或主宾之乐，或朋友讲习之事。

又看卦中有克体之卦者，看是何卦。如乾卦克体，主有公事之忧，或门户之忧，或有财宝之失，或于金谷有损，或有怒于尊长，或得罪于贵人。

坤卦克体，主有田土之忧，或于田土有损，或有阴人之侵，或有小人之害，或失布帛之财，或丧谷粟之利。

震卦克体，主有虚惊，常多恐惧，或身心不能安静，或家宅见妖灾，或草木姓氏之人相侵，或于山林有所失。

巽卦克体，亦有草木姓人相害，或于山林上生忧。谋事，乃东南方之人；处家，忌阴人小口之厄。

坎卦克体，主有险陷之事，或寇盗之忧，或失意于水边人，或生灾于酒后，或点水人相害，或北方人见殃。

离卦克体，主文书之忧，或失火之惊，或有南方之忧，或火人相害。

艮卦克体，诸事多违，百谋中阻。或有山林田土之失，或带土人相侵，防东北方之祸害，或忧坟墓风水有问题。

兑卦克体，不利西方，主口舌事之纷争。或带口人侵欺，或有毁折之患，或因饮食而生忧。生克不逢，则止以本卦而论之。

4. 预测心法十八诀

1）天时

凡测天时，不分体用。全观诸卦，详推五行：离多主晴，坎多主雨，坤乃阴晦，乾主晴明。震多则春夏雷轰，巽多则四时风烈。艮多久雨必晴，兑多不雨则阴。夏占离多而无坎，则亢旱炎炎。冬占坎多而无离，则雨雪飘飘。

全观诸卦者，谓互变卦。五行谓离属火，主晴，坎为水，主雨。坤为地气主阴，乾为天主晴明。震为雷，巽为风，秋冬震多无制，亦有非常之雷。有巽佐之，则为风撼动之应。艮为山云之气，若雨久得艮则雨止。艮者止也。亦土克水之义。兑为泽，故不雨则阴。

夫以造化之辨因难测，理之妙亦可凭。是以乾象晴天，四时晴明。坤体乎地，一气惨然。乾坤两同，晴雨时变。坤艮两并，阴晦不常。卜数有阴有阳，卦象有奇有偶，阴雨阳晴，奇偶暗重。坤为老阴之极，而久晴必雨。阴气而久雨必晴。若逢重坎重离，亦时晴时雨。坎为水，必雨，离为火，必晴。乾兑之金，秋明晴，冬雨凛冽。坤兑之土，春雨泽，夏火炎蒸。易曰，云从龙，风从虎。又曰，艮为云，巽为风，艮巽重逢，风云际会，飞砂走石，蔽日藏山，不以四时，不必二用。坎在艮上布雾与云，若在兑上，凝霜作雪。乾兑为霜雪散，离为火为日电虹霓。震为雷，离为电，重会而雷电俱作。坎为雨，巽为风，相逢而风雨骤兴。震卦重逢雷惊百里，坎爻叠见，润泽九垓。故卦体之两逢，亦爻象之总断。

地天泰，水天需，昏蒙之象。天地否，水地比，黑暗之垓。八纯离必旱，四季皆晴。八纯坎，冬必寒，四季多雨。久雨不晴，逢艮必止。久晴不雨，得此亦然。又若水火既济，火水未济，四时不测风云。风泽中孚，泽风大过，三冬必然雨雪，水山蹇，山水蒙，

百步必须执盖。地风升，风地观，四时不可行船。离在艮上，暮雨朝晴。离互艮宫，暮晴朝雨。巽坎互离，虹霓乃见，巽离互坎，造化亦同。又须推测四时，不可执迷一理：震离为电为雷，应在夏天。乾兑为霜为雪，应在冬月。天地之理，大矣哉。理数之妙，至矣哉。得斯文者，当敬宝之。

测天气时，必看主卦、互卦、变卦。三卦中，离多主晴，坎多主雨，巽多主风……我国国土之大，一日之中无处不雨，无处不晴，故以一卦定全国各地之晴阴，显然不准。因此，测天气预报时，必在年、月、日时中加上地名笔画数作为上卦，加时数为下卦。如此得出各地不同卦象，才能断准各地天气。

2）人事

人事之测，详观体用。体卦为主，用卦为宾。用克体不宜，体克用则吉。用生体有进益之喜，体生用耗失之灾。体用比和谋为吉利。更详观互卦、变卦，以断吉凶。复究盛衰，以明休咎。

人事之占。则以体用总章，同决吉凶，若有生体之卦，即看前章八卦中生体之卦有何吉；又看克体之卦，有何凶，即看前章克体之卦；无生克，只断本卦。

3）家宅

凡测家宅，以体为主，用为家宅。体克用，则家宅多吉。用克体，则家宅多凶。体生用，多耗散。或防失盗之忧。用生体，多进益，或有馈送之喜。体用比和，家宅安稳。如有生体之卦，即以前章人事占断。

4）屋舍（此占卜建创之吉凶）

凡测屋舍，以体为主，用为屋舍。体克用，居之吉。用克体，居之凶。体生用，主资财冷退。用生体，则门户兴隆。体用比和，自然安稳。

5）婚姻

测婚以体为主，用为婚姻。用生体，婚易成或因婚有得。体生

用，婚难成，或因婚有失。体克用可成，但成之迟。用克体，不可成，成亦有害。体用比和，婚姻吉利。测婚，体为所占之家，用为所婚之家。体卦旺则此家门户胜。用卦旺，则彼家资盛。用生体，则得婚姻之财，或彼有相就之意；体生用则无嫁妆之资，或此去求婚方谐。若体用比和则彼比相就，良配无疑。

乾端正而长。坎邪淫黑色，嫉妒奢侈。艮色黄多巧。震美貌难犯。巽发稀少疏，丑陋必贪。离短赤色，性不正常。坤貌丑，大腹而黄。兑高长，语话喜悦，白色。

6）生产

测生产以体为母，用为生。体用俱宜乘旺，不宜乘衰，宜相生，不宜相克。体克用不利于子，用克体，不利于母，体克用，而用卦衰，则子难保。用克体，而体卦衰，则母难保。用生体，易于母。体生用，易于生。体用比和，育顺快。若欲辨其男女，当于前卦审之；阴卦阳爻多者，则生男。阴卦阴爻多则生女。阴阳卦爻相生，则察所占左右之人之奇偶以证之。如欲决之其日辰，则以用卦之气数参决，日期用卦之气数者，即看何为用卦，于八卦卦体时序之类决之。

7）饮食

凡测食，体为主，用为饮食。用生体，饮食必丰。体生用，饮食难就，饮食有阻。用克体、饮食必无。体用比和，饮食丰足。又卦中有坎，则有酒。有兑则有食。无坎无兑，则皆无。坎兑生身，酒醉肉饱。欲知所食何物，以饮食推之。欲知席上何人，以互卦人事推之。

饮食人事类者，则前八卦内，万物属类是也。

8）求谋

测求谋以体为主，用为所谋之应。体克用谋虽可成，但成迟。用克体，求谋不成，成亦有害。用生体，不谋而成。体生用，则多谋少遂。体用比和，求谋称意。

9）求名

凡测求名，以体为主，用为名。体克用名可成，但成迟。用克体，名不可成。体生用，名不可就，或因名有失。用生体，名易成，或因名有得。体用比和功名称意。欲知名成之日，生体之卦气详之。欲知职任之处，变卦方道决之。若无克体之卦，则名易就，只看卦体时序之类以定日期。若在任占卜，最忌见克体之卦。如卦有克体者，则居官见祸。轻则上责罚，重则削官退职。其日期，克体之卦气者，于八卦万物所属时序类中断之。

10）求财

测求财，以体为主，以用为财。体克用有财，用克体无财。体生用，则有损耗之忧。用生体，则有进益之喜。体用比和，财利快意。欲知得财之日，生体之卦气定之。欲知破财之日，克体之卦气定之。

又若卦中有体克用之卦，及生体这卦，则有财。此卦气即见财之日。若卦中有克体之卦，及体生用之卦，即破财，此卦气则破财之日。

11）交易

测交易以体为主，用为交易之应。体克用，交易成迟。用克体，不成。体生用难成。或有交易之失。用生体即成，成必有财。体用比和，易成交易。

12）出行

出行以体为主，用为所行之应。体克用，可行，所至多得意。用克体，出则有祸，体生用，出行有破耗之失。用生体，有意外之财。体用比和出行顺快。

又凡出行，体宜乘旺，诸卦宜生体。体卦乾震多主动，坤艮多主不动，巽宜船行，离宜陆行，坎防失脱，兑纠纷之应。

13）行人

测行人，以体为主，用为行人。体克用，行人归迟。用克体，

行人不归。体生用，行人未归。用生体，行人即归。体用比和，不日归矣。又以用卦的行人之盈旺，逢生在外顺快，逢衰受克在外灾殃。震多不宁。艮多有阻，坎有险难，兑主纠争之应。

14）谒见

测谒见，以体为主，用为所见之人。体克用，可见。用克体，不可见。体生用，难见，见之而无益。用生体，可见，见之有得。体用比和，欢然相见。

15）失物

测失物，以体为主，用为失物。体克用，可寻，迟得。用克体，不可寻。体生用，失物难见。用生体，物易寻。体用比和物不失。

又以变卦为失物所在。如变乾，则是觅于西北，或公厕、楼阁之所，或金石之旁，或圆器之中，或高亢之地。变卦是坤，则觅于西南方，或田野之所，或仓库之处，或稼穑之处，或土窑穴藏之所，或仓库方器之中。震则寻于东方，或山林之所，或丛棘之中，钟鼓之旁，或闹市之地，或大途之所。巽则寻于东南方，或山林之所，或寺观之地，或菜蔬之园，或舟车之间，或木器之内。坎寻于北方，多藏水边，或溪井沟渠之所，或酒醋之边，或鱼盐之地。离则寻于南方，或炉厨之间。艮则寻于东北方，或山林之内，或近路旁，或岩石旁，或藏在土穴。兑则寻于西方，或居泽畔，或败垣破壁之内，或废井泽沼之中

16）疾病

凡测疾病以体为病人，用为病症。体卦宜旺不宜衰。体宜逢生，不宜见克。用宜生体，不宜克体。是故体克用，病易安。体生用，病难愈。体克用者，勿药有喜。用克体，虽药无功。若体逢克而乘旺，犹为庶几。体遇克而更衰，断无存日，欲知凶中有救，生体之卦存焉。体生用者迁延难愈。用生体者，即愈。体用比和，疾病易安。若究和平之候，生体之卦决之。若见危厄之期，克体之卦决之。若论药

之属，当审生体之卦。如离卦生体，宜服热药。坎卦生体，宜服冷药。如艮温补，乾兑凉药。

17）官讼

测官讼以体为主，用为对辞之人，与官讼之应，体卦宜旺，用卦宜衰。体宜用生，不宜生用，用宜生体，不宜克体。是故，体克用者，己胜人，用克体者，人胜己。体生用，非为失理，或因官有所丧。用生体，不止得理，或因讼有所得。体用比和，官讼最吉。非但扶持之力，必有主和之义。

18）坟墓

测坟墓以体为主，用为坟墓。体克用，葬之吉。用克体，葬之凶。体生用，葬之冷退。用生体，葬之主兴隆，有荫益后嗣。体用比和永为吉地，大宜安葬，葬之吉昌。

日常生活中，所要测的事情很多，不一一详述。以上供读者学习研讨之参考，宜熟习之。

二、六爻断法

1．正确起卦

在前面已经介绍了多种起卦方法，你可以通过摇钱起卦，也可以通过时间、数字、万物类象各种特征等随机起卦，用任何一种方法起出的卦都带有你想要预测的人、事、物的信息。但六爻预测技术是建立在天人感应和宇宙全息这一原理基础之上的，所以，无论你用何种方法起卦，都必须把时空的信息和你想要测的人、事、物的信息都加进起卦的运算之中，使两个信息合而为一，这个卦才能更直接、更具体、更明显地体现欲测的人、事、物的吉凶成败。单纯用时空信息起卦，或单纯用人、事、物本身特征起卦，虽然也带有欲测的人、事、物的信息，但就不会像前者那么明显而具体了，也可能是更大范围、更多的其他的人、事、物的信息了。

要做到正确起卦应把握一点：尽可能用直接信息起卦。用于起

卦的信息越直接，这个卦所含括的所要测的人、事、物的信息也更直接、更丰富、更具体；用于起卦的信息越间接，则卦中所含的信息也越模糊。

2. 全面审视和检查卦局

一卦起出之后，不要带着某种先入为主的意念立刻进入卦中，而要非常客观地全面审视一下整个卦局。一是看看这个卦有什么特点；二是要看看装卦有无疏漏错误之处。特别是别人拿来一个装好的卦局让你帮助推断时，更要首先检查一下所示卦局的卦名、世应、地支、六亲、月、日、空亡等有无漏项或搞错，确认装卦无误后，才可毫无后顾之忧地、满怀信心地开始断卦。

3. 首观大象，捕捉宏观信息

在详推诸爻之前，要先观卦之大象：主卦是何宫卦，卦气旺衰，是六合卦还是六冲卦，是游魂卦还是归魂卦，内卦是回头生还是回头克，是卦变反吟还是卦变伏吟，变卦为六冲还是六合等。通过这些大象可以提取宏观吉凶成败信息，也具有相当重要的参考价值。

4. 取准用神，分清敌我

用神就是我们要测的人、事、物。取用神时，我们一定要具备一种尽量把卦理和生活实践联系起来的思维模式。用神不是孤立的，它要和卦内的其它卦爻发生生克制化、合冲刑害等诸多的联系，这种种不同的联系拿到生活实际中来，就是我们要测的人或事同周围其它人或事的种种错综复杂的联系。卦爻中用神是吉是凶，也就是生活中我们所测人或事是吉是凶的反映。若能很好地把握这一点就可准确地取出用神。

正因为用神在卦中不是孤立的，用神取定之后，就以用神为中心，将卦中诸爻，分成敌我两个阵营，生扶用神的卦爻为我方，克、泄、耗用神的卦爻为敌方，以便在双方的较量中对比力量的强弱。生用神的便是原神，克用神的便是忌神，耗用神的便是仇神，泄用神的

便是闲神。在实际运用中，有时闲神并不闲，并具有双重身份。当用衰弱的时候，闲神盗泄用神的力量对用神不利，当闲神能克制忌神的时候，又会成为用神的朋友。

5. 细察卦中诸爻的动静旺衰

动静旺衰指两个方面的内容：一是原用神的动静旺衰，二是忌仇闲神的动静旺衰。

年、月、日、时和动、变是卦爻旺衰的来源。临月、临日者为旺，得月、日生者为相，卦爻发动本身就是一种旺，得动爻之生也是一种旺的来源，动爻得变爻生，也是一种旺的来源。卦爻生月、日者为休（如寅月寅日，卦中亥子爻为休），卦爻克月、日者为囚（如申月申日卦中巳午火为囚），被月日克者为处死地。

用神、原神旺相为吉；忌神、仇神旺相为凶。用神原神休囚不吉，更有忌神克害必凶；忌神、仇神休囚死为吉。如卦爻虽在月、日休囚，但在卦内并没受克，反而有动爻生扶，就是有气，有气也按旺相来论，也是吉。若是静爻在月、日为相，却在卦中被忌神动爻克伤，便由旺转衰。可见，卦爻之旺衰有气与否要综合月、日、动、变诸因素综合判定。

空亡墓伏只是用神所处的一种状态，卦爻临空亡、入墓、伏藏，并不等于就是衰，但在空亡、入墓、伏藏期间不能正常发挥其生克能力，故在分析其动静旺衰时，也需同时考虑。

6. 详推诸爻间的生克制化、刑冲合害

在掌握了卦中诸爻的动静、旺衰、动爻变出何爻是化进还是化退、是否临空亡墓伏之后，就可全面地进行生克制化、刑冲合害的运算与推演了，这一操作过程也需分做三步来进行。

第一步：首看卦内环境好坏

主卦、变卦、伏神及所附六神，是用神所处的内部环境，在这一环境中用神与其他爻的利害关系是确定不变的，是卦的原象，外

界时空的变化，只能改变卦中诸爻的旺衰强弱，而改变不了卦中诸爻间的利害关系。因此，通过生克制化、刑冲合害的演算，得出用神在内部环境中最终是受益还是受损是重中之重。

第二步：再看卦外环境利害

卦外环境即是指年、月、日、时。年月日时的干支所代表的是宇宙时空的信息，对万事万物都有强大的制约力，它不仅主宰着卦中诸爻的旺衰，也能通过生克制化、刑冲合害使卦中诸爻生者暂不能生，克者暂不能克。但岁月是流变的，时空场每时每刻都在变化的，外部环境的利害是暂时的。

第三步：综合分析用神的处境

此处所说的综合，一是要把卦内的生克制化、刑冲合害与卦外的生克制化、刑冲合害综合到一起；二是要把生克制化、刑冲合害与空亡、墓库、飞伏、进退、反吟、伏吟、六神等特殊规定综合到一起，以便对用神当时的处境和未来的处境有一个全面的认识。

7．推断吉凶成败

在统观全局，综合分析出敌我双方的优劣之势后，就可推断人物之吉凶、事之成败了。

当我方在内部环境中有利条件都多于敌方时，则用神为人则有吉，用神为事则可成，用神为吉则呈吉，用神为凶则呈凶。

当我方在内外环境中不利条件都多于敌方时，则用神为人则有凶，用神为事则难成，用神为吉则呈凶，用神为凶则呈吉。

当我方在内部环境中有利条件多于敌方，而在外部环境中不利条件多于敌方时，是人有吉而暂不吉，事可成而暂不成，用神为吉暂不吉而终为吉，用神为凶暂不凶而终为凶。

当我方在内部环境中不利条件多于敌方，在外部环境中有利条件多于敌方时，是人有凶而暂不凶，事不成而暂顺，用神为吉暂时吉而终凶，用神为凶暂时凶而终不凶。

8. 推断吉凶应期

吉凶判明后，就该推导吉凶应验的日期了。这是六爻信息预测中难度较高的一步。高级预测师对应期断法之准确和灵活常令初学者难以捉摸，其实，只要真正掌握了基本知识，再加以大量的实践总结，断应期的本领就会越来越高。

这里提供一些断应期的基本要领，大家在应用中要灵活，生搬硬套是不行的。测长期事应在年、月；近期事应在日、时。

用神伏藏，在出现之日应事；用神安静，冲静之日应事；用神静空，须到出旬逢冲之日应事；用神静空逢冲，叫冲起，出旬逢合之日应事；用神静空逢合，待出旬逢冲之日应事；用神发动，逢合之日应事；用神发动旬空，逢日冲为冲实，当日应事；用神入墓日辰，冲用神之日应事；用神动而化墓者，冲开墓库之日应事；用神被动、变之爻合住，须冲开动、变爻之日应事；用神月破，须到出月值日或逢合之日应事；用神绝于日或动而变绝者，待长生之日应事；用神旬空，待出空之日应事；用神休囚，须到生旺之日应事；用神静旺，逢冲日应事；用神旺动又遇生扶，为之太旺，当以墓库月日断之；用神无气发动遇生扶，当以生扶月、日断事；用神旬空发动，以出旬值日断之；用神旬空发动逢合，出旬逢冲日应事。

第二节　断应期

一、八卦象数断法

用八卦象数断卦之应期，邵康节的《梅花易数》中《占卜克应之诀》一节做了专门的论述，现摘录如下：

克应者，所谓克期应验也。占卜之道，无此诀，则吉凶成败之

事不知应于何时。故克应为卦之切要也。然克则最难，有以数而克之者，有以理而克之者，皆要论也。以数而克期，必详其理，如算屋宅之初创，男女之始婚，坟之方葬，器物之新置，俱以年月日时加事物之数而起卦。卦成，则于体用互变之中，视全卦之数，以为约定之期，审其事端之迟速而刻之，如屋宅坟墓永久者也。屋宅则以全卦之数刻其期。如屋宅之终应，盖屋宅有朽坏之期也。坟墓亦有损坏，然占墓但占吉凶，不计成败也。男女之婚，远亦不过数年。年内之事，全卦之数可决，又不如屋宅之久也。然婚姻亦不过卜其吉凶，不必刻其期也。若吉凶之期，但以生体及比和之年月为吉期，克体之年月为不吉之期也。器物之占，则金石之质终远，草木之质终不久也。远者，以全卦之数为年期；近者，以全卦之数为月期。又近者，以全卦为日期也。如置砚，则全卦之数为岁。计笔墨亦可以全卦为岁计。笔墨之小者，以日卦之数可也。此器物刻期之占也。如先天观梅与牡丹二花，俱旦夕之事，故以卦理推，则不必决其远日也。如后天老年、少年、鸡牛之占，以方卦物卦之数合而计之。老少、鸡牛之占，亦只可以日计也。若永远之占，则以日为月，以月为年矣。占者详吉，必又寻常之占事刻期，则于全卦中细观生体之卦为吉，应决期克体之卦为凶。应之期远，则以年；近则以月，又近则以日也。如问求名则乾为体，看卦中有坤、艮，则断其辰、戌、丑、未之土月日。盖乾、兑，金体也。此为吉事生体之应。若问病而乾卦为体，则看卦中有离，又看卦中无坤、艮，及有凶犯，则其体死于巳午火日，此克体为凶事之期也。又若问行人，以生体之日为归期，无生体比和之日，则归必迟。若此例者，具难尽载，学者审焉。

二、六爻断法

事有吉有凶，人有祸有福。周易预测，最关键的一环就是断准应事之期。定准应期是一切信息预测的最后阶段，也是关系到信息

预测成功与否的重要一步。主要是以世爻为主选准用神。在选准用神的基础上分析日建、月建、动爻、变爻与用神和世爻之间的关系。测事、断卦定准应期，首先必须掌握测事断卦的要领。

（一）生克应期的要领

我们知道测事是以世爻和用神为主，那么我们就要看是何爻生克世爻和用神。从吉凶的角度看，世爻、用神宜生不宜克。生世爻生用神则吉。克世爻克用神则凶。原神临长生、帝旺之地生合世爻和用神，福禄倍增。忌神临长生帝旺之地，克世爻、用神则灾祸不小。这就告诉我们定准生克世爻、用神应期的要领，要弄清卦中各爻与世爻、用神的生克关系。其中包括日辰、月建、应爻、动爻、变爻，原神、喜神、忌神、仇神与世爻、用神所发生的生克关系和这些爻之间所发生的生克关系。搞清楚了它们之间的关系，就可以运用自如地掌握生克世爻、生克用神定应期的要领。

1. 生世爻、生用神应期的要领

凡测事之应期，世爻及用神喜日、月、动爻、变爻生用神、生世爻。这个生世爻，生用神之爻，则是所测之事的应期。总之测生世爻、生用神应期的要领，就是要使原神能充分发挥生世爻，生用神的作用。

例如自摇卦测自己的病，以世爻为用神，如果世爻为亥水，则申、酉金为原神、可断申酉日生亥水之时为病愈之期。若申酉金被巳午火所克，必待冲去巳午火之时或巳午火入墓之日，为病愈之期；若申酉之金旬空日破，待出空填实逢合之时为病愈之期；若申、酉金被合住，待到逢冲之时为病愈之期；若申、酉金逢墓化墓待冲墓之时为应期；若申、酉金原神不现之时，待到出现之时为应期；若申、酉金原神静而不动，后逢申酉之日为应期。

例1：自测病摇得：

	寅月	丙午日	（寅卯空）
	《火风鼎》	《天水讼》	六神
	兄弟巳火、	子孙戌土、	青龙
	子孙未土×应	妻财申金、	玄武
	妻财酉金、	兄弟午火、 世	白虎
原神：	妻财酉金〇	兄弟午火、、	螣蛇
用神：	官鬼亥水、 世	子孙辰土、	勾陈
	子孙丑土、、	父母寅木、、应	朱雀

断：自测病，以世爻为用神，今世爻亥水在日、月均处于休囚之地，又自化辰土墓库回头克。看原神酉金临月绝、日克，但有未土动而生之，酉金又动生世爻亥水。但亥水化墓逢生不起，又原神酉金动化午火回头克。必待克原神之午火入墓之日和冲克亥水的墓库之日则为病愈之期。只有戌日，既是冲亥水之墓辰土，又是午火之墓库，同时又为世爻的原神酉金得生之日，所以此人戌日病愈。

例2：自测病：

	丁丑月	丙午月	丙午日	（寅卯空）
	《地山谦》		《山风蛊》	六神
原神：	兄弟酉金×		妻财寅木、 应	青龙
用神：	子孙亥水、、世		子孙子水、、	玄武
	父母丑土、		父母戌土、、	白虎
	兄弟申金、		兄弟酉金、 世	螣蛇
仇神：	官鬼午火×应		子孙亥水、	勾陈
	父母辰土、、		父母丑土、、	朱雀

断：自测病，以世爻为用神。今卦中子孙亥水持世。原神是申酉金。今世爻子孙亥水临日月皆为休因，虽有原神酉金动而生世。怎奈原神酉金受仇神午火临旺地动而克之，又自空化绝而不能救主。要知病人何日康复。必待世爻原神旺相得生。又仇神受制或入墓之时为病愈之应期。因仇神为午火，旺于月建，本月病难愈。断未月的子日为病愈之期，世爻临日建旺，又得原神酉金动而生世。同时仇神午火临日破且又动化回头克，制住了仇神，酉金生了世爻亥水，病愈。

2. 克世爻、克用神之应期

一般卦成之后，动爻克世克用神，或卦中之爻临月日旺克世克用神，为凶。但也有克世克用神为吉的，如测行人有用神克世人即回、日辰克世，克用立可候、财爻克世求财必得的宝贵经验。克世克用神定应期分清何事。日、月、动爻、变爻克世、克用有吉有凶。如测官讼之事，以官鬼爻为用神，官鬼爻为克我之人，如果官鬼爻受克，不但不为凶，反而为吉。测病也是一样，以官鬼爻为用神，官鬼爻旺相为病重，若官鬼用神受克之日，则为病愈之期。

除上述情况外，凡是克世爻、克用神者为忌神。生世爻、用神者为喜神，但有的爻生用神而克世，怎样区别喜忌呢？如果世爻为土，原神为火，木为世爻之忌，但为火之原神的喜神。木既可克土又生火，要看火是否动，若动，则成循环相生，变忌为喜。若火未动，木则为忌。世用为土，木为忌，故必在寅卯之时为应凶之期。若寅卯木得仇神亥水之日、月动爻之生，也为应凶之期。若寅卯木遇旬空、月破，必待出空填实逢合之时，为应凶之期，若忌神临长生、帝旺之时也为应凶之期。如卯木化寅木，即亥为应凶之期。也有逢寅卯之日应之。

总之，测凶危之事宜忌神逢墓、入墓、化墓逢休囚、死地，忌神化退、化绝、化死、化合为吉。

例1：测明日摸奖：

	甲寅月	壬午日	（申酉空）
	《天火同人》	《天山遁》	六神
	子孙戌土、 应	子孙戌土、	白虎
用神：	妻财申金、	妻财申金、 应	腾蛇
	兄弟午火、	兄弟午火、	勾陈
自己：	官鬼亥水、 世	妻财申金、	朱雀
	子孙丑土、、	兄弟午火、、 世	青龙
	父母卯木〇	子孙辰土、、	玄武

析：摸奖为求财，以财爻为用神，以世爻为自身，首先看世爻、用神与日辰、月建及各爻间的关系。一般以世旺、财旺，财来生世财可得；今世爻临日、月建休囚之地，财爻临月破、日克。且入二爻丑土之墓，世爻化空化破（此不能视为化回头生），且受丑土来克。此为破财之象。何日破财？明日癸未。

此求测者对卦理略知一、二，只机械地认为财来生世，世化财回头生，就认为明日未土生用神、用神生世，第二天仍然投入一万元去摸奖，结果分文未取。

断其未日破财，是因为用神申金本为月破，明日未是冲开原神、财爻为墓库之日，又是原神、财爻申金入墓之日，同时又是日克世之日，所以未日投入多少，破多少。

例 2：测母病摇得：

丁丑年　　壬寅月　戊戌日　（辰巳空）

《乾为天》　　　　《天雷无妄》　　　六神

　　　　父母戌土、世　　父母戌土、　　　朱雀

　　　　兄弟申金、　　　兄弟申金、　　　青龙

原神：　官鬼午火、　　官鬼午火、世　　玄武

用神：　父母辰土〇应　父母辰土、、　　白虎

　　　　妻财寅木〇　　妻财寅木、、　　　螣蛇

　　　　子孙子水、　　子孙子水、应　　勾陈

析：测父母病则以父母爻为用神，官鬼爻为原神。父母爻，官鬼爻旺相为病轻，易愈，为吉，父母爻、官鬼爻衰弱、休囚死绝、空破、入墓、受动爻，日、月之克为病重为凶。

此卦以应爻父母爻为用神，今用神临墓，月克日破，主病重，且住院，在卦中受财爻寅木动克，又卦变伏吟，有卦变伏吟则凶之说，今主卦凶变伏吟定凶。故断其母会死。

凶象已定，何时应凶呢？现用神临月建动爻之克、日破。但原神官鬼午火，得月建之生，因此必待原神入墓之时，为应凶之期，故断戌月辰日（或辰月戌日，后果于戌月辰日病故。应戌月辰日者，是原神午火和用神辰土分别入月、日墓库。又用神辰土临月破之故）。

例3：妻摇卦测夫病：

寅月	辛亥日	（寅卯空）
《水地比》	《坎为水》	六神
妻财子水、、应	妻财子水、、世	腾蛇
兄弟戌土、	兄弟戌土、	勾陈
子孙申金、、	子孙申金、、	朱雀
用神：官鬼卯木、、世	父母午火、、应	青龙
父母巳火 ×	兄弟辰土、	玄武
兄弟未土、、	官鬼寅木、、	白虎

析：妻测夫病以官爻为用神，以子孙爻为医药。卦中官鬼卯木临月建旺，得日辰生主病重。再看代表医、药的子孙申金临月破日休受动爻父母巳火之克，实为不治之症。官鬼卯木旺而无制，可断其是肝病。申金有破日化受动爻克也主肺病。实际此人是肝癌转肺癌。断其寅卯月的丑日死。

应卯月丑日死者，官鬼爻旺而无制，又子孙爻申金入墓之故。官鬼为病，应爻可参考为夫。丑日克应爻，应爻之原神申金月破不能生应，又不能治病，故应爻也为有克无生。

例4：父母摇卦测儿子官司吉凶：

戌午月	丁未日	（寅卯空）
《水火既济》	《艮为山》	六神
兄弟子水 × 应	子孙寅木、 世	青龙
用神：官鬼戌土〇	兄弟子水、、	玄武
父母申金、、	官鬼戌土、、	白虎
摇卦者：兄弟亥水、 世	父母申金、 应	腾蛇
官鬼丑土、、	妻财午火、、	勾陈
用神：子孙卯木〇	官鬼辰土、、	朱雀

析：

1. 首看世爻亥水，月休日克，动爻克，是一个不吉之卦。

2. 应爻也为所测之事，也可以做为儿子来参考，应爻子水月破日克为凶象。

3. 用神子孙卯木动。死于月建入日建之墓为大凶之象。

4. 世应都想救用神子孙卯木，特别是应爻动生卯木，化寅木乃求生之象。

5. 测官司以官鬼爻为用神，官鬼爻临日建旺，月建又生，五爻官鬼戌土动。又有官爻丑土暗动化妻财午火回头生，而克世应，均主官司事关重大。

父测子吉凶以子孙爻为用神，粗看子水动生卯木，但子水临月破日克弱极，不能生卯木。且卯木子孙爻又临月死日墓，今日不入墓，因卯动合戌化火生官。此合为凶，待酉日冲开，祸患立至。后酉日果得通知被判死刑。但留未月执行，可断未月丙辰日冲卯戌而入月墓，世应入日墓之时为应凶之期。

（二）旬空应期的要领

旬空有吉有凶。凡测吉凶，遇世爻、用神旬空，可断所测之事在出空填实之年、月、日时成事。如在甲辰旬中求财，得寅卯木为用神，必须在寅卯木出空之日得财。如测疾病凶事，寅卯为用神，则出空填实之日有灾祸临身。如果用神旬空发动，则出旬值日成事。用神动而逢空、化空，待出空之期应吉凶；用神空而逢合，必须冲开之期应吉凶；用神空而逢克，必待出空或制杀之期应吉凶；用神空而入墓，必待冲墓之期应吉凶。

例1：妻测夫何日归：

	戌月	己酉日	（寅卯空）
	《风山渐》	《山水蒙》	六神
用神：	官鬼卯木、应	官鬼寅木、	勾陈
妻财子水	父母巳火〇	妻财子水、、	朱雀
	兄弟未土、、	兄弟戌土、、世	青龙
	子孙申金〇世	父母午火、、	玄武
	父母午火 ×	兄弟辰土、、	白虎
	兄弟辰土、、	官鬼寅木、、应	螣蛇

求测离家出走的老公何日归？妻测夫，以官鬼爻为用神。现用神官鬼卯木月休、日破、旬空、化退。卦中世爻为摇卦之人，子孙申金为世爻临月建生，临日建旺，并且动而克应爻官鬼卯木。此为世克应，可断夫妻因口舌之争，夫离家出走。卦中虽有两父母动克世爻申金，但因有妻财子水伏父母爻巳火之下，克父母巳火。父母爻又动化子水回头克。我们可以判断摇卦人（妻子）因与公婆吵架而引起的夫妻不和，夫斗不过妻子而离家出走。

判断其夫何时归：

1. 今用神官鬼卯木月休、日破、旬空，必待旺相，填实时方能归。

2. 今忌神申金、月生、日旺，必待忌神休因受制之时，方可归家。

3. 卦中虽有两父动克世爻申金，申金动化父母回头克，怎奈父母巳火动化子水回头克，又受伏神子水之克。午火动而化破，父母巳午火均入月建之墓。因此必待父母爻旺相能克制申金之时，方可归家。

断其夫亥月寅日回家。

应亥月的寅日归家，是因用神官星卯木临月建生日建旺，使忌神申金受日辰冲破而不克用神，寅日又能生父母，使父母克制忌神申金。寅日还有用神冲世人必归之说。

例 2：测夫运气：

	寅月	丁酉日	（辰巳空）
	《天火同人》	《风雷益》	六神
	子孙戌土、应	父母卯木、应	青龙
	妻财申金、	兄弟巳火、	玄武
	兄弟午火○	子孙未土、、	白虎
用神：	官鬼亥水○世	子孙辰土、、世	腾蛇
	子孙丑土、、	父母寅木、、	勾陈
	父母卯木、	官鬼子水、、	朱雀

析：你夫近来运气很坏，在一周内的辰日会有牢役之灾或有破财之灾。后果反馈于辰日夫被抓，并坐了一段时间的牢。原来是夫做生意亏了本，欠了人家的债，被人告发，后来还了部分钱，才被放出来。

测夫之运气，以官鬼爻亥水为用神。今官鬼爻亥水持世，世应相克，且应爻子孙克世，此为不吉之象。且亥水动化辰土墓库回头克。卦中兄弟午火动克妻财申金，妻财申金又化兄弟巳火回头克。今世爻的原神申金临月破，且受动爻之克，既为破财，又世爻也为不吉之象。因申金临日建，为破而不破。所以世爻原神暂时无伤。又辰土临月建之克而旬空，待辰日，墓库出空之时，即为世爻应凶之期。

（三）逢合应期的要领

合有三合、六合之分。凡测吉庆之事喜三合六合，测忧疑祸患、出行、行人不宜逢合，忧疑祸患逢合难解。出行、行人遇合为绊住，动而不动，回而有绊。三合、六合生合世爻、用神为吉，克冲世爻、用神为凶。原神、用神入局，合为原神、用神者为吉。忌神、仇神入局合为忌神者为凶，故三合、六合有吉有凶，即合吉为吉合凶为凶。

三合者，申子辰合水局；寅午戌合火局；亥卯未合木局；巳酉丑合金局。预测时若当日卦中用神动而成三合局，或临日、月三合

全者，当日应之吉凶。三合局有一爻冲破者，必须逢合之期应吉凶。如有一爻静两爻动者，为待合，静爻值日应吉凶。

三合局者，一爻静而逢空，或动而化空，待出空之期应吉凶。如空而逢合静而逢合，必待冲合之期应吉凶。三合、六合者，或与日、月合者，必待冲合之期应吉凶。如合局入墓动而化墓，必待冲墓之期应吉凶。如三合局逢绝或一爻绝者，必待绝爻生旺之期应吉凶。

另外世爻用神在局内，或合局合成世爻和用神为吉。合局克世爻用神为凶。六合者，子与丑合，寅与亥合，卯与戌合，辰与酉合，巳与申合，午与未合。

例：自测求财：

	亥月	戌戌日	（辰巳空）
	《山天大畜》	《天泽履》	六神
	官鬼寅木、	兄弟戌土、	朱雀
用神：	妻财子水 × 应	子孙申金、 世	青龙
	兄弟戌土 ×	父母午火、	玄武
	兄弟辰土○	兄弟丑土、、	白虎
	官鬼寅木、 世	官鬼卯木、 应	螣蛇
	妻财子水	父母巳火、	勾陈

求测要货款。因做一笔生意，熟人来提货，只付了少量货款，测对方何时能付款。断五天后的卯日，将可收到十多万元的货款。

解：1. 世爻官鬼寅木，与月建亥水合，化进神卯木，为身旺能胜财之象。

2. 用神财爻子水得月建旺，动而化子孙申金回头生，为财旺之象。（财临月建生，日建克，实际是抛开日、月建不论，凭财动化子孙申金回头生而论旺）

3. 兄弟辰土动，财爻子水化子孙申金，构成申子辰三合财局生世，主有丰隆之财。

4. 应爻子水，动而生世，主财来找我，求财可得。

5. 申子辰三合水局，被兄弟戌土临日建动将三合局中辰土冲破，必待卯日，合住戌土之时财方到手。

（四）逢冲的要领

逢冲，系指六冲，冲有吉有凶。凡测喜庆之事，用神、世爻都不宜冲，冲则必散，而谋事难成。凡测官讼忧患之事，用神宜冲，冲之则吉。测病，以官鬼爻为用神者宜冲，冲则破，破则病愈。但测病以世爻为用神者，不宜冲，逢冲则世衰、世破，破则病情加重，用神逢冲，在逢合之期应事之吉凶，用神安静在值日或逢冲之期应吉凶，如用神为寅，安静，反逢寅卯年、月、日为应事之期。

例1：母测子何时归：

	寅月	庚辰日	（申酉空）
	《泽水困》	《地水师》	六神
	父母未土、、	兄弟酉金、、应	腾蛇
原神：	兄弟酉金○	子孙亥水、、	勾陈
用神：	子孙亥水○ 应	父母丑土、、	朱雀
	官鬼午火、、	官鬼午火、、世	青龙
	父母辰土、	父母辰土、	玄武
	妻财寅木、、世	妻财寅木、、	白虎

1997年大年初一早晨，一位求测者儿子外出打工，年前来信说春节回家过年，可是到现在还未回来，求测什么时间回来，在外是否平安？摇了此卦。

断：你儿子年腊月25日（乙亥）已经动身回家，到二十七日（丁

丑），在途中，因为车的问题，受了伤，很可能住院了，但问题不大，正月初五日（甲申）可到家。

解：母亲测儿子，以子孙爻为用神，兼看应爻。今应爻子孙亥水动，说明儿子亥日已经动身回家，但子孙动与世爻寅木相合，用神合世，为迟归之象。五爻兄弟动，五爻为道路，兄弟为阻碍之神，此为在道路上有阻碍。因何受阻？子孙动化父母丑土回头克。可以解释为亥日动身，丑日有阻，另因为父母为车，也可以解释为因车受阻。住院：是因为子孙动化回头克，又入墓，为住院之象。为何断初五甲申日归，是因用神动与世爻、月建作合，必须申冲开寅。（用神逢合待冲开为应期）。

例2：自测调动：

丙子年　　　　丑月　　　　戊辰日　　　（戌亥空）

《雷风恒》	《山水蒙》	六神
妻财戌土 × 应	兄弟寅木、	朱雀
官鬼申金、、	父母子水、、	青龙
子孙午火○	妻财戌土、、世	玄武
官鬼酉金○ 世	子孙午火、、	白虎
父母亥水、	妻财辰土、、	螣蛇
妻财丑土、、	兄弟寅木、、应	勾陈

断：你的工作有动之象，但是目前一时动不了，要到1997年的戌月方能调动，调动后官职保不住，工资待遇比不上原单位。

解：测工作调动，主要看世爻，兼看官、父爻。断其工作可以调动，是世爻官鬼爻酉金动，则有动之象。

为什么目前一时难以调动？谋事要世爻用神旺相，方能成事。今世爻虽动但动入月建之墓，又化回头克，且与日建辰相合，故目前一时难以调动。何时成？待世爻旺相，克忌，冲去合神之时，方

可调动。戌月冲破合神，又能生世爻，同时是午火之墓期。

看待遇以财爻为用神，看单位以应爻为用，看职位以官鬼爻为用神。今以妻财戌土应爻为单位，为待遇，在主卦临月建旺，临日建明动暗动生世。世爻官鬼酉金得应爻旺动生之。说明原单位待遇较好，但应爻妻财戌土动化兄弟寅木回头克，世爻官鬼酉金动化子孙午火回头克，说明动了以后不如原来好。

（五）入墓应期的要领

入墓之法有三：用爻入日月墓，用爻入动爻之墓，用爻动而化墓。凡用神不宜入墓，忌神入墓为好，但用神叠叠，用神太过，喜墓库收藏。故入墓有吉有凶。

用神入墓，必待冲墓为应事吉凶之期；用神叠叠，用神入墓化墓之期为应事之吉凶；用神衰弱受克者，必待忌神入墓之期为应事之吉凶。

例：自测今明两日摸奖能中否，摇得：

亥月　　　　　戊午日　　　　（子丑空）

《山风蛊》　　　《山泽损》　　　六神

兄弟寅木、　应　　　兄弟寅木、　应　　　朱雀
父母子水、、　　　　父母子水、、　　　　青龙
妻财戌土、、　　　　妻财戌土、、　　　　玄武
官鬼酉金○　世　　　妻财丑土、、世　　　白虎
父母亥水、　　　　　兄弟卯木、　　　　　螣蛇
妻财丑土　　　　　　子孙巳火、　　　　　勾陈

断：今日亏明日赚。但求测者不信，今天投入5000多元去摸奖，结果赔了；第二天他又去摸，只摸了200多元就中了一个一万元的大奖。

解：测财以世爻为主，以财爻为用神。今世爻酉金月休，日克，动而入动爻丑土之墓且化墓，因世爻酉金处休囚死地，遇丑应以墓

论，不能以生论。对于初爻财爻丑土临日建生而动，又化巳火回头生，为财旺，但身弱不受财，故今天摸奖必破财。明日未土，是冲墓之日对世爻酉金来说，为得日建生世。所以第二天有中奖的机会。世爻入墓，冲墓之期为吉凶之应期。

定测事之应期的方法较多，卦有六爻配六亲，加上日月和世应，千变万化。但万变不离其宗。主要抓住世爻和用神的旺衰生、克、合、冲、破、空、静、动等方面的关系。

用神合住以冲开之期断之；用神休囚以生旺之期断之，无气以旺相之期断之；用神旺而不动，以冲开之期断之，衰而不动按无气断之；用神有气合日辰，或动爻临日辰或日辰生世，即以本日断之；用神受制，以制杀之期断之，用神不现，以出现断之；用神旬空，以出空之期断之。

凡测吉凶之应期，有远应年月，近应日时。测定应期，要看事情大小，长久近期而定，不可一概而论。凡事都有使用条件，都要因时、因事而定。

第三节　断卦规则

用六爻断吉凶，古书上很多的记载。其中以《黄金策》最为著名。以下之断卦规则，系整理刘伯温的《黄金策》而来，后又以野鹤老人之占及实践验证加以勘正。愿后学者以系统化的方式，继续调整增益，以求尽善尽美。

原有断法分类多达数十种，这里仅收较为重要的十八种，读者如有兴趣占问其它，请自行参阅野鹤老人《增删卜易》及王洪绪的《卜筮正宗》。此两家理念不同，各有长短，读者宜慎辨之。

本篇断卦法则作为了解占卜象征之范畴，颇足珍贵，但在实际

断卦中，还应熟记用爻之旺相休囚及生克冲合的各种原理，方能运用自如。

（一）总则

1. 占卜时，应心诚意敬，摇卦时应专注于所问之事。一卦一事，也可一卦多断。

2. 占者之用神、原神及世爻必为喜神。忌神、仇神必为恶神。研判时喜神以顺为吉，逆为凶。恶神以逆为吉，顺为凶。凡爻为旺相生扶拱合动化进者为顺，冲克空绝刑墓化退则为逆。顺逆参杂者，则需综合比较。

3. 爻动为机缘生，以本爻为始，变爻为终。年、月、日可决定爻之能量，年管长期事务，月负责全月，日仅顾当天。各爻之间有相互关系，六亲定人事，五行决时空，用神分敌友，八卦为象征。以爻而言，老阳指过去，老阴指未来。阳爻多者好动外向，阴爻多好静而内向。其余各有关名词，简注如下：

太岁＝主宰	月建＝元帅	日建＝将军
八卦＝方位	五行＝象征	六爻＝阶级
爻静＝无效	爻动＝有效	本卦＝原状
变卦＝结果	世爻＝己身	应爻＝他人
旺＝最有力	相＝次有力	余气＝尚有力、力弱
休囚＝无力	墓＝入墓	
生＝生助	合＝配合	冲＝改变
克＝克制	刑＝制裁	绝＝终止
原神＝救星	忌神＝凶煞	仇神＝克救
伏神＝藏匿	飞神＝管制	旬空＝失效
六冲＝急躁	六合＝安祥	长生＝生之始
合局＝外力	内卦＝近处	外卦＝远处

青龙＝吉神　　　朱雀＝文彩　　　白虎＝凶煞

勾陈＝田土　　　玄武＝偷盗　　　螣蛇＝怪异

父母＝护者　　　兄弟＝分者　　　妻财＝财神

子孙＝福神　　　官鬼＝煞神

（二）测来因：

卦成后，测占卜者的心意及问题所在。有动爻始为计，全静者无事。

因果：本卦为原因，变卦为结果，两卦之分别，即为信息所藏

持世：子＝忧烦，鬼＝病苦，财＝钱财，父＝事业、工作，兄＝争执、是非。

空亡墓绝：世爻＝己事，应爻＝寻人、问事。六亲＝寻物、寻亲。

独发：动出者，常为问者所关心之人事物。

多现：一爻多现，所问者必与此爻相关，生合冲克为相关之人事。

伏藏：藏必有因，伏必有处，如有伏藏，六亲有求。

心情：逢六冲者，心情烦急。遇六合者，心情轻松。

青龙：龙＋子孙＝添丁或喜事临，＋父母旺相＝屋宇更新，＋妻财＝妻有孕。

白虎：虎＋父母休囚＝屋宇破败，＋官鬼生肖＝六畜有损。

虎＋六亲被克＝六亲灾，空亡＝六亲亡，克六亲＝被克之灾，＋鬼＝讼事。

螣蛇：＋木爻被火克＝有痘疹，＋官鬼持世＝人畜不安。

朱雀：雀＋鬼持世＝有口舌讼事。

玄武：玄＋官鬼持世＝犯小人，＋官鬼持应＝失物，＋财爻＝失衣物。

玄＋官鬼临二爻＋水火＝断炊，＋水爻＝有人投水。

用神：入墓＝病重，六亲旺＋吉神＝人丁旺，忌神克六亲＝六亲疾。

妻财：旺居库＝大豪富，衰败＝贫贱，旺相＝进产业，财在外

卦＝财自外来。

　　官鬼：衰空亡＝讼事休，＋应爻克世＝灾祸至，旺相＝灾病

　　父母：内外两爻皆旺＝一家有两姓，是非在其中。

（三）天时：视季节及地域而定

　　雨雪：父母旺动有雨雪雹霰。

　　晴朗：妻财旺动晴朗。

　　日月：子孙旺动日月清明。

　　风云：兄弟旺动主风云莫测。

　　雷电：官鬼旺动主雷电云雾。

　　地震：龙蛇旺动于坤艮宫，或旺木克弱土。

　　水灾：父母持世，官得日月太岁，子孙妻财衰弱。

　　风灾：兄弟持世，父得日月太岁，官鬼妻财衰弱。

　　旱灾：妻财持世，子得日月太岁，父母兄弟衰弱。

（四）年时：

　　吉凶程度视各爻旺相动静。唯占水旱时，财动临太岁父衰主旱反之主涝。

象征	子孙	妻财	父母	兄弟	官鬼	逢空克
太岁年主	安居乐业	丰登	多雨	多风	地震刑罚	克世为灾
爻一万物	吉祥	富饶	有余	贫困	不足	贫困不足
爻二人民	安乐	富足	辛劳	贪婪	多灾	痛苦流离
爻三府县	清廉	有财	有能	贪枉	残酷不仁	官吏无能
爻四卿相	忠诚廉洁	繁荣	有为	结党营私	玩权弄法	朝中无人
爻五君上	仁爱宽厚	康乐富足	有能有为	任用小人	暴虐专制	有名无实

　　世爻：内卦＝为地，室内，自宅，本境，近处，逢空克多灾。

　　应爻：外卦＝为天，室外，邻家，外郡，远处，逢空克不顺。

他宫：伤克本宫，外番必来侵犯。生合本宫，则多友善，逢空克不安。

本卦：旺相则强盛，休囚必衰败，逢空克国事难为。

阴阳：世应相生，六爻相合，风调雨顺。安静财福不空，丰登之岁。

寒暑：水爻居空地，冬必暖。若旺动克世，寒必严。火爻居死绝，夏必凉。若旺动克世，暑必酷。

天灾：官鬼旺动主灾，有制则灾轻，临太岁严重。属火火灾，属水水灾。属土疫灾，临白虎主瘟；克世，人多病死。属木人谋不臧。属金且应爻生合五爻，国家动员，他宫外卦克五爻或太岁，为外侮。

鬼休乃盗，鬼多动，社会不安。兄鬼皆亡或不上卦，主国泰民安。

鬼临朱雀，动克世化福爻，主有蝗灾，财动则加旱灾。

鬼临勾陈或持世、克世＝欠收，财化兄或与鬼俱动＝有大饥荒。

鬼临玄武，动克世：多盗贼。若临金冲克太岁或五爻，有反叛兆。

鬼临螣蛇动在乾宫，以五行分，如金爻子孙或化入兑卦，有天文之变。

鬼临螣蛇动在震宫，有雷霆之异，若临辰化辰，有龙卷风或地震。

鬼临螣蛇动在艮宫，有山崩或地陷。

鬼临螣蛇动在离宫，有太阳黑子之变。

鬼临螣蛇动在坤宫，有地震，若带刑则崩裂。

财居死绝年必涝，父居空地年必旱，若旺动克世，灾必重。

救星：子孙持世，若旺相生财，克鬼，国泰民安之兆。

（五）征战：

观世应之衰旺，决两家之胜负。世＝自己，应＝敌人。

胜负：

世爻为三军之主帅，宜旺动克应。若被应制，冲克死墓空绝＝必败之兆。

世生合应爻＝通外之兆。

应克世，子动外宫化绝＝降敌。

应爻＋鬼克世、卦中无财＝弹尽粮绝之兆。

应爻临鬼父，动伤世爻＝损兵折将。

应爻旺而遭克＝不可急攻，敌必有备。

子旺动持世＝决胜千里，被克宜固守。

子少旺动，官多而静＝可以寡胜众。

子孙为军卒，动化死绝＝必败。

子动于外宫，世被应克＝援军不及，必败。

子动于内宫，生合应爻，伤克世爻＝叛变之兆。＋动化官＝降敌且助敌。

内外两子合世＝同心降敌之兆，但若旺动化死墓绝空＝虽胜必争权互残。

父旺动持世＝主帅不恤士卒，上下离心。

若与兄鬼同动＝恐军心有变。

官鬼虽衰若有生扶＝敌虽弱，必有救援。

财为粮草，旺＝多，衰＝少，空＝无。

战场：

乾＝空战、导弹、现代化战争。

坤＝传统武器、大规模兵力、阵地战。

巽＝间谍战、情报战、信息战。

兑＝毁灭战、破坏战。

离＝闪电战、化学战。

震＝丛林战、装甲战。

艮＝山地战、防守。

土＝炮石炸药、陆地战。

水＝海军、化学战。

木＝生化战、工兵、后勤。

火＝炸弹、空战、信息战。

金＝兵刃武器、装甲车辆、飞弹。

战略：

水生扶世，或＋子孙＝宜乘舟决战。

水鬼旺动克世＝敌兵必得水战之利。

水动持世或水爻克子孙时，若子孙爻旺动，可效韩信背水一战，反败为胜。

火爻带鬼＝敌方必近，火爻持世＝须防困围。

子孙旺衰＝突围胜负。

若子动来救，或世克动鬼＝其谋必败。

父母为旌旗，旺相则蔽野＝敌军众多。

官鬼暗动伤世＝有刺客之兆。

兄弟＝伏兵，为夺粮之军，不宜旺动，动必有惊。

在内＝我军，在外＝敌。

兄弟在内，动克应＝我之伏兵，克世＝对方之伏兵。

阳象宜昼，阴象宜夜。

（六）身命：

宜分占，占财以财为用神，占福以福为用神，占寿以世为用神。占终身，爻不动亦有效，各爻兼参。占流年，以财用神。

本质：阳宫阳爻旺主明，阴宫阴爻衰主愚。

他宫兄弟＝友，内卦近，外卦远。男带合＝俊秀聪明，女带合＝娇浮淫佚。

世生合父母＝孝，世生合兄弟＝悌，世＋龙＋子＝立志高远，不慕名利。子孙无气＝超俗绝群之寒士。妻财＋龙化子，或子＋龙生财＝贤德之母。财官无气且世弱无助＝卑贱。兄弟旺相＋龙＝侠义之士。

成就：六冲反复＝多阻，六合＝顺利轻松。先冲后合，终吉；先合后冲，终凶。

用神独旺，如父兄官鬼持世＝成家不易。

世自旺无生扶＝白手成家，世无气有生扶＝贵人提拔。

世旺相生合＝富贵福寿，休囚克绝空亡＝非贫即夭，入墓＝痴愚无能。

世被冲克＝遭欺凌，世被兄克＝有兄累。

子持世＝子孝，求名不得，若休囚＝清苦。＋雀生合应爻＝艺人。

父持世＝才高，＋旺龙＝多才多艺，＋虎金＝屠夫，＋勾陈＝务农。

父合＝有父荫，或旺父生合世爻＝金榜之士。

旺财持世＋虎＝鄙俗无知，而家道殷实。旺财白虎遭克＝他日破败。

财爻持世，化进，动生世＝家道日丰。化退＝家道中落，有刑克更不堪。

衰财持世，有日月及动爻生扶合助者＝暴发兴家。如有刑克＝来日立见。

官鬼持世，有气或旺相，或有日月及动爻生扶者＝贵客相助，家成业就。

官鬼旺＋世旺，或＋贵人文书生合世爻＝金榜题名。

福份：六爻静无冲克＝家门和好，六爻乱动＝骨肉相残。驿马星动＝有出国之兆。

世逢合＝受制于人，世应相生＝夫唱妇随，冲克＝琴瑟不调。世＋兄＋虎蛇克应＝克配偶。

应＋勾陈＋福＋无伤损＝妻贤，貌不扬。子孙来克，克去身边之鬼＝洗心革面。

子孙持世＋孤立无助财爻失陷＝志行高洁，若有出家之念＝世外高人。

子孙无气＋世被克＝倚靠寄食于人，旺相无伤＋吉神＝有子承

家。子死妻空＝绝俗离尘之辈。

子孙变月破＋鬼兄爻合＝子不肖。子＋玄武，或子＋玄武合鬼＝子为盗。

子空亡＝无子，子从他宫化出＝螟蛉子，财官合世化出子孙＝在外有子。

父母持世＝辛勤劳碌，父母化出或父母生合世爻＝重拜父母。父母＋虎蛇动克子孙＝丧子。

兄弟持世，旺＝贫而好义，衰＝多疾招非，日月生助＝贫而乐，多克＝贱。

日月作财合世＝富而骄，多生扶＝上人抬举。

衰值勾陈雀武＝劳工苦力，旺临虎蛇玄武＝奸盗伪诈之徒。

官鬼旺合财爻，不临玄武＝其妇再嫁，旺官兴财冲克＝离婚之兆。

官鬼持世，休囚＝残废疾病。有气＝或入公门，或挟术谋生。旺相＝官家。

官鬼克世，世爻旺相＝多犯小人。鬼旺世衰＝丧身倾家，变鬼者尤凶。

行为：财＋玄武＋动合他爻＝妻淫乱，财动＝伤克父母。

兄爻在内卦，与应爻或财爻合＝妻与兄弟相通。

官与财合＋玄武＝婚外情，休囚克害＝疾病官司，＋玄武＝盗贼。

占卜：中年问卜，财福必须旺相克。占晚景，怕世爻休囚克破。

兄弟数＝兄之五行数，旺者倍，衰者半。若重爻，则以爻位断。

子数＝兄爻五行属性所生之五行数。

女占：财动化子孙，生合世爻＝贤妻良母。财＋龙化子，子＋龙生财＝贤母。

财临玄武，他爻动合，若财空＝女守节而亡。子旺克官＝节烈之女。

财＋白虎＝凶且淫。卦逢六合财爻为阴，动则淫乱。

世＋财＋合＋玄武＝娼妓。财临玄武，衰空，静无碍，若动则有私奔之兆。

官鬼旺相＋吉神＝有贵显贤明之夫，衰弱者若有生扶亦然。

官鬼为夫，空亡＝无能，衰弱＝不肖，再无生扶，兼临煞神则凶。

官鬼爻太过，合财而财不临玄武＝再婚，若官冲克财爻＝生离活别。

占子：子孙持世＝孝，子＋龙居乾宫＝才高，子孙随官入墓，休囚化官鬼＝死兆。

子爻衰有克＝多灾，六冲＝顽劣性悍，六合＝聪明乖巧，旺相无伤＝易养。

父母临青龙，持世或生合世＝儿好学。

岁君值福＝志大才高，官爻若受制空亡＝空有志难伸。

（七）婚姻：

男占以财用神，女占以官用神。世、应为辅，各代表自己与对方。

离合子息，各应分占。凡占婚姻，兄弟＝妯娌，父母＝翁姑。

成败：家人代占，财官为对象，宜旺相，应为家庭，不宜失陷，更不得刑克世爻。

男女自占，财官为对象，不可失陷，兼以应为对象之身，以生扶世为最宜。

用神静空，必难有成。化进有缘，化退有悔。世应皆空难成，反吟卦多变。

女占，官爻持世；男占，财爻持世＝缘订终生。子孙持世＝不成犹可，若成，必伤夫再嫁。

夫妻之间，冲、合＝感情，生、克＝行为。

六合六冲＝缘份，财官衰旺＝条件，成败止一端，后事看发展，勉强不得。

求婚：须应爻安静，生合世爻，应生合世＝对方有意，世生合

应＝卜者追求。

财官旺衰＝体格强弱，临龙属木金＝貌相美，生扶＝才能，入墓＝愚拙。

世应生合吉，若化空，有成终亦空。动逢刑克，六亲作阻，若伤难成。

婚嫁： 父合日辰＝婚期已定。世应生合比和，财鬼同宫＝亲上加亲。

财生合世，又得生扶＝必有妆奁。如临勾陈，则有奁田。

世爻＋蛇＝自家悭吝，应爻＋蛇＝对方悭吝，财合财化进＝有陪嫁。

旺世克衰应＝利用权势，迫以就范。用爻二现且动，必为梅开二度。

父母持世，乃父母之命，财化退逢冲＝改嫁，财化子＝带子女来。

鬼化鬼＝凡事反复不定，两鬼动＝两家争婚，若官父交重，恐有争讼。

兄弟动＋玄武腾蛇冲克世爻＝防设局骗财，如生合世爻＝费财有成。

婚后： 妻财动合官爻＝先恋爱后结婚，动合世爻亦然，动合他爻＝有外情。

妻财＋玄武＝妇不善事公姑，财父二爻玄武动合＝乱伦之行。

财伏空鬼＝望门寡，动＋白虎＝夫死带孝，财伏鬼＝有夫之妇，防讼。子息：子孙旺相、动、化吉＝有子，子化进、回生＝子多，子墓绝变鬼刑克＝无。

怀孕： 占者依六亲用神，子孙为喜神，宜吉相。

（八）出行：

世爻为用，父母为行李，妻财为财物，无官兄吉，缺福财忧。

行否： 世暗动＝必去，世旺而静＝冲日时去，世动化合或被爻

合＝有事阻滞难行。

世伤应＝去无阻，应伤世＝难有成。世不动＝期未定，世应俱动＝宜速行。

伏吟世动＝逢冲必行，反吟或用神空亡＝去亦返，六冲世空静＝不行。

吉凶：八纯之卦，六爻乱冲，大凶，爻静为吉。随鬼入墓，世休囚＝去不归。

世爻旺相身体康健＝宜行，休囚不堪劳累＝不宜，若遇刑克更不利。

世爻临财福＝吉，遇兄鬼＝凶。世动变鬼＝去有灾，克世之方向亦有险。

应爻空亡＝谋事不成，间爻＝为途为侣，静者行无阻滞，若空则独行为宜。

太岁发动冲克世爻＝终年不利，＋白虎尤非吉兆。

子孙持世，不空破者吉，一路顺利，虽克世亦可。若为谒贵，则子动伤官。

父持世，或动冲克世＝有舟车行李之累。

妻财克世＝得财，与世合且财变鬼克＝贪财恋色致灾。

鬼化子孙＝有小灾，＝畏缩不行，鬼爻之方向不可去。

鬼＋玄武＝有盗，克世有灾，官鬼不上卦吉。

艮宫见寅鬼克世＝伤己，克应＝伤人。鬼爻动于间爻＝伴侣不和或有病。

兄弟＋白虎及忌动，或鬼在巽宫克世＝风波险阻。＋蛇＝拐劫财物之灾。

兄弟持世＝自己耗财，兄持应＝他耗我财。

行程：世暗动＝为他人而去，并非为己。世已动受合＝合者为羁绊之人。

交通若为水、木爻＝水路，土爻＝陆路，火、金爻＝空路。

父母旺相休囚＝行李多少，刑害＝破损旧物，父母克世＝途中有风雨之灾。

妻财旺相休囚＝钱财多少，兄弟化出＝借来、非己之物，财爻方向＝有利。

（九）行人：

用爻以六亲为欲测之人（占书信以父母用神），方向以八卦方位为准。

归否：归魂卦＝有归意，游魂卦＝不知所之，远行之人最怕爻伤，尤忌入墓。

六冲＝人无定处，东奔西走。六合＝安家立业，尚未思动。

用爻安静＝不思归，空＝不来，动＝已行，暗冲＝思乡欲归。

用爻无制克，且临三四爻(门户)＝归期已近，若逢制克＝难起程。

用爻动欲归,逢合有绊。化进退＝人之行向，若问归，向己，问出，向他。

用爻入墓持伏鬼墓＝卧病不回，遇虎＝在狱中。

用爻＋玄武与财合，或伏玄武财下＝贪花恋色。若不与财合＝为贼不归。

用爻动克世＝速至，用生合世＝归迟，休囚＝旺相时归，合住＝不能动。

世克用＝不归，世空＝速至，世克静用＝人在原处，世克动用＝已转他方。

伏藏因事不归，值日即到。飞神空＝合值日即出，飞神不空＝冲日可来。

财爻不现＝无路费不归，父爻动＝有音信。

归期：合待冲，冲待合，空待出，破待补，绝待生，墓待开。
要知时间应期之远近，全视卦爻之兴衰。

不归：伏于官鬼下凶，勾陈＝伤损，腾蛇＝惊吓，白虎＝监狱，玄武＝盗或色。

伏于兄弟下＝赌事，＋朱雀＝口舌争斗，＋白虎＝凶事。

伏于子孙下＝游乐，或为僧道、六畜、子辈所阻。＋青龙＝放心无忧。

伏于父母下＝为文书、尊长、艺人所留，＋青龙＝放心无忧。

伏于妻财下＝财旺为得利，财衰为折本，＋玄武为盗或色。

伏于妻财下临应＋值阴位＝身赘他家，若阳象生合世＝代他人掌财。

伏于财库下＝在富家掌财，如遇墓绝＝依傍度日。

伏于五爻官下＝因关津所阻，各爻＋墓库＝洞穴、牢狱、医院。

（十）逃亡：

用爻以六亲为角色。

归魂卦＝有归意，生合世爻＝将自返，游魂将远游。

吉凶：若逃者占，众煞伤身＝逃必有害，子孙持世＝顺利，爻旺更无忧。

若逃者占，兄持世＝逃必费财。若加玄武旺动克世＝必有人劫骗。

世爻入墓＝拘者辱之，或有灾病。世空缓去，应空难寻，世应俱空无处寻。

用生合持世＝其人虽去，当有归来之日。用神静＝易寻，用神动＝难找。

用不受冲克不生合世爻＝不思归，不可寻。用居六爻＝避之远方。

方向：爻静，以地支定位。爻动，则以本卦爻为始向，变爻为终向。

占逃人在此否，若世应生合比和，用爻不空＝必潜在此。

藏处：用临震宫木爻＝都市中，＋九五爻＝京都，用爻死绝入墓＝藏身墓园。

用临兑宫金爻＝庵院寺庙，用临四库，当究五行。若伏五乡，则依六亲。

用在本宫内卦＝人在本地，本宫外卦、他宫、第六爻＝人渐渐远离他去。

方法：用临坎宫木爻、木化水、水化木、木在水宫、水在木宫＝乘舟而逃。

过程：用爻逢克＝被人捕捉，遇扶并生＝逢救星。日建生扶＝捕者与之同行。

世应俱动，或世动冲用爻＝在途中撞见。世克用克应＝可捕，反之则否。

用逢合＝必有人窝藏相留，合爻以六亲究之，合爻与世冲克＝不来报信。

用逢冲＝有人使令逃亡，间爻作合＝其人知情，与世爻冲克＝此人诱去。

父母空亡无音信，父动合世＝有报信人来。父变官或官父皆动＝告官可获。

（十一）求财：

世为求财人，财为本，福为利，以财为用神。

应爻＝事、客人、伙伴，兄弟＝劫财者，父母＝辛勤劳动。

吉凶：六合＋用神旺世财相合＝吉，六冲＋用神失陷＝凶征，反吟化退＝无望。

太岁持兄＝一年无利，太岁持官＝惊忧，太岁持父＝辛劳，持子＝顺利。

月带财神，卦中虽无，月中必有。日伤妻位，财虽旺相，当日应无。

世空＝有财难得，应空＝难靠他人，世应俱空谋无准实。空动带合＝契约亦虚。

二爻＝住宅，鬼动则不利。以五类查其祸源，若子孙持世发动

可解。

财持世，兄动劫财且伤己，若加鬼动克世更凶。

财就我，如有合爻＝合住之人把持不放。

财来就我＝财易得。财、福三合局，世在局中，生世方为全美，冲日有望。

财化鬼、化兄＝有损折，世爻见伤恐因财致祸。多财反复，须墓库收藏。

父化财＝辛勤有得，兄化财＝先散后聚。

官化财合世＝利于公门、艺术，若爻动变鬼＝应防人伤。

鬼持世＝利于求财，若遇空亡，乃自己迟疑退怯无成，世持空财亦然。

兄持世不利求财，如日月为财，冲克世兄，世值空墓，或变出财，则可得。

公门生意须官旺生合世始吉，刑克世爻祸害立至。

谒贵：求名者以官为神，为利者以财为神，皆宜持世。生合世爻为吉，空墓枉然。

世动遇空，有气是为应期。为名宜父动，为利忌兄兴。

谋生：官鬼为重，世应不可皆空。世财应福，我得利。世财应官，无不顺遂。

世有伤损皆不吉，应克，兄克灾犹浅。鬼克世或世化鬼，其祸不轻。

事业：世＝己，应＝人，世应宜相合。财＝本，福＝基，财福应同兴。

世应不空＝财福两全。官鬼有气，父兄衰静＝大吉。

世应空＝难成，卦得反吟＝举棋不定。

六合＝吉，冲变合＝先分后合。合变冲＝终究成空。

兄持应临玄武＝暗中盗骗，鬼动克世＝有灾，鬼临应克世＝冲突对立。

205

兄鬼同动＝鬼可制兄。独忌世随鬼墓或世变鬼，财鬼同动克世＝助鬼伤身。

世财应子＝得他之力，世应空合＝尔虞我诈，世财应兄＝受他之累。

世应皆兄＝大权旁落，官旺应旺生合世＝其人可信，应如衰破＝奸诈小人。

兄动更凶，若得日月作财，冲克世兄＝救亡图存。

买卖：遇官＋玄武克世＝遭盗贼之祸，兄鬼交重＝光棍谎骗，物爻多少＝货多少。

做何生意，往何方买卖，皆宜占问"可否"。卦得旺相则宜，衰克则否。

应爻生合世＝顺利，克世则难成。间爻伤克世爻＝中人谋劫财物。

合伙做生意，宜静不宜动。股东客户者，世应须比和，宜生不宜克。

屯积：财忌空破及动而受克。财衰宜囤，财旺宜脱。财化进神＝物价正涨。

兄持世或动＝破败之兆。财逢合或旺财逢冲＝物价当起。

脱货：财世宜旺动。旺财在外生合世，或持世，或子孙在外＝宜往外地发展。

应财宜外，财持世宜内，以动生合世爻之方为宜。不生合世者，去无益。

六合宜守，六冲须别图，另占"可更改否？"，得财世两旺可，逢衰宜待。

脱货与囤货反，财旺宜卖，财衰宜买。财化进，宜往外方，爻化退＝宜返。

借贷：世应不宜空破，兄不可临世，亦不宜旺而动，世应生合，子兴财发是可求。

放债：世应皆兄弟＝无处讨财，世应化绝值空＝连本皆无，财

爻绝＝连本俱赔。

索财：应空无望，父爻＝衣服经史，子爻＝六畜酒器，财＝财物食物，皆不宜空。

赌博：世应相较决胜，世应静空＝赌不成，官持世，防郎中。间爻官兄，防争斗。

六畜：买卖养育者，子孙旺相持世吉，父动有伤，化土鬼须防瘟疫，财空则乏利。

（十二）寻物：

物爻为用神。

冲中逢合＝失物必可得，合而逢冲＝不复再得。

官鬼＝盗贼，子＝侦探，兄弟＝劫财人，八卦＝方位及物象。

得失：用爻空亡难寻，若得日月生助，可寻。用爻不宜动，动有则变。

用爻在本宫内卦＝失物未出家门，若动合官鬼外之爻＝未被偷，冲合即现。

用爻在本宫外卦＝在本地他处，用爻在他宫＝外地，间爻则在邻家。

用爻动遇日合＝有物遮掩，冲中逢合＝可得，冲中不合＝难觅。

用爻临应爻或伏，官无气＝借他人。应爻之六亲＝所借之人。

世应相生＝物犹在，卦无官＝空，世爻动＝自己遗失，游魂＝自己忘记。

用爻伏藏遇动爻或日辰暗冲，如官鬼衰静＝是人误动，非为盗贼所偷。

飞来生伏得长生＝物不失，鬼兴旺动＝被偷。

兄弟动＋玄武＝遭窃，兄旺相无制＝失者重，兄空入墓＝窃贼终落网。

捕盗：世旺鬼衰＝易捕，若鬼旺克世＝须防受害，鬼入墓＝贼

难捕。

鬼为贼，遇合爻或伏藏＝必有人窝藏，逢冲受克＝必有通风报信之人。

鬼伏藏者，视同变爻，飞神＝藏者。六亲以关系论，如伏财下＝妻孥家。

伏空爻下＝贼赁屋而住，伏世下＝伏克飞，终难擒。飞克伏＝可得。

鬼爻属阳＝男贼，阴＝女贼。长生旺相＝壮年，墓绝＝老年，胎养＝小儿。

本宫内卦＝家中人所偷，他宫内卦＝家中异姓人所偷。

鬼衰静，子孙克制＝吉，鬼无制克世＝有害，伏世下目前无事，出伏为患。

藏处：财爻发动＝赃物藏于墓中。五行之墓，以五行寻查。

用爻临水＝沼，临木＝竹木柴，临金＝金属器皿，临土＝土石。

用爻入墓＝在器物中，冲日得。临鬼墓＝寺庙中。鬼墓无气＝坟墓中。

初爻子亥＝在水井中，二爻＝灶，三爻＝房中，伏三爻官下＝神堂中。

四爻＝门户，五爻＝道路，六爻＝栋梁楼阁上，需兼看八卦各象。

用伏父母下＝在屋中或尊长处，无合＝在衣服书卷中，有合＝衣箧书箱中。

用伏兄弟下，若在本宫＝兄弟姐妹处。他宫＝朋友处。

财福互化＝在兽窟中，查各爻生肖。

偷者：官动，若为本宫内卦，偷者＝家中人。他宫内卦＝家中异姓人。

官爻阴阳定男女，生旺＝壮年，墓绝＝老年，胎养＝小儿，带刑害＝病人。

官爻六神定贼形，螣蛇＝身长而瘦，白虎旺相＝肥大，休囚＝瘦小。

官爻刑克定入处，克爻之五行＝工具及方法，鬼受克＝贼亦惊。

官爻与世刑冲＝有仇者，生合＝亲故，化子＝与僧道同谋。

官爻无气遇扶，或临太岁＝惯贼，多鬼＝多贼，居内卦＝家人通外贼。

过程：世爻冲鬼爻＝失主知觉，应冲鬼＝他人知，旁爻冲＝旁人知。

（十三）病症：

自占以世为用，余以六亲为用。世爻用爻子孙为喜神。

官鬼＝病症，世爻＝病体。子＝医者、解神、救星。

吉凶：近病逢六冲愈，久病逢冲则亡，六合反之。卦逢卦变，化来皆凶，余不定。

用爻逢空，若无冲克＝近病出空即愈，久病则亡，空衰而受克＝必危。

用爻化鬼，鬼化用爻＝应防不测。忌化用爻，用化忌爻＝病必难医。

动墓绝，化墓绝，须凭生旺。日月克，动爻克，最怕休囚。

用神破败无助＝凶多吉少。忌动本恶，元动变大利，再若仇动，当详生克。

鬼持世：自占＝病难痊，子可除鬼，总难断根。代占＝忧心之病，逢冲愈。

福持世者，自占＝不药而愈，代占＝勿忧。占父母及占夫＝子动宜详生克。

鬼得长生忌化进＝病更重（占父占夫则喜见官盛），爻危而有救星＝吉。

用爻不见，现于日月，可作用神。用爻过旺乃刚折之兆，损之始利。

自占病或占兄弟，若得子孙动制官鬼＝其病即愈。倘子为忌，虽愈后还发。

自占随鬼入墓，或世持鬼，墓来克＝凶。占父或夫者，官爻空伏须防不测。

延医：子占父或妻占夫者，不宜代占延医及用药。因子孙与父、鬼有相克作用。

占延医以子孙用神，应爻＝医者。鬼持世或动，为子孙动克＝此医可请。

应爻衰破＝医药无效。子孙＝吉，无不利。应克世＝病得制，世旺为宜。

自占病若父持世＝医药无功。兄持世，子动＝医可延。财持世＝宜防饮食。

子爻应爻旺者，或一爻独发生神者＝明医，以其五行之方所象征之姓寻之。

神鬼互化，随鬼入墓，久病冲空，忌亲互化，神化刑克绝墓，皆无医可治。

立愈之疾，亦不现其医。近病冲空，用神回生化进，子孙持世，不药而愈。

病体：父动克福＝服药无效。父冲克用爻，或用爻动变＝不宜操劳，免病情加重。

子孙为药及营养，死绝空亡伏藏＝病中失调，若生合扶助＝有良好照料。

子动克鬼病必减，鬼旺于子＝不能断根，再化回克，病情好转后复加沉重。

鬼动病重，如化长生＝将日重一日。用化回克＝无解救者，立见其危。

用爻伏藏者＝迁延时日。休囚墓绝空破刑克＝若无绝处逢生，

必死无疑。

兄持世＝饮食必减,病情加重。财为食,空亡伏藏者＝不思饮食。

病征:以下病征为煞, 逢衰绝病轻, 遇生扶将加重。

鬼属火＝心经、发热、咽干口燥。属水＝肾经、恶寒盗汗、遗精、白浊。

鬼属金＝肺经、咳嗽虚怯、气喘痰多。属木＝肝经、感冒风寒、四肢不和。

鬼属土＝脾经、虚黄浮肿、时气瘟疫。

鬼属坤宫＝腹病, 火＝痛, 水＝痛, 木＝肠绞痛, 土＝积食, 金＝胁肋痛。

官化财, 化水鬼＝泻或痢。

鬼属乾宫＝头部, 化木＝头风眩晕, 木动变鬼同。

鬼属兑宫＝口、喉部, 金鬼＝牙痛, 化忌＝牙疮, 静鬼逢冲＝齿牙动摇。

鬼属巽宫＝咳嗽。

鬼属离宫＝化水, 痰火症, 水动化鬼同此。

鬼属艮宫＝手部。逢火鬼＝生痈疽, 变土鬼＝浮肿蛊胀。

鬼属震宫＝足部。＋勾陈＝足肿, ＋白虎＝伤折, ＋土鬼化木＝脚气。＋木＝酸痛, ＋水＝湿气, ＋火＝疮毒, ＋金＝骨痛或刀伤。

在外卦非脚症＝其病坐卧不安, ＋蛇＝颠狂惊风。

鬼伏藏＝不知病之已生。伏世下＝旧病复发。伏财下＝伤食、或因财色。

鬼伏子下＝酒色过度, 进补过多。伏兄下＝犯口舌, 气血不顺。

鬼伏父下＝劳心劳力, 忧虑伤身, 或因尊长故。

鬼持世＝旧病,官化官＝新旧两病竞发。化进病增,化退则渐愈。

鬼化出, 父爻＝工作致病。＋五爻属水＝途中淋雨。子爻＝游戏应酬致病。

鬼＋螣蛇＝坐立不安，心神不定。青龙＝酒色过度，虚弱无力。

勾陈＝胸满肿胀，脾胃不和。朱雀＝狂言乱语，身热面赤。

白虎＝跌打气闷，伤筋损骨。女人则为血崩血晕，产后诸症。

玄武＝色欲伤身，心情郁闷。

坎宫火动＝内寒外热，离宫水动＝皮寒骨热。若动爻临日＝疟疾。

在本宫＝家中得病，在下三爻＝内伤。

在外宫＝外地得病，上三爻＝外感风邪。

水化回头克，本宫初爻＝小便不通，属阴＝大便不通。

水化回头克＋白虎阳爻＝尿血，＋白虎阴爻＝泻血、痔。

水火互化＝寒热往来。水旺＝寒多，火旺＝热盛。

火性炎上，财为饮食。火鬼动克外财＝呕吐反胃。

金动来克＝肢体酸痛，木克＝皮骨伤损，火克＝咳嗽，水克＝恍惚。

寅木动＝主痛，卯木动＝主痒。

卦中无财＝饮食不纳，财动卦中＝非吐即泻。

世爻入墓＝病必昏沉，旺相有气＝懒于行动，衰＝体弱。

三爻空亡＝腰软无力，旺相＝腰闪。

兄爻＝病因为口舌呕气，若在三爻，乃必因脱衣露体感冒风寒。

（十四）求名：

以官鬼或父母为用神，父爻为学问能力，官鬼为官位职务，共为卦主。

世为己，应为人。兄弟＝竞争对手，子孙＝官鬼之煞神。

得失：六冲处处受阻，六合事事顺利。六爻冲撞不利，六爻安静为宜。

世乃求名者，持官得官生合＝有望。世受月克，官父无气＝必遭谴责。

世伤克空墓凶＝轻则病痛，重则丧身。游魂卦＝死于途，归魂

卦＝亡于家。

世爻旺相，若父母官鬼之一伏藏且旺相，如得日月冲克飞神＝必金榜题名。

官父母有气，无刑伤克害＝吉。父官凡动则有变，变＝诸多不宜。

官为用，爻合＝助力，爻冲＝阻力。伏藏＝待时，须值太岁而兴。

官持世财生合＝必有财助。官受生扶＝有后望。官财两动，父若空反不宜。

大象吉，龙动生合＝功成名就。大象佳，而世入墓绝＝难享官禄。

父爻旺相生扶＝主能力得赏识，否则不顺。父空亡若得财助官＝侥幸可成。

父旺官衰＝未得识者，父衰官旺＝无点墨登庙堂，父官化绝＝一无所成。

子孙持世伤克官鬼＝仕途末路。

财爻：财动克父＝金榜难望，但财动＋官动＝名利双收，财伏又空＝宦囊羞涩。

兄爻：兄弟为求名之对手，竞发不利，兄弟持世尤不宜。

子爻：变官生合世爻，父爻有气，不谓无望。合财，可因财复职。

财孙两旺＝金榜无望。子为煞神，旺动罢官。若化鬼生世，谪降。

青龙：青龙白虎俱动，临父临官，一举成名。龙虎生合世爻，更添佳运。

（十五）仕宦：

以官爻为用神，未仕者无须财爻，已仕者财权相通。

官鬼＝官位，子＝煞神，父＝印绶文书，财＝俸禄。

吉凶：官父世爻旺相，无克冲刑害＝吉。子孙旺动，世爻受制，六爻乱动＝凶。

太岁、五爻动而生世，或日月入爻动而生世，世官皆旺＝食禄天家，大吉。

太岁动克世爻＝贬职，若＋虎蛇＝锁拿拘禁。

世空亡而无救＝必有大难，官爻独旺＝立功成名。

官伤克世＝有灾，官无气受克＝位不保，官受克伏世下＝受罚官犹在。

子孙持世或发动＝官场所谋不遂。如已为官，家居占卜，恐有降调。

至若临事而问，则喜子孙发动＝必成大功。

任内：兄弟持世＝财赋不起，动则损财招谤。如与子孙同动＝除粮减俸。

兄弟为僚属，与官爻克冲＝同僚不和。世克兄＝我欺他，兄克世＝他欺我。

父母扶世最吉，持太岁生合世＝主有上宠，持世而动＝政务繁剧。

财爻旺动官持世＝因财捐官，财爻＋白虎弱父＝须防丁忧。

财爻旺而静，父有生扶而不空＝地方富裕宜为官。财空父弱＝地瘠民贫。

凶因：世遭日刑克＝必遭诽谤，世为兄弟＝贪贿或征科太急，财爻＝财赋不足。

子爻＝贪酒好游，疏于政事。父爻＝政事繁剧，能力不足。

官爻＝刑酷吏暴，同僚不协。月建＝流言困扰，于事无碍。

官职：官鬼＋白虎＝镇守边陲，世动逢空＝宜于出巡之职，世遇冲克＝任职不久。

临子午卯酉＝正印官，寅申巳亥＝辅佐，辰戌丑未＝杂官，临日月＝掌印。

持世生合世，旺相无克者＝高官厚爵，伏藏＝进冷宫，官旺父衰＝闲职。

官化福＝有别官代职，官旺动＝宜出巡之官，官旺静＝任牧守之官。

玄武临水,父爻发动=息盗安民之功。白虎临金官持世=文纳粟,武立功。

(十六) 词讼:

世为我,应为人。墓为牢狱,入墓即入狱。六冲速决,六合缠讼。

父=文书,财=事理,官鬼=官府,间爻=证人,日月太岁=决策者。

胜败:世刑克应为欺他之象,官鬼克他=我胜,官鬼克我=我败。

世爻动=我必用谋,若化官兄回克反为失计。

应爻动=他必用谋,应爻克世=不吉,应临月建=有贵人倚靠。

子孙独发=有亲邻劝和,子冲官=不可用财,子持世=大事化小。

内外有官=须二审,内外有父=有二讼。

官父皆强必讼,弱则不宜。官伏世下=事犹未了。

结果:墓破=出狱,太岁日月生合世爻=有上恩,父母生合=申诉可免。

官鬼+太岁+第五爻=最高当局,爻旺衰=定罪重轻,+白虎=大凶。

财动生官=须打点,兄旺动=耗财,+白虎=倾家荡产。兄居间爻=有索财人。

(十七) 趋避:

居家不宁,谋求安身之地,是为趋避,以世爻为用神。

官鬼=贼,本宫=本境,他宫=外境,内卦=家园,外卦=路途。

安危:世爻顺,子持世,爻静=平安。世爻逆,兄鬼持世、克世,爻乱动=危。

成子孙局,贼势将败。官鬼受克,或子孙爻及世爻得生扶=五行有救。

行向:子孙以及利我之方宜去,子孙持世各方皆可。

官鬼及其所克之方休往。官鬼化进，则往进方，化退往退方。

克官之方必无贼，贼动于内卦＝宜外出，贼动于外卦＝宜居家。内外卦皆有贼，查子孙有利之处。

潜藏：官鬼＋墓库动克或持世＝勿避于坟墓中，若系木爻＝勿躲入草木丛中。

水爻＝勿入船中，火爻＝勿入窑中，金爻＝勿入寺观中。

灾难：乾兑＝寺庙，坎兑＝水险，离＝火难，震＝舟车，巽＝女色，艮＝山林。

鬼克世为灾，爻为火＝火烧，水＝水患，土＝疾病，金＝刀枪，木＝棍棒。

＋武鬼＝盗贼，朱鬼＝讼诽，虎鬼＝疾病，蛇鬼＝惊险，青鬼＝嫖赌。＋勾鬼＝监狱，鬼震乾＝车马患，兑坎鬼＝风波，坤艮鬼＝荒野之险。

刑克世爻之病者，火伤金＝肺经疾，土克水＝肾伤，金克木＝肝疾，水克火＝心经之疾，木克土＝脾胃虚弱。

仇神独发者，＋白虎＝血光之灾，＋玄武＝气恼烦乱，＋螣蛇＝心惊胆战，＋朱雀＝神智不清，＋勾陈＝身体肿胀，＋青龙＝酒色过度，＋虎玄＋金鬼＝盗贼戈兵，＋龙玄＋水鬼＝江湖池井，＋木鬼＝官，＋火鬼＝焚害。

卦中成局者，鬼局＝贼寇包围，兄局＝破财消灾，父局＝防子女有灾，财局＝父母失散。

六爻皆动＝骨肉分离。

卦中无鬼，内外卦变出鬼来者，兄弟变出＝邻人为害。妻财变出＝奴婢为害，子孙＋虎蛇＝官兵为害。

妻财扶鬼＝贪财惹祸。

官鬼伏藏，被兄冲提＝有亲人泄漏行踪。

官鬼静,他爻克世＝克者何人,当究六亲。官鬼持世＝灾劫难逃。
官克世合财＝提防妻小遭辱,官克合财化兄＝夫妻重圆无望。

（十八）寿元：

自占世爻为用神,占他人以六亲用神。旺相生扶,吉。休囚冲克,凶。元神宜旺不宜动。除占夫外，皆以官鬼为煞神。

寿限：用爻衰旺定长短，一卦可管二十至三十年。

逢鬼：随鬼入墓，衰逢鬼伤＝凶。用爻动化逆＝凶。

一爻鬼发＝寿不久，多鬼同动＝须待多鬼逢墓之年。鬼持衰世＝当观太岁绝世之年。

元神动＝命尽值绝之年或被冲克之岁。忌神动＝应于逢合逢值之年。

仇忌常为动害之征，详其五行可知。

第六章
神煞的含义及其应用

　　神煞是术数预测中的一个重要概念和组成部分。在术数预测诸术中，都广泛地涉及到了神煞的意义和运用。以传统的星命学观点来看，神煞按吉凶性质分类一般可以分为两大类，一类是吉神贵人，另一类是凶神恶煞。一般认为，吉神贵人代表吉祥的象征，凶神恶煞代表不吉的信息。久而久之，逐渐形成了一种约定俗成的习惯性认识，即在四柱命理学和纳甲筮法中。一概以吉神贵人为吉，以凶神恶煞为凶，特别是一些初学者，一见四柱命局或卦象中，有吉神贵人，便沾沾自喜；一逢凶神恶煞，便惴惴不安，这实在是对神煞的误解。

　　从实质上讲，神煞的本身并不具有吉凶的影响力量。它的本质只不过是一种信息象征符号而已。四柱命局或卦象中的吉凶信息是通过五行的生克制化的规律表现出来的，而不是依赖于神煞。这一点，是必须要深入理解的一个重要观点。

　　四柱命理中的常用神煞也可应用于六爻预测，能增加预测的信息量。现将四柱命理中常有的神煞介绍如下，以供读者参考。

一、常用神煞
1. 天乙贵人

<blockquote>
甲戊并牛羊，乙己鼠猴乡。

丙丁猪鸡位，壬癸兔蛇藏。

庚辛逢虎马，此是贵人方。
</blockquote>

查法：以日干起贵人，地支见者为是。如乙酉　甲申　丙辰　甲午，按丙丁猪鸡位查，丙见年支酉为贵人。四柱有贵人，遇事有人帮，遇危难之事有人解救，是逢凶化吉之星。《烛神经》讲："天乙贵人遇生旺，则形貌轩昂，性灵颖悟，理主分明，不喜杂术，纯粹大器，身蕴道德，众人钦爱。死绝则执拗自是。与劫煞并则貌有威，多谋足计。与建禄并，则文翰纯实，济惠广游，君子人也。"命中最吉之神，人遇之功名早达，做事有人帮。八字中若无天乙贵人，那么属相是天乙贵人的人就是能帮你的人。

2. 太极贵人

> 甲乙生人子午中，丙丁鸡兔定亨通。
>
> 戊己两干临四季，庚辛寅亥禄丰隆。
>
> 壬癸巳申偏喜美，值此应当福气钟。
>
> 更须贵格来相扶，候封万户到三公。

太极贵人查法同天乙贵人。《三命通会》曰："太极者，太初也，始也，物造于初为太极，成也，收也，物有归曰极，造化始终相保。乃曰太极贵人。"人命逢之，主聪明好学，喜神秘，有钻劲，特别喜星相、四柱、八卦、阴阳风水。如得生旺又有贵格吉星相扶，主气宇轩昂，福寿双全，不是朝廷做官人，定是人间富贵人。

3. 天德贵人、月德贵人

（1）天德贵人

> 正月生者见丁，二月生者见申，三月生者见壬。
>
> 四月生者见辛，五月生者见亥，六月生者见甲。
>
> 七月生者见癸，八月生者见寅，九月生者见丙。
>
> 十月生者见乙，十一月生者见巳，十二月生者见庚。

凡四柱年月日时上见者为有天德贵人。

（2）月德贵人

> 寅午戌月生者见丙，申子辰月生者见壬。

亥卯未月生者见甲，巳酉丑月生者见庚。

凡柱中年月日时干上见者为有月德贵人。

天月二德，乃日月会合照临，有何阴昧邪暗敢容其间？故奸盗息恶，神明扶，邪鬼遁。此天地之秀气，化凶为吉之神，大为福德。人命逢之，主心地善良好布施，做事公德，聪明有才气，一生少病，官刑不犯，遇事逢凶化吉有灾自解。怕冲克，冲克则无力。

4. 三奇贵人

三奇者，乃乙丙丁，然不如见卯巳午为贵。

查法：天干有乙丙丁或地支有卯巳午，顺行为妙。三奇在什么条件下才能真正为奇 无非是：（1）顺布而排。即，年乙月丙日丁，或月乙日丙时丁。（2）三奇必须得时得地，不得死绝。（3）三奇必有吉星贵人，如天乙，天月德贵人扶助。（4）带元辰、桃花、天罗地网为无用。三奇具有特殊奇材的作用。

凡命遇三奇，主人精神异常，襟怀卓越，好奇尚大，博学多能。带天乙贵人者，勋业超群。带天月二德者，凶灾不犯。带三合入局者，国家柱石。带官符劫煞者，器识宏远。带空生旺者，脱尘离俗，富贵不淫，威武不屈。三奇必须命局配合得体，并有其它贵人吉星扶持才有荣华福寿，如果只有三奇无贵地，命局逆乱不堪，势必贫穷下贱被欺凌。即使命局较清粹，若三奇不落贵地而落空亡，不是孤独，即是蓬莱三岛客，云游四方了。

5. 文昌贵人

《紫微斗数》云：

甲乙巳午报君知，丙戊申宫丁己鸡。

庚猪辛鼠壬逢虎，癸人见卯入云梯。

查法：以年干或日干为主，凡四柱中地支所见者为是。文昌入命，气质雅秀，举止斯文，好学新知，具上进心，一生利官见贵，不与粗俗之辈乱交。生旺者，利考学，利文途。

6. 魁罡贵人

> 壬辰庚戌与庚辰，戊戌魁罡四座神。
>
> 不见财官刑杀并，身行旺地贵无伦。

魁罡，日柱见者为是。辰为天罡，戌为河魁，乃阴阳绝灭之地，故名。身值魁罡，衰则彻骨贫寒，强则绝伦显贵，魁罡聚会，发福非常。主人聪明文章振发，临事果断，秉权好杀。魁罡性严有操持，运行身旺发福，一见财官，祸患立至，带刑杀尤甚。柱带魁罡者，虽有领导才能，且好权术，但婚姻不顺。如不遵纪守法，难免牢狱之灾。

7. 驿马

> 申子辰马在寅，寅午戌马在申。
>
> 巳酉丑马在亥，亥卯未马在巳。

查法：以年支或日支为主，看四柱中何地支临之，临则为马星。

驿马生旺，主人通变超时，平生多声望，死绝则性情有头无尾或多是非，一生少成。马为走动、奔驰之像，人命逢之主人好动，有走遍东南西北之行。

8. 羊刃

> 甲在卯，乙在寅，丙戊在午，丁己在巳，
>
> 庚在酉，辛在申，壬在子，癸在亥。

查法：以日干为主，四支见之者为是。《三车一览》曰："羊，言刚也，刃者，取宰割之义。禄过则刃生，功成当退不退，则过越其份，如羊之在刃，言有伤也。"羊刃恶煞，是极凶猛刚强之物。古人曾说羊刃兼倒戈必作无头之鬼。此煞多主伤残之灾，也主刑法犯罪之事，身弱遇之可帮身助威，身强遇之增凶。命中忌羊刃之人，应克己为人，否则终身祸患无穷。

9. 桃花（咸池）

> 申子辰在酉，寅午戌在卯。巳酉丑在午，亥卯未在子。

查法：以年支或日支查四柱其它地支，见者为是。桃花是取日

入之义，万物暗昧之时"日出扶桑，入于咸池"所以也叫咸池。《三命通会》认为："凡带咸池多性巧，更主风流貌比华，性急又兼多业艺，是非林里反成家"。命带桃花者，主人聪明、漂亮，生旺者尚可，死绝则唯务贪淫、乃色鬼之流。桃花主要影响一个人的情感，性欲，魅力和恋爱，婚姻生活，附带还有隐秘，阴暗，酒水之类的影响。命带桃花，其人性巧，有同情心，爱风流，多才艺，能艺术，如果八字出现桃花而且处于生旺之地则主其人姿容俊美，如果是男人，则慷慨好交游，喜美色；如果是女人则风情万种，漂亮诱人。桃花并主聪明，倜傥风流，异性缘佳。

10. 空亡

甲子旬见戌亥，甲戌旬见申酉，甲申旬见午未，

甲午旬见辰巳，甲辰旬见寅卯，甲寅旬见子丑。

查法：以日柱为主，柱中年、月、时支见者为空亡。命带此煞生旺则气度宽大，长大肥满，多意外无心之祸，死绝则一生飘泊无成。空亡所临之位不论好坏都化为无，需待出空或空亡被冲，方才可用。空亡是命理中的一个重要概念。

11. 将星

寅午戌见午，巳酉丑见酉，

申子辰见子，辛卯未见卯。

查法：以年支或日支查其余各支，见者为将星。

将星喜吉星相扶，贵杀加临乃为吉庆。若同亡神临，为国家栋梁之臣，言吉星助之贵，更加贵墓库，纯粹不杂者，出将入相之格。

《古歌》云："将星文武两相宜，禄重权高足可知。"凡命带将星，如无破坏，主在官界显达，四柱配合得宜，可以掌握权柄，以将星坐正官为佳。如果坐七煞羊刃，则主掌生死大权。如从事其它事业，多成就卓越。将星是一颗权力之星，具有组织领导指挥才能，有慑众之威。但死绝冲破者不利，若与凶星会合，则增凶星之气，如命

忌劫财，将星临之，其害倍增。

12. 华盖

寅午戌见戌，亥卯未见未，

申子辰见辰，巳酉丑见丑。

查法：以年支或日支不主，凡四柱中所见者为有华盖星。

《三命通会》云："华盖者，喻如宝盖，天有此星其形如盖，多主孤寡，纵贵亦不免孤独作僧道。"《命理新论》云："人命带华盖，必为聪明勤学，清静寡欲，但不免较为孤僻。"命带华盖星之人，性情恬淡，雅洁高致并主其人资质聪敏，富于文才与艺术性，其性情倾向于哲学、宗教。如果女命带华盖又带桃花又带贵人，则必为名歌星或名影星；如华盖在时支可能是过房之子或入赘孤寡之命。

13. 金神

金神者，乙丑，己巳，癸酉三组干支。

查法：日柱或时柱见者为是。

《相心赋》云："金神贵格，火地奇哉，有刚断明敏之才，无刻薄欺瞒之意。"柱中有火，不行火乡难发，原局火无力，逢火运显贵。金神入火乡，富贵天下响，金神遇火威震边疆。金见水则沉，故金神不喜水乡，不利西北；金神喜见财，行财运则发；财运虽美，火乡更妙。

14. 天医

正月生见丑，二月生见寅，三月生见卯，

四月生见辰，五月生见巳，六月生见午，

七月生见未，八月生见申，九月生见酉，

十月生见戌，十一月生见亥，十二月生见子。

查法：以月支查其它地支，见者为是。天医是掌管疾病之事的星神。四柱逢天医，如不旺，又无贵人吉神相扶，不是常患疾病就是身弱无力。若生旺又有贵人相生助，不仅身体健壮，而且特别适

合从医、心理学，哲学等。

15．禄神

甲禄在寅，乙禄在卯，丙戊禄在巳，丁己禄在午，

庚禄在申，辛禄在酉，壬禄在亥，癸禄在子。

查法：以日干查四支，见之者为是。禄，爵禄也，当得势而享，乃谓之禄。禄为养命之源。禄落空亡或犯冲谓之破禄，如取以为用，又不得吉神解厄，贵人停职剥官，常人衣禄不足；或月支建禄，贫祖无屋，抛乡离故，奔走他方营谋。

16．劫煞（大耗）

申子辰见巳，亥卯未见申，

寅午戌见亥，巳酉丑见寅。

查法：以年柱或日柱为主，四柱地支见之者为是。

劫者，夺也，自外夺之谓之劫。劫煞又名大耗。

古歌云：劫煞为灾不可当，徒然奔走名利场，须防祖业尽消亡，妻子如何得久长……劫神包裹遇官星，主执兵权助圣明，不怒而威人仰慕，需合华夏得安荣。三命通会说：劫煞吉则聪慧过人，才智超群，事不留行，胸罗万象，高明爽迈，武德横财。凶则昏浊邪侈，毒害性重，宿疾刑徒，兵刀折伤，执拗内狠，贪夺无情。

17．灾煞（白虎煞）

申子辰见午，亥卯未见酉，

寅午戌见子，巳酉丑见卯。

查法：以年支为主，四柱地支中见之者为是。

灾煞是将星受冲克之煞，又名白虎煞，灾煞怕克，生处却见祥，四柱交加见，福少祸连绵。此煞主血光横死，在水火防焚溺，在土防坠落瘟疫。克身大凶，若有吉神相助，多有武权。

18．孤辰寡宿

亥子丑人，见寅为孤，见戌为寡。

寅卯辰人，见巳为孤，见丑为寡。

巳午未人，见申为孤，见辰为寡。

申酉戌人，见亥为孤，见未为寡。

查法：以年支为准，四柱其它地支见者为是。凡人命犯孤寡，主形孤肉露，面无和气，不利六亲。生旺稍可，死绝尤甚。与驿马并，放荡他乡。与空亡并，自小无倚。男命生于妻绝之中而逢孤辰，平生难于婚配。女命生于绝夫之位而遇寡宿，屡嫁不能偕老。男孤定为他乡客，女寡定是异省妇。孤寡如有贵神相扶，不至为害，甚至"孤辰寡宿带官印，定做丛林领袖"。但婚姻不顺，尤为突出。

19. 阴阳差错

丙子，丁丑，戊寅，辛卯，壬辰，癸巳，

丙午，丁未，戊申，辛酉，壬戌，癸亥。

查法：日柱见者为是。阴阳差错，女子逢之，公姑寡合，妯娌不足，夫家冷退。男子逢之，主退妻家，也与妻家是非寡合，其煞不论男女，月日时两重或三重犯之极重，日上犯之主不得外家之力，纵有妻财亦成虚花。久后仍与妻家为仇，不相往来。阴阳差错因孝娶，外祖两重或入赘，不然决要克其妻，或者残房来作婿。阴阳差错不风流，花烛迎郎不自由，不是寒房因孝娶，残房入宿两家仇。

20. 金舆

甲龙乙蛇丙戊羊，丁己猴歌庚犬方，

辛猪壬牛癸逢虎，凡人遇此福气昌。

查法：以日干为主，四支见者为是。金舆，金者，贵也。舆者，车也。故金舆有金车之象，为君子，贵人所乘之车，譬之君子居官得禄，须坐车以载之。金舆为吉星，为华丽之车，是富贵之徵，为高官显贵人所乘之交通工具，遇此之人福最殊，偏主聪明多富贵，性柔貌愿，举止温和，一身清泰无虞。生日生时遇之为佳。所以，凡有福之人，

男的遇之多妻妾，骨肉安泰，子孙茂盛。女的得之多富贵。若金舆马星同位，不仅骑马坐车，更是车来人往，接送频繁，八面威风。

21. 天罗地网

辰为天罗，戌为地网。

火命人逢戌亥为天罗，水土命逢辰巳为地网。

戌见亥，亥见戌为天罗。

辰见巳，巳见辰为地网；男忌天罗，女忌地网。

查法：以年支或日支为主，其它地支见之者为是。天罗地网，多主牢狱之灾，大运流年遇之，于人不利。若天月二德解救无忧。

22. 学堂词馆

学堂：甲见己亥，乙见壬午，丙见丙寅，
丁见丁酉，戊见戊寅，
己见己酉，庚见辛巳，
辛见甲子，壬见甲申，
癸见乙卯。

词馆：甲干见庚寅，乙干见辛卯，丙干见乙巳，
丁干见戊午，戊干见丁巳，己干见庚午，
庚干见壬申，辛干见癸酉，壬干见癸亥，
癸干见壬戌。

学堂词馆查法，均以年干或日干为主，查四柱干支。学堂词馆其纳音五行，必与年干日干五行相一致。

学堂者，如人读书在学堂，故称文星，主学业功名之事，凡此星入命，主登科及第，学业大展宏图。

词馆者，如今管翰林为词馆（实为今之教育部门），取其学业精专，文章出类。长生乃学堂之正位，如金命见辛巳，金生长在巳，纳音又属金是也。临官乃词馆之正位，如金命见壬申，壬临官在申，壬申纳音又属金是也，余此类推。

《理愚歌》云："学堂如更朝驿马，位及勋高压天下。"此言学堂要有马星。生来禄马真学堂，若同词馆主文章，遇冲不遇谁人会，不遇克破福禄昌；文星聚处人中瑞，声华独冠英雄辈。学堂词馆，主人秀气生发，聪明智巧，文章冠世，一生富贵。宜生旺不宜克害冲破，宜天乙贵人吉星相扶为好，否则才难展、志难伸。

二、神煞的含义及其应用

在古书中，神煞的种类，多达上百种，但只有一少部分应用较多的神煞而被留传下来。其余的一些神煞，虽有应验，但因不常用，故未引起人们的重视。也有一些过去应用较少的神煞，因社会的发展，在应用中而出现的频率也越来越高，如金舆星，其信息象征在古代仅指车、轿一类事物，应用较少，但随着时代的发展，现代社会的交通运输日益繁忙，车辆比比皆是，金舆星的应用频率也因此而越来越高。其它神煞如桃花、驿马等亦莫不如此。下面仅就某些常用神煞从应用的角度作出简要释义。

天乙贵人：一般多遇有地位有身份有名望的人。但遇贵人并不一定就吉，须分其喜忌向背以论吉凶；

太极贵人：喜神秘事物，有钻劲，与五术玄学有缘；

文昌星：多主学业，文途之事；

学堂、词馆：为文星，主学业、文途、文章之类；

将星：权柄之星，多具领导能力和组织指挥才能；

华盖：文章艺术、孤独之星，多主与五术玄学、宗教有缘；

驿马、迁移：主旅行或迁动之象，多走动；

金舆：有车象；

羊刃：主人性情暴烈，易遭伤身之祸；

灾煞：主血光、官讼牢狱之象；

咸池桃花：主婚恋之象．桃色事件，异性缘份等；

孤辰寡宿：失偶丧偶，或难于婚配，六亲缘薄，性情孤独；

阴差阳错：多主婚恋不顺之事；

十恶大败：凡谋不利，多用于择吉；

六甲空亡：虚而不实，有影无形，有名无实之象；

丧门、吊客：多主亲人亡故，凶丧孝服

　　神煞的种类，远不止此，以上所列，仅为常用神煞的一般信息象征意义，读者宜在预测实践中灵活运用和熟练把握，不可机械地套用。关于神煞的应用,还有一个物、象是否相关和善恶向背的问题，这是必须要在实践中解决好的。

　　神煞的查找方法，按传统贯例，一般是以年、日两柱干支为依据来查找神煞，也有一部分神煞是以月柱干支为依据来查寻的。但在预测实践中发现，在纳甲筮法中，以世爻或用神为依据来查神煞同样有着极大的准确性和灵验性。其法就是把世爻或用神干支作为查寻神煞的参照依据和出发点，按查神煞的一般惯例方法在其它各爻和年、月、日、时四柱中起得神煞，再根据神煞的物、象相关性和善恶向背性原理合理取舍各种神煞所代表的信息之象. 就可以达到准确预测的目的。

例1：四川李先生测出行如何　摇得蹇之比卦：

戊寅年　　　丙辰月　　　丁酉日　　　（辰巳空）

《水山蹇》	《水地比》	六神
子孙戊子、、	子孙戊子、、应	青龙
父母戊戌、	父母戊戌、	玄武
兄弟戊申、、世	兄弟戊申、、	白虎
兄弟丙申〇	妻财乙卯、、世	螣蛇
官鬼丙午、、	官鬼乙巳、、	勾陈
父母丙辰、、应	父母乙未、、	朱雀

解析：

兄弟申金持世，得月生，临日、时，处旺地. 无凶象，可保人身安全。但不宜兄弟持世. 且又逢兄弟申金旺动卦中，当主有破财损财之忧。果于当日坐出租车让人宰了五佰多元钱。此正应兄弟申金临金舆星和驿马星之故。

例2：摇卦得姤卦：

<table>
<tr><td>戊寅年</td><td>庚申月</td><td>丙申日</td><td>（辰巳空）</td></tr>
</table>

《天风姤》	六神
父母壬戌、	青龙
兄弟壬申、	玄武
官鬼壬午、 应	白虎
兄弟辛酉、	螣蛇
子孙辛亥、	勾陈
父母辛丑、、世	朱雀

得出卦象后，断了十多条，其中有两三条就是运用神煞的信息之象来占断的。

以世爻父母辛丑为依据起神煞，查得四爻官鬼午火临桃花，官鬼即代表工作又代表其丈夫，于是断其工作属于娱乐性行业，其丈夫风流好色，对方证实，其工作是放电影，丈夫也确实风流好色，自己管不住他。

同时又根据年干戊土查得世爻父母丑土临太极贵人，断其本人或父母喜五术玄学或有宗教信仰的倾向，询之果然。

例3：某印刷厂张经理测运，摇得大壮卦：

戊寅年　　乙丑月　　癸酉日　　（戌亥空）

《雷天大壮》　　　　　　　　　六神

兄弟庚戌、、　　　　　　　　　白虎

子孙庚申、、　　　　　　　　　螣蛇

父母庚午、世　　　　　　　　　勾陈

兄弟甲辰、　　　　　　　　　　朱雀

官鬼甲寅、　　　　　　　　　　青龙

妻财甲子、应　　　　　　　　　玄武

得出卦象后，首先着重点了他的婚姻信息。根据世爻父母午火查神煞，查得87年流年丁卯临桃花，断其该年有婚恋之事；88年戊辰，财爻子水入墓，恋爱失败；89年己巳，与原局月日巳酉丑三合金局生扶财爻，该年又有恋爱之事；90年庚午，世爻午火桃花当值（以日支查）冲动财爻子水，该年若不结婚亦同居，最迟不过91年。求测者反馈，所测与实际情况相符，90年同居. 91年结婚。应91年结婚者，因子与丑合，合待冲开之故。

我们知道，世爻或用神是一卦的核心，卦象中的一切吉凶休咎和信息现象都是围绕世爻或用神展开的。因此以世爻、用神查神煞而提取相关信息的方法，在理论上是成立的。在实践中，也是切实可行的。

第七章
分类断卦
技法与实例

在分类预测时，每一项预测都有其特定的依据和方法，通常把这些特定的依据和方法称为断语，断语是人们在预测实践中总结归纳出来的高度精炼的，具有普遍规律性的结论，这些断语在指导人们的预测实践中起着非常重要的作用。但是在实际预测中使用断语时，应注意以下三个问题：

一、每一个断语都不是孤立的，一定要结合预测时的时空信息和卦中的各种情况进行参断，因为起卦的时间不一样，或卦中的动变情况不一样，同一断语所反映的信息就可能会有差异，甚至得出相反的结论。

二、断语是具有指导意义的纲领性依据和方法，不可能面面俱到，不可能涵盖预测中的所有问题，而在实例预测中，很多推断的过程和方法也并不是完全按照断语套用的，甚至很多推断的方法在断语中没有的。同时，在本书中有很多断语并没有出现在实例中。这是预测理论和预测实践的一个差异，但又有其互补性。例如，在断语中没有出现的方法可以通过研究实例预测的方法而得到补充。

三、分清断语的主次关系。可能有初学者会觉得很多断语之间是相互矛盾的，在使用时感到无所适从，不知该如何取舍。在这种

情况下，要注意分清主次关系，每一卦都有其主要的信息，那么在使用断语时就要抓住主要的信息。对此问题，将在以后陆续出版的高级教程里加以说明。

第一节　如何断财运卦

在现实生活中，钱财是人们赖以生存和活动的根本，人们几乎时时刻刻都离不开钱财，人们为了获取钱财做出了不懈的努力，而人们获取钱财的途径也是多种多样，不胜枚举，一般测求财往往多指做生意，搞经营等。当然公职人员或工薪阶层也同样可以预测财运。不论哪行哪业，预测财运的总体原则都是一致的，但由于各种求财的方式不尽相同，如有开店经营的，有合伙做生意的，还有讨债、借债的，等等，在求测方式上有所不同，有问某一段时期的财运，有问长久的财运，等等。所以预测各种不同方式的求财，其断卦的思路亦有一定的差异，要分别按其各自的思路进行推断。

测财运应取财爻为用神，同时兼看子孙爻、兄弟爻、官鬼爻。子孙爻发动生世爻或子孙持世，是求财有源，易得之象。财爻持世或财爻发动生合世爻，是财来生身，求财易得，利买卖经营求财。兄弟爻持世，或兄弟爻发动，是财被劫或破财之象，如果兄弟有制无妨。官鬼爻持世或官鬼爻发动，是耗财之象，官鬼爻不动无妨。官鬼爻持世利公门、九流、空手求财。父母爻持世或父母爻发动，是求财辛苦之象，同时也是耗财之象，不利求财。前卦有财后卦无，宜速求，迟则没有。前卦无财，后卦有。宜缓求，急则无利。财爻不上卦，看伏神，看子孙。财爻得出或月、日透出，或子孙旺相都是有财之象，反之则无财。旺相之财，入墓日可得。无气之财，生旺可得。

一般以财爻持世为最佳，但亦需财爻旺相获财方厚。财爻持世、

克世均利于求财但克衰世不吉，亦要待世旺日月方得。伏财旺可求，衰则难寻，伏子孙爻下最利，伏鬼父有减，伏兄为别人把握。兄弟持世或在卦中旺动均不利求财且易破财，但世兄旺亦有财，只是财来财去。世兄衰则少破财，但本身贫穷无财，因兄本主劫财，衰反无力去劫。财爻化兄终被劫、化鬼会有耗、化父劳累损、化子化进财源盛。化退有减或无。合作求财仍要财旺方有财，世克应、应生世于己有利。世应空为迟疑、不实，但旺空相生亦可成。世动我方思进退，应动他方谋策划。

测求财总的原则是以世爻为求测人，以妻财爻为用神，代表利润，以子孙爻为原神，代表财源、财路等。父母爻、兄弟爻和官鬼爻都为忌神，在预测时应首看是哪一六亲持世，因为不同的六亲持世所反映的信息是不同的，而且这个信息是主要的，是主导整个卦的吉凶成败的。所以在预测求财时，首先要看是何六亲持世。然后展开，逐步分析，下面是各六亲持世所反映的信息：

妻财持世，即世爻临妻财爻，为有利于求财，但具体运用到每一卦中，还要视卦中的动变情况综合推断。妻财持世，若旺相，不被刑冲克害，求财必得，若休囚衰弱又无帮扶生助者，虽遇妻财持世，亦难发大财。妻财持世，若化出子孙，或子孙发动于卦中，或子孙临月日，而且子孙又不被冲克，则是财源滚滚，连绵不断，必定能获大利，且是长久之利。妻财持世，若化出兄弟，或兄弟发动于卦中，或兄弟临月日，是财运不长久，先聚后散之象，即开始能有财可求，但最终不是无财可求，就是破耗败散而难有积蓄。妻财持世，若化出官鬼，或官鬼发动于卦中，或官鬼临月日，不利求财是耗财之象，必是挣吵，耗的多且有惊险之事。妻财持世，若化出父母，则是求财先易后难，若父母临月日，或发动于卦中，是开始尚有财可求，以后则是财源全无。因为父母克子孙，乃为断了财源之故。

妻财之库持世，乃为得财之兆，如妻财为寅卯木，未土即为妻

财之库。

子孙持世，若兄弟为妻财之库发动且不被冲克刑伤者，主求财可得。子孙持世，若妻财发动与世爻相合者，主求财可得。子孙持世若发动，且妻财临应爻者，不利求财，必是自己创造的财富被他人所占有。子孙持世，若兄弟临子孙库动而化进又不被冲克者，主求财可得。

兄弟持世，为不利求财，破败耗散之象且多绊有口舌是非，但也并不是见到兄弟持世就都要破财耗散。那么在什么情况下不至于破财反而通关能得财呢？即在卦中子孙旺相发动、妻财爻有气的情况下可以得财而不是破财，但妻财必须安静，若妻财发动亦是徒劳。兄弟持世，不论旺相休囚，不论动静，不论化出何爻，只要子孙休囚安静，则破财耗散无疑。兄弟持世，若化出官鬼、或官鬼发动于卦中，不但无财可求，而且还有灾祸。

官鬼持世，可得妻财之生，谓财生世，为有财可得之象，但官鬼为忧虑、祸患之神，亦主灾病邪祟，故求财遇官鬼持世虽然有财可得，但同时也易有伤病、口舌或官灾之事。官鬼持世，若化出妻财、或妻财发动于卦中，或妻财临月日，都是有财可求，必获厚利之象，但是有忧虑不安之事伴随其中，如伤病、口舌是非、失盗等。应于何事可以世爻所临之六神参断，如临朱雀为口舌是非，临白虎的伤病等。官鬼持世，若化出子孙、或子孙发动于卦中、或日月临子孙，谓克去身边之鬼，所谓身边之鬼指的是使自己忧虑不安的各种因素，克去身边鬼就是消除这些因素，子孙是福神，是消灾避祸、剥官制鬼之神，子孙又是妻财的原神，所以官鬼持世化出子孙，或子孙发动或临日月，即可消除祸患，又可获得财利，但子孙和世爻官鬼也要达到一种相对的平衡，不论哪一方过旺或衰都是不利的。如子孙过衰而官鬼过旺，则子孙无力制鬼，若子孙过旺而世爻官鬼过衰，则又制身太过，反而至灾。官鬼持世利公门求财，官鬼代表

官府、官方、公家，所以若是公家测求财者，遇到官鬼持世必是求财易得之象。官鬼持世若旬空，必是自己心存疑虑，犹豫不决，乃至事必无成。

父母持世最忌发动，父母是子孙的忌神，若发动必克子孙，乃为切断财源，故无财可求。父母持世若有气安静不动，妻财发动克之，为财来找我，必是有人主动给自己求财的机会，且能得此财，但是若世爻父母休囚衰弱，妻财旺动而克，则难免因财至灾。父母持世安静不动，若妻财也安静不动，则必是求财辛苦，须费千般努力，方得些许微利，因父母是子孙的忌神，父母持世说明自己求财的路子少、能力差，所以求财必辛苦。

以上诸六亲持世，是预测求财的主导信息和先决条件，运用时还必须在此基础上依据日月及卦中的动变情况综合而断，下面论述诸六亲在预测求财时的作用和发生动变时的各种信息。

妻财为用神，为利润，为效益，宜旺相，宜生助帮扶，不宜休囚衰弱，不宜被刑冲克害。

妻财化子孙者，求财必获大利，且财运长久。妻财化兄弟者，不仅无财可求，而且还要破财耗损。妻财化官鬼者，乃是不吉之兆，不仅破财耗损，而且还有惊恐凶险之事。妻财化父母者，为求财先易后难，乃至最后无财可求。妻财化进神者，为求财顺利，效益越来越好。妻财化退神者，若是求近期之财，旺相者仍为有财可求，若求长久之财，则不论旺相休囚，终是虎头蛇尾，后劲不足，最终将是无利可求。妻财化伏吟者，求财反复不定，终是难获大利。妻财动而化空，不论旺相休囚，终是虚空一场。妻财爻过多者，其财反复难求，若卦中有妻财之库发动者，谓之财有库藏，必能获得厚利。妻财在卦中发动，若被日辰合住者，其财必被他人把住，自己难得到手。

妻财若不上卦，则看伏于何爻之下以定成败。妻财伏于子孙之下者，若妻财与子孙皆有气者，为有利求财之象。妻财伏于官鬼之

下者，必被官鬼盗泄财气，故不利求财，且有耗散之患，但如果兄弟发动于卦中，反而还能得财，谓鬼克兄护财。妻财伏于兄弟之下者，不仅求财无望，而且还要破财，兄弟为劫财之神，财爻伏于兄弟之下必被劫夺。但妻财若临日建，且子孙动于卦中仍有财可得。妻财伏于父母之下者，当看各自的旺衰及卦中的具体情况而论，如果妻财旺而有气，父母休囚空破且世爻与妻财相生合者，亦有财可求。

妻财之库乃是聚财藏财之所，在预测求财时的作用是很重要的，学者宜重视。妻财之库不可逢空，若逢旬空，则本人现在囊中羞涩，两手空空，做生意无资本，搞项目更是无力投资，所以就根本谈不上收益了。妻财之库若被冲者，必有破财之忧。

子孙为妻财之原神，为财源、财路，宜旺相，尤其最宜旺发动，不宜休囚空破，不宜被刑冲克害。子孙若青龙发动者，不论妻财是旺是衰，皆主有财可求，是大吉之象，且其利必能久远。子孙化妻财者，为求财有利，必能获利，且财运长久。子孙化兄弟者，为有利之象，有财可求，且财运长久。子孙化父母者，是财源、财路被断之象，若子孙旺相者，亦可克服困难渡过难关，若子孙休囚而父母旺相者，则是财源彻底被断了。子孙化官鬼者，是求财过程中有些麻烦、阻隔，但都无大碍，最终仍然大获其利。子孙化子孙者，是有两处财可求，且都能获利，若与他人同求此财更能获大利。

子孙不宜伏藏，不论子孙伏于何爻之下，都属求财不利。子孙休囚死绝，全无生助者，若妻财旺相，则可暂时获些眼前之利，而以后再难谋求，决无长远之财。

兄弟为劫财之神，是求财中的忌神，宜休囚安静，不宜旺相发动，兄动必定劫财，破财耗财难免。兄弟化出官鬼，不仅无财可求，而且还有口舌是非。兄弟临玄武发动者，必是上当受骗或遭遇盗贼而破财。兄弟发动，若妻财不上卦，兄弟不仅不能劫财，反而还生扶子孙，使得财源得生而有气，故仍有财可得，但此财求之较迟，不

能很快到手。兄弟发动而妻财旬空，则财不受兄克，谓之避空，待妻财出旬逢生旺之日亦可得财。

官鬼为祸患、耗散之神，是求财中的忌神，宜休囚安静，不宜旺相发动，若发动不仅破财耗散，而且还恐有灾祸临身。官鬼化出兄弟，不仅无财可求，反而招惹口舌是非。官鬼化出子孙，为有利求财之象，乃因子孙可克制官鬼，使官鬼既不能为祸，又不能耗财。官鬼临玄武发动，必是遭遇盗贼或劫匪而破财。

父母为辛苦操劳之神，是求财中的忌神，宜休囚安静，不宜旺相发动，若发动必克子孙，子孙乃是财源、财路，被克伤则财源断绝，财路堵死，故再无财可求。父母化出官鬼、兄弟、子孙者，皆是无财可求，唯父母化出妻财却是有财可求之象。父母化出妻财者，是开始求财艰辛，但至后来终是可以得财，若父母旺而妻财衰者，是付出的艰辛多而得财却少，若父母衰而妻财旺者，则是用力少而得到的财却很多。

上面介绍的是每个六亲发生动变时所反映的各种信息，在六爻预测中往往有几个爻同时发动，下面再就两个爻同时发动时所反映的不同信息作一论述。

兄弟和子孙同动者，财源根深蒂固。兄弟本为劫财之神，若发动必然劫财，但子孙也发动，则兄弟生子孙，子孙生妻财，形成连续相生之势，所以必是财源滚滚，大获其利。

兄弟与妻财同动者，必破大财，求财者妻财宜静不宜动，动则易有变，若兄弟再同时发动，则必然破财。

兄弟和官鬼同动者，有财可求，但花费也多，测求财有兄动不忌鬼动之说，兄弟为劫财之神，官鬼亦盗泄财气，皆为求财之忌，但官鬼可克制兄弟，可谓以毒攻毒，所以兄弟和官鬼在卦中同动亦可得财得利，但因兄鬼俱是破财耗散之神，故有所耗费亦在所难免，此象最宜子孙伏藏，若卦中有子孙则事有阻隔，求财反而不易。

兄动必劫财，再得父母动而相生，则劫财更甚，故兄弟与父母同动者，不仅无财可求，而且还必将破财。

妻财和官鬼同动者，必破财耗散，测求财财官皆宜静不宜动，若二者俱动，妻财必狂生官鬼，官鬼必大泄财气，故必然破财耗散。

妻财和子孙同动及妻财与父母同动者，当依卦中的个体情况来参断其吉凶成败。

官鬼和子孙同动者，为有利之象，官鬼为祸患、破耗之神，发动于卦中必生祸患和破耗，而子孙同时发动，可克制官鬼，使其难以为祸、耗财，子孙又可以生财，故求财有利。

官鬼和父母同动者，必是不仅无财可求，而且还要破财耗财，官鬼可盗泄财气，父母可克制子孙，二者同动，财气财源俱损，且父母得官鬼之生，克子孙之力剧增，哪里还有财可求。

父母和子孙同动者，是父母克子孙，是不利求财之象。

以上是讲的二爻同动的情况，在实际预测中，每个卦的动变情况都是不同的，有六爻俱静的，有多爻乱动的……，这就需要在熟悉和掌握这些基本方法的情况下，根据每一卦的不同情况灵活运用，本书中的卦例可做为研习的重要参考。

下面介绍一些测求财的参考因素：

卦中有妻财而无子孙即子孙不上卦者，虽有财可求，但数量有限，卦中有子孙而无妻财者，财必不实，若妻财与子孙俱无，则谋之徒劳，无财可求。

主卦有妻财而变卦无者，宜速求之，迟则难得，主卦无妻财而后卦有者，宜相机而行，待妻财旺相之时亦可求之。

卦遇反吟者，主求财易有反复，变动多，麻烦多，最终是成是败，当看用神之冲克，若反吟卦中的用神既被冲又被克，则事情反反复复，最终还是落空，难以办成。如果用神只被冲而不被克，则虽然事情反反复复，麻烦多变，但最终还是能成，即有财可求。

一般认为，卦遇六合，求财易得，卦遇六冲，求财难得还易破财，或六冲化六合则吉，六合变六冲则凶。但是在实际预测中，这几种象只能做个参考，决不能一见六合卦便断有财，一见六冲卦就断破财，要依卦中的动变和月日的情况综合而断。

根据预测求财的总体原则及其基本依据和方法，就可以在实例预测中加以运用，那么当一卦列出之后应怎样入手分析呢？当卦列出后，首先要看是何六亲持世，这是整个卦的主导信息，再看用神、卦中的动变情况及在月日所处的状态，逐一进行分析。要全面分析，突出重点。全面分析就是要把卦中的各爻的旺衰及动变情况都兼顾到，逐一分析；重点突出就是抓住卦中最明显、最关键的信息，单刀直入，切中要害。不仅在预测求财时按照这样的总体思路，而且在其它方面的预测都应遵循这个总体思路。

具体推断如下：

1. 财克世是得财之象。但有前提：世爻要旺，财有气，财弱一点无所谓，但世必须要旺相，逢财旺之日月是得财之象；如果世爻不旺，逢财旺克世是破财之象，招灾之象，所以一定要世旺。

2. 财爻安静，逢冲之时又与世爻相合相生是得财之象。一般来说财宜静不宜动，逢冲必须与世爻相生相合，才是得财之象。

3. 父爻持世，财爻发动克世，财来得慢而且利少，同时谨防父母之灾。

4. 财克世，财合世，生世此财利大。但财生世财到手后容易得病，容易出现口舌是非。

5. 兄弟爻持世，只要子孙爻旺相，是财源滚滚可得大利。财爻上不上卦，只要子孙爻出现，兄弟越旺越好，或子孙爻发动，都是得大财之象。

6. 子孙爻持世，一般来说，财在应爻是耗破之象。因子孙爻是生财之源，财在应上是别人借助你的场地、力量、才华赚钱，而本

人则破财，故子孙爻持世反易破财。

7. 财爻持世，必须子孙爻旺相或子孙爻在卦中发动，子孙爻临月、日，是得大财之象。若卦中兄弟爻发动，子孙爻不动，但只要子孙爻旺相就是得大财之象。兄弟爻是子孙爻的源泉，动生子孙爻是多路之财，至少是二路得财。如果是财爻持世子孙爻不动，处休囚，那么这种生意只能做一次，不能做第二次；父母爻发动这种生意不能做，如做定破财。

8. 子孙爻空亡，求财不得。比如说财爻旺相，当时可以得财，如果继续做下去连本带利亏空。故子孙爻不得空亡。子孙爻受刑，是货不对路，客户不受迎。若被日、月克制，是货卖不出去。子孙爻旺相动化进神，是货涨价，得大财之象。求财不要只看财爻，主要看子孙爻旺相与否。动生合世爻得财之象。如果世爻是兄辰土，酉金是子孙，财是亥水，子孙爻动而合世，是得财之象，因子孙生财，财入世库都是得财之象。故主要看子孙爻。

9. 兄弟爻持世，父官同动，肯定为金钱，经济打官司；兄爻持世临朱雀发动，肯定要打官司。

10. 不论是什么爻持世，只要是三刑，都是不吉之象，在经济上肯定有问题，轻者破财，重者坐牢。

11. 求财宜去子孙爻的方向去购货，例：寅卯为子孙去东方，类推；而销货去兄弟爻的地方，如果兄弟临巳午火，则去南方，其它以此类推。

12. 世应关系：世爻代表自己，应为对方及所办之事，应爻生合世爻主吉利，但关健的是应爻一定要旺相，世爻衰一点无妨。如果应爻生合世爻，但应爻处休囚，死地则事不吉利。应爻冲世克世是不利之相。如六冲卦测行人在二三爻是来之相，但来了还会走。如六合卦测行人在三二爻也是回来之象，但回来了不会走，因六冲是行人在外无钱受屈想家，有钱又冲跑了。

13. 子孙爻旺为产品好，破为产品积压，衰为产品不好，求财子孙爻为财路，同时代表顾客。寅午戌合火局，多指饭店之财，巳

酉丑合局为金局,玻璃化学品方面之财。测行人逢寅午戌是坐火车走,巳酉丑则是坐飞机走的。亥卯未的财多指以文化,工艺品,书店求财。亥卯未的财不管什么时候,逢水木旺的时候都得财。申子辰的财则在金水旺的时候得财。

14. 鬼爻持世,必须是应爻临财爻,月日临财,有财得,但耗散多。鬼爻持世日月不是财爻,那么是破财之象,是亏本生意。鬼爻持世利做无本生意,叫做九流求财,比如演艺、技工等。只要官鬼爻旺相,就可求财。

例1. 1998 年 11 月 1 日,某先生测流年财运。

戊寅年	戊月	壬子日	(寅卯空)
《风火家人》		《艮为山》	六神

《风火家人》		《艮为山》		六神
兄弟卯木、		兄弟寅木、	世	白虎
子孙巳火○	应	父母子水、、		腾蛇
妻财未土、、		妻财戌土、、		勾陈
父母亥水、		官鬼申金、	应	朱雀
妻财丑土、、	世	子孙午火、、		青龙
兄弟卯木○		妻财辰土、、		玄武

断:1996、1997 年发大财。1998 年破大财。1999 年得财,2000 年、2001 年发大财。

析:1996 年(丙子)太岁合世,有喜事临身,且太岁生兄,兄在六爻直接生子孙爻,子孙临应,直接生世,故得大财。子水虽克子孙爻巳火,但有月令制之无妨。父爻子水合世说明有贵人帮助,子孙爻临五爻为君位,为领导有权有势力。应临木火是做煤炭生意。1996 年子合丑是子来合丑,而不是丑合子,故挣了钱给当官的好批条,因丑未戌三刑财必有一半是他人的。戌月为火库为财,卯戌合,

子生卯，卯直接生巳火，巳化父是此人为副职，但有权批条子给世爻，（子丑合）生意成功了，故世爻分一半财利给五爻领导。戌为火库，卯戌合化火，巳火得兄生，坐巽宫，木火通明，子生卯，木生火，故做煤炭生意。

1997（丁丑）年与太岁丑持世与卦中财爻未戌三刑，但世临太岁旺故财源滚滚，因财遇三刑其余二笔财不能到手。如果是未土财爻持世则破财，因戌在月令与世爻未土相刑，是想去挣那个财而没有行动。如果未年，太岁未持世财也是财源滚滚，但如果是丑年丑未刑冲也是破大财之象。

1998（戊寅）年破财，是太岁寅与应巳官申三刑，官爻申金受伤，官为护财之神受伤则破财。

1999（己卯）年做化工生意挣了钱。卯年太岁生子孙财源动而生财有力。

2000年太岁辰土临财，辰戌丑未四库全，辰库是万物之库，是最大的库，也是世爻自己的财库，故此年发大财。

2001（辛巳）年应爻子孙巳火临太岁旺，生合世爻丑土，故是此年财源滚滚而来发财。

例2. 某男子测买福利彩票能中奖否。摇得：

己卯年　　乙亥月　　辛卯日　　（午未空）

《山水蒙》	《山风蛊》	六神
父母寅木、	父母寅木、应	螣蛇
官鬼子水、、	官鬼子水、、	勾陈
妻财酉金　子孙戌土、、世	子孙戌土、、	朱雀
兄弟午火 ×	妻财酉金、世	青龙
子孙辰土、	官鬼亥水、	玄武
父母寅木、、应	子孙丑土、、	白虎

简析：世爻为买奖者，财爻为用神。今世爻戌土休囚于月，被日建卯木合克，世爻为休囚之象，于求财不利；财爻休于月，日建冲为破，财酉金伏而不能出，此财爻逢生也生不起，此乃不利求财之象。财酉金伏于世下可以表示为我自身带去的钱财。兄爻午火得日建之生，动克财爻。酉日财爻透出，用神透出之时即被兄爻劫夺，所以在酉日买奖必破财。

结果：此人在酉日买奖破财几百元。

例3．一位老人重阳节买彩票测能否中奖：

壬午年　　　戌月　　　乙卯日　　　（子丑空）

《地山谦》	《坤为地》	六神
兄弟酉金、、	兄弟酉金、、世	玄武
子孙亥水、、世	子孙亥水、、	白虎
父母丑土、、	父母丑土、、	螣蛇
兄弟申金〇	妻财卯木、、应	勾陈
妻财卯木　官鬼午火、、应	官鬼巳火、、	朱雀
父母辰土、、	父母未土、、	青龙

断曰：求财难，连本失也。

解析：

（1）子孙持世失令无力发挥。

（2）兄在三爻动化卯财被月戌所合去，兄动损财。

（3）应爻午官入月墓无力制兄财必失。

（4）父爻辰土月破，四爻丑土旬空，父为信息空破，必没好的消息。

（5）兄弟为彩民为众人，申兄自化财，财必为他人所夺。

（6）兄动而财伏透日，破财之兆。

后第二晚开奖，果然失财。

第二节　如何断婚姻卦

可以这么说，若没有掌握好基本的断卦思路，抓住关键点，即使能把古今有关预测婚姻的断语倒背如流，而面对实际的婚姻卦，也会感到茫然,不知如何开口？因为现代的婚姻太复杂了,难怪俗云：清官难断家务事。专测婚姻者，必因事而占。断卦时，若能当即道出对方的心声，命中要害，再继续往下断就好办多了。为此，必须掌握的基本断卦思路是：

男占，世爻为本人，财爻为女友或妻子。女占，世爻为本人，官爻为男友或丈夫。视爻之动、静、旺、衰以定其状态，两爻之间的生克冲合刑害论其关系，月、日对用爻的作用表示目前的婚姻情况。

父占子婚，孙爻为儿子，财爻为儿子的女友或妻子；或用飞宫法,孙克官，官为孙之妻财，以官爻为儿子的女友或妻子。父占女婚，孙爻为女儿，官爻为女儿的男友或丈夫;或用飞宫法，克孙者为父母，以父爻为男友或丈夫。分析孙爻的状态可知子女的婚姻情况，孙爻的忌神是父爻，不宜独发、持世或孙化父。也要看当时取用状态的灵感如何，可以世爻为儿女，财、官为用爻，论生克制化。对于应爻，有时干脆以应爻为对方，未偿不可，此乃变易也。

应爻为对方之家，间爻为介绍人，兄爻为克财之神，孙爻为剥官之煞，父爻为结婚证书。

参看是否为正配，有时须看阴阳与财官：男占世宜阳，应宜阴；世宜官，应宜财。女占世宜阴，应宜阳；世宜财，应宜官。

测婚姻，生合为相好，刑冲为矛盾、主散。女占官爻合财为男

有外遇。男占财爻合官为女有外遇。女占忌子孙爻持世而旺，世下伏官为有夫之妇。男占忌兄弟爻持世而旺，世下伏财为有妇之夫。三合玄武局为桃花外遇。官下伏财为有妇之夫。财下伏官为有夫之妇。卯酉冲、子午冲为桃花相冲。子卯相刑为男女不正常关系。辰午酉亥自刑临用爻，自惹婚非。男占忌见两财，女占忌见两官，二婚之象。子午卯酉为桃花之地。

注意分析婚姻卦中的各种象，如占得《天风姤》《风天小畜》卦主夫妻反目；六冲卦婚姻主散；反吟、伏吟卦主不顺；男占兄旺独发或财化兄，女占孙旺独发或官化孙，均不吉利；六合卦一般主婚易成，但不宜世、财或官爻逢日、月之冲，乃合处逢冲，当初合好后变坏。有此象必显其事，看流年或月令。

动观其变，静观其动，动静者，卦爻象之动静也；观动静阴阳之理，乃得卦义真谛。视卦爻中世、财、官或应爻等用爻动静阴阳的状态如何，以决定婚姻方面的变化发展的趋向。

测婚姻，男以财为用，女以官为用。世为自己，应为对方或对方家。世应相生则吉，相克则凶，不论财官均以旺相为佳。女测官旺有职位，男测财旺财源丰。男测女，财伏兄下合，女淫荡；财伏鬼下非疾便为有夫之妇；财化鬼恐红杏出墙。女测男，官若空衰与男无缘，官伏财下曾有妻，官化财难免风花雪月。男得财爻持世女掌权，兄弟持世易克妻女，女得子孙持世会克夫。看人物的性格和特性，以六神结合五行。

男测婚，忌兄弟持世，或兄弟发动，这是因为兄弟爻克妻财爻，不利婚姻。女测婚，忌子孙爻持世或子孙爻发动，这是因子孙爻克官鬼爻，不利婚姻。不论男女测婚，见六冲卦为婚姻破败之象，见六合卦为婚姻合美之象。六冲变六合，由坏变好。六合变六冲，先好后坏。测婚世爻、应爻安静生合为吉象。动而相克是凶象。世爻动，我有变，应爻动，对方有变。没有确定婚姻关系，男女测婚以应爻为对方，兼

看官鬼爻和妻财爻。已经确定婚姻关系，直接看官鬼爻和妻财爻。

婚姻卦中离婚、外遇的信息区分：

1. 男测婚兄弟爻持世定伤妻、多婚，女测婚子孙爻持世伤夫再嫁多婚。

2. 男测婚财爻空亡，主妻死别，财合多，主淫乱之女外边情人多（指卦中三合六合是也），内卦合，外边偷情男人多，外卦合与男人私奔。女测婚，官星空亡加刑克或日月克官星，主丈夫死灾。刑克主病死，冲克主突发死亡。官星弱者，不是身体不好就是无能之人（怕老婆）。

3. 男测婚，卦中两财生合世爻，必有外遇。若财爻克世合多，是多婚之象，到老是红杏出墙，官动或旺与外卦相合，或与变卦中任何五行相合，均说明此理。若子孙爻不在本宫而旺或动，说明其夫在外有私生子（不与世同宫）。

4. 世应相错者，主婚姻破散，夫妻常吵架，主男方另有意中人，女也有意中人，（男测指阴爻持世，女测阳爻持世或官鬼持世，均主女夺夫权）。

5. 世化退，男背妻在外有情人。退与他爻合，内地有情人，与月日合在外有情人。

若女测卦，世爻化退，是女叛夫在外有情夫，与兄爻合，是露水夫妻，与官鬼合是长久的情人，与父母爻合是岁数大之人。在内卦是近处之人或近亲，在外卦是外地之人，与财爻合是为财卖身，与子孙爻合是泡小白脸，倒贴钱。

空亡更是有外遇是怕别人知道而偷偷摸摸，父代子测婚，以阳爻阳位的子孙爻为用神。代女测婚，以阴爻阴位的子孙爻为用神。

6. 官休不到头，指官鬼爻休囚无原神生助，是离婚之象。若官星受克入库（受日月之克）指死亡。若有原神生助，多指牢狱，病房。财爻休囚多指婚姻破散与上同理。

7. 鬼伏财下，男必定是有两个老婆。指男人是黑社会经营走私毒品、赌博，贩毒、人口等。财伏官下，此女必有丈夫，是靠老婆养家，此女以姿色来挣钱，为下九流之人。

8. 无论男女测婚，官鬼爻克世不能结婚，逢着必有灾祸，卦遇两官无财，切记不可成婚，逢着不死则离。

9. 男测财逢旺地，兄弟爻休囚财无制，终生反目生离，并红杏出墙。

10. 兄弟爻持世财旺，夫妻反目离婚，财弱死妻子。

11. 日月动冲克世爻，动而化兄，定主丧原配，财化鬼，财化兄，兄化财均为丧夫丧妻，也主牢狱凶死。卦逢六冲、财官休囚死绝，入库、入动爻库、化库、均为死兆，破散之婚，夭折之婚（指结婚就离），若是遇马星合乃与男与女私奔。

12. 女测婚兄弟爻持世，谈到最后都是男方退婚，先好后分（官鬼克兄弟）。

13. 女测婚子孙爻持世，是婚不成之兆，即使成了就是生了孩子也要离婚。

14. 男宜官持世，女宜财持世。

15. 测婚忌阴阳反错，怕卦逢六合，三合，不论男女都感情不专一，男测男有外遇，女测女有情人。

16. 男测阴爻阴位，女测阳爻阳位，都是婚姻不美满之象。

17. 男测婚临兄弟爻持世娶妻心情迫切，家中比较贫寒，逢旺之年必克妻，感情不专一（兄弟爻主劫财故有钱了就变心）。

18. 父母爻持世，是女方同意，男方摆架子，最后的结果是不愿意。

19. 男测子孙爻持世，男主爱玩，爱赌博好动，对玩女性本事大，有多次婚姻，一般是女人倒贴给男方。

20. 凡世应均是阳爻，婚一谈就散，世应均是阴爻慢慢而散。

21. 两官两财主婚姻破散。

22. 官爻休囚处死地，财爻旺相，均为离婚之象，财官休囚婚姻不到头。

23. 财旺兄衰财无制也是破散婚姻；子孙爻衰，财无原神，官无制也是破散婚姻。

24. 男测五爻财临金水，女方长相漂亮；女测五爻临官鬼是金水主男方漂亮；父母爻在五爻长相一般；兄弟爻在五爻长相是最丑的。子孙爻临五爻，不论男女都不务正业，但主其人多才多艺。

25. 世应不能空，如果应空临玄武必上当受骗，不论什么样都不成，应空他方不实，世空自己不实。

26. 亥水化辰土回头克，说明其人长相很好看，眼睛水灵灵的，化辰土克为左眼不好看,右眼好看,亥化戌土右眼好看,左眼上有颗痣。

例1. 某地葛小姐测婚姻：

　　己卯年　　　丙寅月　　　甲辰日　　　（寅卯空）

　《泽水困》　　　　　《兑为泽》　　　　　六神

　父母未土、、　　　父母未土、、 世　　　玄武

　兄弟酉金、　　　　兄弟酉金、　　　　　白虎

　子孙亥水、 应　　子孙亥水、　　　　　螣蛇

　官鬼午火、、　　　父母丑土、、 应　　　勾陈

　父母辰土、　　　　妻财卯木、　　　　　朱雀

　妻财寅木 × 世　　官鬼巳火、　　　　　青龙

　　我观此卦《困》变《兑》，卦中一片水气，官鬼午火受克不吉，婚姻破败已成定局，于是我断：你们在未月有结婚同居的信息，但申月必分手。

　　葛小姐说：好象不太可能，我们虽然有些小的磨擦，但总体上关系是很好的。

我说：你可以等待一段时间，有了结果请你告诉我。

年底葛小姐电话反馈说：还是让你给算对啦。我们六月份领了结婚书，后来我发现他感情不专一，总和一个女人通电话。因此我们俩就闹翻了，以后就干脆分手了。

解析：

官鬼午火坐坎宫，坎受三兑之生，午火与世爻寅木同在一宫，寅木动生午火，在寅月木旺、火旺，金绝水弱，尚且过的去。但卦是内因储存了不利的信息，一旦外部条件适合就要爆发。又卦变六冲，所以是婚姻破败已成定局。

未月官鬼午火被合，世爻寅木又入月库，财官同居一室，干柴烈火，爱情奔流，有合欢同居之象。父母主文书，结婚证书，临日而旺，双方订下终身。申月世爻月破空亡而又成寅申巳三刑，卦中金旺水旺，官爻午火受克无生，所以是刚结婚又离婚。

例2. 某地雷先生占妻是否有婚外之情：

丁丑年　　辛亥月　　乙未日　　（辰巳空）

《雷地豫》	《离为火》	六神
妻财戌土 ×	子孙巳火、世	玄武
官鬼申金、、	妻财未土、、	白虎
子孙午火、 应	官鬼酉金、	腾蛇
兄弟卯木 ×	父母亥水、应	勾陈
子孙巳火、、	妻财丑土、、	朱雀
父母子水　妻财未土 × 世	兄弟卯木、	青龙

略观卦象，我断：

1. 你老婆与他人有外情。

2. 你老婆的情人，应是你的朋友。

3. 明年辰月有私奔之象。

雷先生听后尴尬地一笑，说：李大师你说的一点不假，我早已对此事有所察觉，那个人是我的一个朋友，也真不是个东西。

解析：

1. 卦中财爻两现，取六爻戌土为用。现在化巳火为空，又与三爻兄弟卯木动合，与世爻相刑，显然是夫妻感情不合，而婚外寻求安慰。应爻午火也可为用，午火为桃花，与妻财戌土同一宫，入戌土之库，所以是雷先生的老婆婚外有情人。

2. 兄弟卯木与世爻未土合，同样是世爻的朋友。然后卯木又与六爻妻财戌土合。应爻午火也可做为用神，与戌土同宫，相合，戌土与未土属同一五行，比劫为兄弟朋友，综合而断，雷先生的老婆的婚外情人，是雷先生的朋友。

3. 妻财戌土化巳火为空，到明年辰月出空，同时戌动入辰月之库，以应爻午为用神，用神随朋友入库，取戌土为用神，戌卯相合而入辰月之库。兄弟卯木为朋友动化亥水，亥水辰月入库与卯与戌土相合，总之无论从哪方面说，都表明其妻与情人有私奔之象。实际第二年三月雷先生之妻与他人私奔。这是雷先生电话反馈证实的结果。

例3. 一女孩测婚姻：

	己卯年	丁卯月	庚辰日	（申酉空）
	《火山旅》	《地山谦》	六神	
	兄弟巳火 〇	妻财酉金 、、	腾蛇	
	子孙未土 、、	官鬼亥水 、 世	勾陈	
	妻财酉金 〇 应	子孙丑土 、、	朱雀	
官鬼亥水	妻财申金 、	妻财申金 、	青龙	
	兄弟午火 、、	兄弟午火 、、 应	玄武	
	子孙辰土 、、 世	子孙辰土 、、	白虎	

1. 从卦象看女的是尼姑命，世坐艮卦，艮主庙，《火山旅》，离宫卦，山上之火，主香火旺象的地方，女的子孙爻持世就是尼姑命，艮化艮坐艮卦是庙里的人，子孙爻克官鬼是没有事业、没有丈夫的人，所以是尼姑命，即婚姻不顺。

2. 六爻为头，巳火动头发被焚，为光头，只有尼姑为光头，也是尼姑命，婚姻不顺。

3. 世坐艮卦世旺土旺，上有火生之，火烧燥土又变《谦》卦一片旺土，所以这女子急需找男人，在三月找了一个男的同居，卯月酉破，财破身破，辰月在自己的卧室里与一个男人同居，辰月旺合桃花，世官入库，同居一个星期，男的偷偷的跑了，亥卯合桃花，男的在外面有一个比她漂亮的女人，五爻为脸面，如果是金水或卯木在五爻则长得漂亮，最丑的是兄临五爻，其次是官鬼。此女长得丑，脸上青春痘多。

此女子必在辛巳年结婚，巳亥冲官星，巳酉生亥水，辰酉合金局生亥水，都入辰库，故这一年结婚，（成婚之年，要在卦中去找）不超过三年，是申酉年，财旺官旺，官鬼得长生，水满自流不在辰库了，申酉年辰土泄气，长生金，金生水，所以破库了，水的性质不同其它五行，水主流动又是马星。申酉为财，为漂亮的女人在生助其夫，水旺水满就自流，所以此男人到申酉年会跑了。

第三节　如何测疾病与伤灾

一、测疾病

常言道：人食五谷杂粮，岂有无病之理。又言：有啥别有病，没啥别没钱。可见，疾病是人人都不愿接受却又是谁也无法抗拒和回避的现实存在。然而，并不能因为无法抗拒和回避就对疾病听之

任之，而是要积极地预防和治疗。努力减少疾病给人们带来的危害和痛苦。我国古代就有扁鹊、张思邈、华佗、李时珍等许多被称之神医的优秀的医学家为人医病治伤。现代医学的发展更突飞猛进、日新月异。现在，有许疑难病症已经得到了有效的控制和治疗。为了更好地配合医治疾病，我们还可以用周易的神奇功能对疾病进行预测。

测疾病要注意区分两个问题：一要看是测自己的病还是代测他人的病；二要看是测病还是测病症。

测自己的病和代测人的病在取用神方面既有相同之处，又有不同之处。因此，要特别注意自测病和代测病在取用神上的差异。测病情是已经确诊或知道了身患何病而求测此病程度如何、何时能愈；测病症是不知身患何病或病难确诊而求测到底身患何病。当然在测病症时也包含了测病情，测病情也可兼看病症，二者不能完全割裂开的，只是要注意区分主次。

测自己病，以世爻为本人，以官鬼为病症，以子孙为医药、医疗手段，以妻财为饮食状况。自测病，要首看哪一六亲持世。判断其内在的信息，在此基础上再做进一步的推断。

子孙持世者，为有利治病之象，若旺相，不被刑冲克害，则治疗效果好，用药即可痊愈。官鬼持世者，为不利治病之象，不论旺相休囚，皆主病情缠绵，久治难愈，逢子孙旺相时，病可好转。但日后旧病复发，终是难以去除病根。父母持世者，为不利治病之象，因父母克子孙，子孙为医为药，故测病遇之，不论旺相休囚，都是用药无效，医疗效果不佳，病难治愈之象。妻财持世者，兄弟持世者，世爻旬空者，为自己不想求医。自测病以官鬼为病症，旺相者病必重，衰弱者病必轻。若安静则可安卧静养，若发动者则是躁动不安。

以官鬼所临之五行判断病症。

官鬼临金者，呼吸系统及风湿类疾病。官鬼临木者，为肝胆方

面的疾病。官鬼为水者，为肾功能及泌尿系统的疾病。官鬼为火者，为心血管系统的疾病。官鬼为土者，为脾胃方面的疾病。

以官鬼所居之卦判断病症。

官鬼居乾卦者，为头部的疾病。官鬼居兑卦者，为口腔、咽喉部位的疾病。官鬼居离卦者，为目疾或心血管系统的疾病。官鬼居震卦者，为足部或肝胆方面的疾病。官鬼居巽卦者，为股部的疾病。官鬼居坎卦者，为耳疾或肾脏疾病。官鬼居艮卦者，为手部或脾脏疾病。官鬼居坤卦者，为腹部胃部疾病。

以官鬼所临之六神判断病症。

官鬼临青龙者，为饮酒纵欲过度、虚弱无力之症。官鬼临朱雀者，为言语狂乱、身热面赤之症。官鬼临勾陈者，为消化系统之疾病。官鬼临螣蛇者，为夜生怪梦、心神不安之症。若官鬼属木克世者又有自缢之象。官鬼临白虎者，为伤筋损骨、跌打损伤，女子为血崩、血晕之症。官鬼临玄武者，为纵欲过度、阴虚、忧郁等症。

以官鬼所在爻位判断病症。

官鬼在初爻为足部疾病。官鬼在二爻为腿股之疾病。官鬼在三爻为腰腹部位的疾病。官鬼在四爻为上腹部位的疾病。官鬼在五爻为胸腔部位的疾病，如官鬼为戌土，主呼吸疾病。官鬼在六爻为头部的疾病。

在实际应用中对于以上几种不同的判断病症的方法要进行综合分析，灵活运用，如官鬼在初爻为足部有疾，官鬼在震宫为足部有疾，如果官鬼在初爻且居震卦则应是明显的足部疾病的信息，若再临白虎则可断为足部有伤筋动骨之疾。又如官鬼为火者，为心血管系统的疾病，官鬼居离卦者为心血管系统的疾病，五爻为胸腔，为心脏所在的部位，若官鬼为火居离卦且在上卦，则可断为心血管系统的疾病，若官鬼为火居离卦不是在上卦而是在下卦，则不一定是心血管系统的疾病，应以官鬼的旺衰而论，若官鬼旺相者仍可以心

血管统的疾病论之，否则就不一定了。同理，如果官鬼为火在五爻，有心血管系统疾病之象，但若居于坤、艮之卦且休囚衰弱，就不一定是心血管系统的疾病，所以要综合运用各种判断的方法，灵活对病症进行判断。

测疾病者，官鬼不可不上卦，官鬼若不上卦，则疾病不好检查，难以诊断，当然也就难以治愈。官鬼若不上卦，可查看伏于何爻之下以断其病。官鬼伏于世爻之下，必是旧病复发，是何病？用上述判断病症方法参断。程度如何？可依官鬼的旺衰而断（以下同此）。

官鬼伏于妻财之下，必是饮食失调而致之病症。官鬼伏于子孙之下，必是饮酒、纵欲过度，或冬穿过暖、夏卧过凉，或滋补过量等所致的疾病。官鬼伏于父母之下，必是劳力伤神，或衣服寒暖失时所致的疾病。官鬼伏于兄弟之下，必是赌博负气、口舌争执及食欲不振而致病。

从官鬼的状态来看病情。

官鬼临日辰旺相者，为突发之急病。官鬼临月建旺相者，为病情较长，已有月余。官鬼两重夹世爻者，病情必重，为大凶之兆。官鬼若发动于本宫者，为发病之初即知病症。官鬼若发动于他宫，且本宫无官鬼者，为早有病灶潜伏于身而不知晓，现症状已明现方才知觉。官鬼化进神化长生者，为病情逐渐加重，化退化空、化破、化绝、化回头克为病情逐渐减轻。官鬼为休囚死绝者，其病情必轻，若遇日辰或动爻生扶则其病必又加重，官鬼得妻财生者，必是因贪饮贪食或贪恋性事而导致病情加重。

官鬼发动者，皆是病情严重之兆，若得日辰或动爻冲之，谓冲散，则是虽然病情严重，但必能有救，不至于死。若官鬼发动无日辰或动爻冲之，却被日辰或动爻合住或克制，也是有惊无险、病情有治之兆。

官鬼发动冲克诸爻可发现病症（亦应综合判断）。

官鬼冲克初爻者，为足部有伤病。官鬼冲克二爻者，为腿股有

疾。官鬼冲克三爻者，为腰部及下腹部位有病痛。官鬼冲克四爻者，为上腹部位有疾病。官鬼冲克五爻者，为胸腔部位有疾病。官鬼冲克六爻者，为头部有疾痛。

测疾病者，以子孙为医药、医疗手段，宜旺相，不宜休囚死绝，若有日辰、动爻生扶就更为有利，必是有名医、良药，其病必愈若被刑冲克害则为不吉之兆。不是药不对症，就是庸医误人。

子孙又以出现一位为好，若多重出现，则有用药不专一或有病乱投医之象。子孙旺相，官鬼休囚衰弱者，必是药效显著，疾患将迅速治除。子孙休囚衰弱，官鬼旺相者，必是病情严重用药量轻，虽经治疗却无明显效果。子孙化进神者，必是增加了用药剂量，或改用了疗效更好的药物，或用了进一步的治疗方法而使改善了治疗效果。子孙化伏吟或化退神者，必是药效甚微或根本就没有效果。子孙化官鬼者，必是用药不对症，反而加重了病情。子孙化父母者，必是用药没有效果，或根本就没有有效的医药和医治方法。子孙化妻财者，必是因为饮食不当影响了药效，导致疾病没有得到很好的治疗。子孙化兄弟者，必是用药的效果比较理想，但同时会产生副作用，也会导致食欲减退。子孙被父母发动克制者，为用药不奏效，若日辰或动爻冲开或合住父母，则需增大用药剂量，其病尚可能治。子孙旬空者，求医问药已是徒劳，但同时官鬼也旬空者，却可以不治自愈而不必服药。

测疾病者，以妻财为饮食，若不上卦必是食欲减退，不思饮食，若遇旬空则已是难进食。

妻财宜静不宜动，若动于卦中，必主不吐则泻，妻财在上卦动是呕吐，在下卦动者是腹泻，上下俱动者，是上吐下泻，若逢日辰或动爻合住则是欲吐吐不出，欲泻不能泻。妻财与官鬼同动者，已是病入膏肓，难以救治，纵有名医良药，也是枉然。

以上是自测病的基本依据和方法，代测他人病的方法与自己病

的方法总体上是一致的，所不同的就是用神的取法，自测病是以世爻为用神，代测他人病则按六亲取用神。即测父母病取父母爻为用神，测子女病取子孙爻为用神，测妻子病取妻财爻为用神，测丈夫病取官鬼爻为用神，测兄弟姐妹病取兄弟爻为用神。

代占他人之病也以官鬼为病症，以子孙为医药、医疗手段，妻财为饮食，这里涉及到了一个问题，就是在测丈夫时应以官鬼爻为用神，测父母时应以官鬼爻为原神，可是官鬼又为病症，这就使得判断无所适从。

测丈夫病，以官鬼爻为用神，应安静有气，不宜发动，若妻财发动相生者亦为吉兆，若子孙持世则为凶兆。官鬼不上卦或旬空者，都是夫病难诊难医之象。官鬼有气，子孙旺相安静者是为吉兆，但子孙若发动则非吉兆，若官鬼动化子孙者也非吉兆。父母旺相发动者，其夫必病情严重，亦无良药可医。

测父母病，以父母爻为用神，以官鬼爻为原神，都应旺相，不宜休囚空破，若官鬼在卦中发动或临日月皆为吉兆，但若父母化官鬼虽为回头生，但其象却是用神化官鬼，乃为凶兆（切记凡测病遇用神化官鬼或官鬼化用神及用神化回头克者皆为凶兆）。妻财旺相发动者，为发病急，病情重。兄弟旺相发动者，为病情较长，已无良药可医，亦为凶兆。

测妻病，以妻财爻为用神，以子孙爻为原神，忌兄弟持世子宜动但妻财不宜动，皆以旺相为佳。官鬼若发动或妻财化出官鬼皆为凶兆，都是病情严重，且有生命之危。兄弟若发动或妻财化出兄弟皆为凶兆，必有生命之危。父母若发动者，必是医疗条件差，用药没有效果，疾病得不到有效的治疗。

测子女病，以子孙爻为用神，以兄弟爻为原神，皆宜旺相，若兄弟发动生子孙或子孙化兄弟者，皆为病情好转，即将治愈之兆。父母发动或子孙化出父母，皆为病情严重，有生命之危，若兄弟同

时发动则可有救。妻财发动或子孙化妻财者，必病情长，身体虚弱，长期医治亦无明显好转。妻财和官鬼若同时发动者，必是病情严重，已无可救药。子孙发动化官鬼或官鬼发动化子孙者，是为大凶之象，多是必死无疑。

测兄弟病，以兄弟爻为用神，以父母爻为原神，宜旺相不宜休囚衰弱。父母发动或兄弟动化父母者，皆为疾病得治、身体康复之象。官鬼发动或兄弟化官鬼或官鬼化出兄弟者，皆为病情严重，有生命之危。官鬼与妻财同动者，为已患不治之症，寻医问药已是枉然。子孙虽可克制官鬼，但若发动必泄兄弟之气，故子孙不宜发动，否则必是病情加重，难以治愈。

从以上代测他人之病的基本依据和方法中，可以看出几个规律性的结论：用神宜旺相，不宜休囚衰弱；用神宜生扶不宜受克；用神忌被泄；用神化官鬼或官鬼化用神皆为大凶之兆。

详细归纳如下：

1. 测病，以爻位定身体的部位，以卦象定病的轻重，以五行定是什么病情。（水为血液，火为神经、血管，土为皮肉，金主骨，木主肝胆，主小肠）。

2. 观看六个爻位，那个爻位受冲克最重，最弱者就是病。逢艮卦、坤卦，戌未土一般主癌，丑土辰土主瘤；巳火、申金临蛇鬼主手术；逢冲克在坤、震、乾三个宫位，主车祸；在巽、坎、兑三宫，主打伤之灾；水火冲主心脏病突发，在六爻，主脑充血；金木冲克主手术车祸，若冲用神入库为住院；月、日冲克，用神卦中带刑主狱灾。（六爻为头，五爻主呼吸气管，四爻主心脏、肝胆，三爻主腹，二爻主小腹、大腿，二爻又代表男、女生殖器，一爻主小腿、足）。

3. 鬼化父，父化鬼，鬼化兄，兄化鬼，兄化兄，鬼化鬼，均主有手足胳膊腿有伤灾或手术之灾；若卦中官化官，兄化兄主有大伤灾；若带刑冲主伤筋断骨；若测父母之病，大忌兄弟旺和兄弟爻发动（兄

泄父之元气），兄爻要弱不宜动，动则病难治，若子孙旺，财动财旺，父必入黄泉。

4. 上六爻如临白虎动，均指高血压之病，如临蛇主外邪之病，多指头痛，偏头痛，四肢无力；若临勾陈，多指贫血，心脏缺氧，供血不足，手脚发凉，血压低，头痛，尿糖高或阴部有炎症。

5. 五爻被刑合为咽喉有炎症，或颈椎有病，临财爻暗动明动主呕吐，若是土爻多指食道癌；临未土，逢寅卯月、日或有木动，主肝胆病变，若火土旺为肝癌。

6. 四爻临戌土、未土有寅卯木合，或刑克为胸闷，若辰土化戌土，丑化未，均为乳腺癌。申金化巳火，或子冲午，巳冲亥或亥子水被辰戌丑未土冲克，（在四爻、五爻）均为有心脏病；水火冲主心律不齐，入火库血压高；若水弱主心脏缺氧（供血不足），如逢旺冲是心肌堵塞。

7. 三爻临酉金被月日冲克，主胃寒；若火土旺相，是胃热；若是木旺多指十二肠炎；若金水相生，指消化不好，常拉肚子。

8. 二爻临巳火化巳火，主小腹有手术之灾；若巳亥相冲女主剖腹产，临白虎腾蛇主难产，小孩夭亡；二爻临寅卯财，受日、月之克，或动爻之克，均主腰有病；若二爻土化土，土化火，火化水，均主女人妇科有炎症；若水化辰丑，主子宫有瘤；若火化土，主癌症，男人主炎症；若二爻财临白虎，子孙爻化鬼化父，女主好流产，或有开刀之灾。

9. 初爻被合，为走路不便，若金克木是跛子；若水土相克是高血压引起的半瘫；若是火金相克是骨折；兄化兄、鬼化鬼、必定是骨折；若下卦是艮、坤，金木休囚主偏瘫。

10. 以用神对照日支，看长生帝旺死墓绝十二宫旺衰，男怕临长生之日得病，女怕临淋浴之日得病；老怕帝旺之日得病，少怕衰日得病，中年怕死墓绝胎之日得病，逢之十中难有一存。

11. 官鬼夹世夹用神，命入黄泉；两鬼夹世，夹用神必死无疑；忌神化用神，用化忌有病难治；鬼旺病难治；用神化鬼，鬼化用均

为死象；世用临官鬼，遇长生帝旺不死则重残；又重病逢冲必死，近病逢冲则愈，近病逢合则死；卦气逢死绝，主病危；用神遇三刑死而无疑；用神与月日动爻构成三刑是有死无生（指刑用神）；鬼在震宫、巽宫临四爻五爻加蛇虎，主家中吊死少年人，若在初爻二爻主足肿或骨折。若官鬼在初爻临坎宫，刑冲主有小便不通之病；临白虎阳爻尿血，阴爻泄血，若水土相克是痔疮；若鬼克世爻克用，有刀伤破损之灾。

例1. 某地张先生测自病何日愈：

乙亥年　　　丁亥月　　　丁未日　　（寅卯空）

《火雷噬嗑》　　　　　　　　　**六神**

子孙巳火、　　　　　　　　　　青龙

妻财未土、、世　　　　　　　　玄武

官鬼酉金、　　　　　　　　　　白虎

妻财辰土、、　　　　　　　　　螣蛇

兄弟寅木、、应　　　　　　　　勾陈

父母子水、　　　　　　　　　　朱雀

张先生打电话来说，他自己摇了一个卦自测病，看什么时候能好。我根据《噬嗑》卦给他断了几点：

1. 肺部有病。张先生说：是的，是感冒引起肺部感染。

2. 甲辰日（三天前）得的病。张先生说：是的。

3. 乙卯日病好。后果如所测，卯日痊愈。

解析：

1. 测病以官鬼爻为用神，官鬼酉金临四爻为胸部。金主肺，故病在肺部。

2. 世爻未土在月休因临日建而旺，说明求测者身体很好，病是小病，能很快好。卦中寅木旬空，不克世爻，不是得病的原因，原神巳火月破，不生世爻，这是从卦象上找得病的原因，哪天得的病呢？往前推，甲辰日（三天前），世爻未土入辰日之墓，故是甲辰日得的病，何日好呢？关键在巳火什么时候能生世爻克官鬼，那么什么时候就能好。卯日，与月令亥、世爻未构成三合局生巳火，巳火克官鬼酉金，且卯日冲破鬼爻酉金，故卯日病好。

例2. 某地汪小姐占小姑病：

己卯年　　乙亥月　　丙寅日　　（戌亥空）

《泽山咸》　　　　**《水山蹇》**　　　　**六神**

	《泽山咸》	《水山蹇》	六神
	父母未土、、应	子孙子水、、	青龙
	兄弟酉金、	父母戌土、、	玄武
	子孙亥水○	兄弟申金、、世	白虎
	兄弟申金、　世	兄弟申金、、	腾蛇
妻财卯木	官鬼午火、、	官鬼午火、、	勾陈
	父母辰土、、	父母辰土、、应	朱雀

汪小姐给我打电话，报了个《咸》之《蹇》卦，要我测她丈夫的妹妹得了什么病，吉凶如何？当即我就指出：你的小姑得的是妇科病出血不止。汪小姐说：不知有救否？我说：大凶，难过亥日。

解析：

丈夫的妹妹，以官鬼午火为用神，居二爻是腹部有毛病，女人则是妇科病。鬼居艮宫临勾陈为子宫癌，用神月克日生无妨，不宜月建入爻动克用神，且卦中申酉金四重生助亥水，亥水临月旺而无泄，直克官鬼午火，待亥日亥水旬空填实为应期，亥为水，午火为红色，旺

水直克午火为大出血而亡。结果在亥日其小姑大出血，抢救无效而死亡。

例3. 某男测姑妈怪病：

<table>
<tr><td>甲戌年</td><td>未月</td><td>壬子日</td><td>（寅卯空）</td></tr>
<tr><td>《水天需》</td><td>《泽火革》</td><td>六神</td></tr>
</table>

	《水天需》	《泽火革》	六神
	妻财子水、、	兄弟未土、、	白虎
	兄弟戌土、	子孙酉金、	螣蛇
	子孙申金 × 世	妻财亥水、世	勾陈
	兄弟辰土、	妻财亥水、	朱雀
父母巳火	官鬼寅木〇	兄弟丑土、、	青龙
	妻财子水、 应	官鬼卯木、应	玄武

1. 怪病是如何产生的？

内卦代表家里、本地。二鬼在地爻说明是家中风水引起的毛病。二爻为宅用伏二爻在鬼下，是在家中得病。

2. 父巳火为房子，伏在鬼下，家里的房子有问题，鬼在乾，在西北方向的房子有问题。

二爻为房子，房子的新旧，以年的长生决定，新旧大小（以年月日也可以看），巳在年上处墓地说明是旧房子，休囚是小房子，寅为木，青龙临木，是放木材的房子，日水生木，初爻为水临玄武，是发霉的木材动了。木生火即烧火用的木材。

3. 问题出在这里，怎么化解？

把木材拿出来晒干就行了，寅木动了，孙申冲克寅鬼，病就好了。

二、测伤灾

自测看世爻和官鬼爻，世爻为自己，官鬼爻为伤症。官鬼爻在初爻，脚上有伤。官鬼爻在二爻，腿上有伤。官鬼爻在三爻，腰上

261

臀部有伤。官鬼爻在四爻，腹部胸部有伤。官鬼爻在五爻，喉部、面部有伤。官鬼爻在六爻，头部有伤。官鬼爻旺相伤病重，休囚伤病轻。官鬼爻伏而不现，其病因难查。官鬼爻持世，病根难除。子孙爻为医药发动生世，其伤病可医。子孙爻休囚受克，官鬼旺相，其病无治。近病逢冲则愈，重病逢冲则死。世爻与官鬼合入墓为大凶之象。青龙临用神或临子孙爻，伤病虽重终可医。

　　凶灾包括，伤灾、牢灾、病厄之灾。我们没有把它具体分开，目的就是在一卦一断的基础上，逐步转向一卦多断的高层预测。

　　兄弟临勾陈发动克世爻，有官非牢狱之灾。官鬼忌神临勾陈发动克世爻，有官非牢狱之灾。官鬼化子孙，兄弟化官鬼，主牢狱之灾。凡被三刑，尤其是兄官二爻来刑者，不论世或应多有牢灾。世兄或世官受克或自化回头克，易有牢灾。世兄或世官受克或自化回头克而又入墓者，必坐牢。兄多或官多克世，兄动或官动克世，兄化兄化进克世财，官动旺而反克世福者，均易有牢灾。兄动会兄局，或兄动临勾陈、朱雀易有牢灾。世兄旺而化财，或世官旺而化官临勾陈、朱雀者，必有牢灾。太岁克世必有牢狱。兄弟化兄弟，官鬼化官鬼，主有手脚之伤灾。官鬼动临腾蛇在五爻，主有车祸之灾。世临官鬼动化进，化克，临白虎，主血光之灾。兄弟临世动化进，临朱雀，主有口舌之灾。卦遇乾坎坤震主车祸之灾。

　　寅申巳亥主道路事故，辰戌丑未主坠落伤灾，子午卯酉主风流酒色之灾。

例1. 某地李先生拿来一卦：

乙卯月　　　　己未日　　　（子丑空）

《地山谦》　　《天火同人》　　六神

兄弟酉金 ×	父母戌土 、、应	勾陈
子孙亥水 × 世	兄弟申金 、	朱雀
父母丑土 ×	官鬼午火 、	青龙
兄弟申金 、	子孙亥水 、 世	玄武
妻财卯木　官鬼午火 、、应	父母丑土 、、	白虎
父母辰土 ×	妻财卯木 、	螣蛇

此卦成立我告诉李先生无财可求，反而会破财，并还有另外之灾发生，他说：财临月而旺，世爻与财爻半合局，应有大财。我郑重的敬告他，从农历七月到十月必败财，父亲有生死大灾，其结果李先生十月来电话说：从七月到九月破三万六千多元，父亲去世在八月初五。

解析：

此卦四爻乱动，财爻虽临月令，但却耗泄世爻之精气，生应爻，应爻代表他人，是他人得财之象。世爻亥水是月泄日克，与应爻相克，又入辰土库，身弱，具不利求财，均为破财之象。世爻亥水动化申金，回头生，但申金生不了亥水，因申金绝于月休囚无力。应爻旺相坐官鬼，反克世爻很明显是破财之象。世爻与月日三合财局，但财生的是应爻，不正是破财之象吗。在一点卦中父兄同动，是水中捞月一场空，缘木求鱼一无所得，在这种情况下求财不利动，动者破也。

七月到十月破财，是兄弟爻旺相，财处死地，世爻临旺，可生财，但财去生应爻。正说明世爻旺相就要动，动者去生助别人，必是破大财之象。若世爻不动，处囚地，就破不了财。若财生应爻，应去

263

生世，就不同断法了，那就是得大财之象。八月死父，是父母辰土，化卯木回头克。八月，卯木虽值月破但有子孙爻亥水合生，不论破，而论旺相。卯木回头克父爻辰土，所以其父有生死大灾。若卦中亥水不动，或不上卦，那卯木论值月破。为什么正月二月卯木旺相时，其父无灾呢？因正月二月卯木旺相去生官鬼午火，午火通关生父。八月官星午火处死地不受生，不通关，所以其父死在八月初五，初五者是大忌之日也。

此卦很有突破性，望各位朋友多加领悟，并触类旁通，大胆实践，断卦技艺定会很快提高。

例2. 某地冯先生测兄弟运气：

戊寅年　　庚申月　戊戌日　（辰巳空）

	《雷山小过》	《火山旅》	六神
	父母戌土 ×	官鬼巳火、	朱雀
	兄弟申金、、	父母未土、、	青龙
子孙亥水	官鬼午火、　世	兄弟酉金、　世	玄武
	兄弟申金、	兄弟申金、	白虎
妻财卯木	官鬼午火、、	官鬼午火、、	螣蛇
	父母辰土、、应	父母辰土、、应	勾陈

我看了卦给冯先生讲：你弟弟曾坐过三次大牢，第一次是1989年进监狱，1991年出狱；第二次是1994年进狱，1996年出狱。这是第三次，你弟弟正在坐牢，会判刑三年。三次进监狱全是犯抢劫罪，这次是打劫一个女司机的汽车，被抓进监狱。冯先生讲：你所测的都对，只是判刑三年不可能，因我所找的朋友告诉我说不会判刑。我说：那就让事实来讲话吧！后到十月份，冯先生打电话告

诉我，他弟弟已被判三年有其徒刑。他问我是如何断出来的，我给他讲了卦中的玄机。

解析：

此卦是《小过》卦。小过者，过也，阳过于阴，主心中惶恐之状。卦无子孙，官鬼临世挂玄武；此卦又是游魂卦，必有徒罪之灾。世在震宫上有青龙，上六父母爻戌土临朱雀，虎蛇在内爻动也就是兄弟爻申金临虎暗动（申临月旺，太岁冲而动），必遭绳索之罪矣。应爻辰为天狱，日令戌为天刑，俱主狱灾之象。应在艮宫，艮主狱门，俱说明其弟有狱灾之苦。如要想知道此人何月何日入狱，首先要选好用神，细推卦中的动态。如看何日出狱，一个是看冲墓之年月世应逢旺相之年，鬼克世应者，鬼处死绝之地人可出。太岁冲克官鬼而生合世应者可出狱。日月克忌神，扶生世应，半月可出狱。日建冲克官鬼合用神，是花钱找人，七日内可出狱。此提示可供参考。

如此卦测弟的运气，就不难看出其弟已在牢中。首先，看世爻官鬼午火月上处病地，日上为库。子孙爻伏在世爻下旺而克，临玄武为盗，黄金策曰：官鬼持世心不安，无病必遭官，为什么不断有病呢？因子孙爻亥水临长生潜伏在身边克世爻，再一点是世入日库，应爻暗动临勾陈，蛇虎在间爻，具说明其弟是牢狱之灾。1989年（己巳）进监狱是申巳合太岁反冲子孙亥水，虎蛇玄武俱动，天罗是戌土盖头，地网辰土束脚，必是盗窃坐监无疑。1991年（辛未）出狱是太岁未合世午之故。1994年（甲戌）进监狱是上六父母爻值太岁朱雀星起动，不论何卦只要父母爻为辰戌丑未四土临朱雀动，必有官司缠身。1994年为甲戌年，财爻卯木与太岁戌合，财又伏官鬼午火之下，随鬼入库，信息提示不正是兄弟为劫财而入狱吗？

1996年（丙子）出狱正是太岁子冲官星午，冲去身上晦气，又申子辰合局引动戌土，放出午火，所断此年出狱。

第三次坐牢是1998年，太岁戊寅冲克兄弟爻申金，太岁冲用

神，必有大的伤灾，或刑狱之灾。太岁克世用一年难伸，兄动必劫财，为财而坐牢。再一点官星世爻临太岁之生，应该有喜事，为什么有灾呢？因官星挂玄武，指心术不正多指偷盗，火旺必进戌库，因此卦天罗地网以张开，逢木旺、火土旺、金旺之年都有进监狱的信号。再看应爻辰土旬空，坐勾陈主牢狱，逢空本身就不吉。怎么看出是偷车呢？因戌日冲起初爻父母辰土暗动，父母爻代表车，官鬼父母爻在震宫也主车，因卯木财爻伏在鬼下，《小过》为兑卦主少女。所断是一位女司机的车被抢劫。

第四节　测官司

测官司不论原告还是被告，均以世爻为自己；以应爻为对方；以官鬼为司法部门，罪责以及诉讼成因；以父母为证据，诉讼以及案卷；以妻财为理；以子孙为调解、消灾避祸；以兄弟为破败耗散；以间爻为证人；以日月为上级机关，为靠山。

测官司首先要看诸爻持世所反映的内在信息，在此基础上结合月日以及卦中的动变情况进行参断。

若官鬼持世，不论旺相休囚，皆主本人无理，或有罪责，是不利之象。若父母持世，是本人有理有据，法庭亦支持自己，若旺相不被刑冲克害，不空不破，必能胜诉，为有利之象。若妻财持世，是本人有理，但宜静不宜动，动则克父母。父母为证据，是虽有理但无证据；若被兄弟所克，则是有理也不能分辨。若兄弟持世，是不利之象；若旺相或发动，必劫财破耗；若官鬼旺动，定主法庭不助自己，且处处刁难；只有当父母旺相发动生之，则是自己证据充分，方可胜诉，然而破财亦在所难免。若子孙持世，旺相或发动者，不用打官司，可自行调解，必能如愿。

以世爻和应爻的状态及相互关系参断：

一般来说，以世克应者为我胜他，应克世者为他胜我论之。但在应用中必须看其旺衰，若虽世克应，但世爻衰而应爻旺则我难胜他；若虽应克世，但应爻衰而世爻旺，则他难胜我。若世爻静而克应爻，而应爻发动者，是对方有通变之谋，即使世爻旺相，我也难以胜他。若应爻静而克世爻，而世爻发动者，是我有斗彼之法，即使应爻旺相，他也难以胜我。若世应俱旺，则施克方当胜出一筹，然而还应依日辰、动变等综合参断。

若世爻旬空，是本人理由不充足，对打此官司没有信心，所以本人若是原告，应及早撤诉；本人若是被告，则应设法躲避，切不可与对方争讼，否则必遭败诉。若应爻旬空，是对方有意息事，若对方是原告，必是有心撤诉，若还没告，则不能成讼，若对方是被告，必是已经躲避，而难以成讼。若世爻和应爻皆旬空者，是诉讼的双方皆有息事之意，故官司必将退散。若世应相生为求和之意，世爻生应爻者，为我有意求和，应爻生世爻者，为他有意求和。若生中带刑（如子卯刑，寅巳刑）则求和是假，不可轻信。若世爻与应爻动而相生，为主动求和之象。世动者，是我主动，应动者是他主动。若世爻与应爻相合者，双方皆有和好之意，世爻生合应爻者，是我主动和好，应爻生世爻者，是他主动和好。凡遇合中带生，双方必能和好，若是合中带克或合中带刑者，则虽表面上和好，但暗中还是不和。若世爻和应爻比和，是双方亦有和解之意。若诸爻皆安静不动，必是双方自动和解。若子孙发动，则是有人相劝而和解。若官鬼发动，是双方虽欲私自和解，但司法部门已审理此案，不允许和解。若日月刑克世应，官鬼休囚安静，是双方欲和解，当庭也已同意，但上级司法部门不允许。

官鬼代表司法部门，一般指法院、法庭。若旺相或发动者，法庭对此案的审理积极主动，若休囚、安静或动而化退、化空、化墓

者则法庭不愿过问、或审理得不积极。

若官鬼克世爻，是法庭对自己不利，若官鬼克应爻，法庭对对方不利。若世应俱被官鬼所克，则双方皆有罪责。官鬼所克者，必是兄弟。若父母发动，则是法庭虽欲治罪，但因案卷、讼词等证据不足，因而无法治罪。若对方是原告我为被告者，则宜官鬼休囚安静，不宜旺相发动，否则必将成讼。若官鬼空、破、墓绝，或卦中无官鬼，必是此案不属法庭审理范围而不受理。若妻财旺相发动，则可花钱要求立案审理，到官鬼旺相之时即可审理。若卦中两重官鬼，为此案必由两处审理，若有一官鬼发动，则其方位就是此案终审之处，如卦中鬼官为申酉，而申金之官鬼发动，则西南方为终审之处，若官鬼化官鬼，是事有反复或事关两起官司。若官鬼伏于世爻之下，则此案没完没了，诉讼难以了结，即使暂时不被追究，待官鬼临旺相或透出之时，必将引起诉讼。若问罪者，官鬼代表罪责，若旺相者，其罪责严重，若衰弱者，其罪责较轻。若问官司起因，则以官鬼所临六神参断。

官鬼临青龙者，是因婚姻等事引起的诉讼，不过虽然有诉讼，但不会有凶祸。官鬼临朱雀者，是因口舌、诽谤、合同、契约、文书等引起的诉讼。官鬼临勾陈者，是因土地、房产、山林、树木等引起的诉讼。官鬼临腾蛇者，是因被人牵连，或土地官司等引起的诉讼。官鬼临白虎者，是因与人殴斗凶杀等引起的诉讼。官鬼临玄武者，是因奸淫、盗窃等引起的诉讼。

父母代表诉状、证据、案卷等，若本人为原告，则世爻临父母旺相发动亦为最有利之象，必是在法庭上有理有据而占据主动，若官鬼有气或发动，法庭亦支持自己，此官司必胜无疑。父母若旬空，则状词不实，或案卷不全。诉讼的理由亦不充足，若本人为原告，宜当慎重，唯恐官司难胜。父母若动而化退，有被撤诉之意。父母若临世爻，是我告他，父母若临应爻，是他告我，若发动者，是已经行动，若动化死墓空绝则告不成。若逢合住或克制，必是有人阻止状告。父母若

被刑者，是证据不充分，诉状多有破绽，必被驳回。父母若化回头克，或入墓者，皆主诉讼不完善，没有强有力的证据。父母两重，或月日及变爻俱带父母者，乃重叠太过，为状告多次亦难成讼之象。

若官鬼父母俱旺者起诉状告均被受理，但若妻财动而官鬼静，则必是诉状有欠缺而状告不成。若父母旺相而官鬼休囚者，是状词庞大而诉事却细小。若父母旺相官鬼旬空或卦中有父母而无官鬼者，皆为虽然证据充足，状词完善，但法庭却衍搪塞而不愿受理。若两官两父者，必是事情缠绵不决，难以了断。如自己是原告，则需再次起诉方有望告成。若父母官鬼同动者，起诉讼告皆可成事，但是若官鬼化子孙，必是状告时被人阻挠。若是父母化空化破化墓绝，世爻又被官鬼刑克，或带自刑，或被日辰冲克，必是因证据不充分，状词不准确而遭法庭的责难。若父母有气，不被刑冲克害，而官鬼休囚死绝，则起诉状告者虽有理有据，但法庭却推脱搪塞而不予受理，若妻财发动生起官鬼，则是法官贪财，只需用钱买通，此案必然受理。若诉讼已成者卦遇此象，则是法官贪财而有意拖延不办，只有送上资财，官司方可结案。若父母临太岁动，是上级司法机关提审案卷。若父母被太岁、月建冲之，是案卷或上诉状词被上级司法机关驳回。

妻财代表理，临世爻为我有理，临应爻为他有理，若官鬼刑害妻财，则有理也没用，法庭亦不理不睬，若遇兄弟旺动而克妻财，则必是有理亦不能分辨。若本人为原告，妻财则为忌神、或发动、或持世、或值日辰月建，皆主证据不足，状词不准，起诉状告必不被受理。

子孙代表调解、消灾避祸，子孙持世旺相者，讼事自当和解。子孙若发动者，其讼事也可化解，尤其是被告者，最喜子孙旺相发动，或持世生世。若官鬼动而克世爻，遇子孙临日月或旺而发动，则本人亦无大的灾祸。或官鬼动化子孙，虽克世，但亦无大灾祸。

兄弟代表破败耗散，世爻临之或动而克世，皆主破败耗散，倾家荡产之兆，若动而化进神或临白虎动则更为惨重，打官司必当破财，

若应爻临兄弟则对方有破败之象，但若应爻临兄弟得父母动而相生，又克世爻，则是自己受其所害。若兄弟持世而应爻临官鬼，或官鬼持世而应爻为兄弟，是双方俱有罪责，官鬼持世者，罪责由我引起，官鬼临应者，是罪责因他而招。若兄弟在间爻，间爻亦为证人，此案牵涉的人多。若旬空，则虽牵涉的人很多，但到法庭出证的人很少。若兄弟在间爻发动而冲克世爻，则是证人问自己索要贿赂，冲克应爻者是向对方索要贿赂。

　　间爻代表证人，生合世爻者是必然向我，生合应爻者则必向他。冲克世爻者是与我有仇，冲克应爻者是与他有隙。若旺相之间爻生合世爻，衰弱之间爻生合应爻，必是助我者有力。助他者无能，反之，则是助他者有力，助我者无能。若两间爻一静一动，如果安静者生应爻发动者克世爻，则是向他的证人虽不出面，但指证我的却很主动。若间爻冲克世爻又生合应爻比和，则是自己被对方与中证人合谋陷害，若此间爻被官鬼克制或日辰冲散、合住，则是法庭明察，不被其言所惑，自己亦不至被陷。若间爻被刑冲克害，必是中证人受到责罚。

　　看有无贵人相助，当以生合世爻应者论之。若月建、日辰生合世爻者，是上级司法部门有人助我，生合应爻者，是上级司法部门有人帮他。若间爻生合世爻者，是中证人助我，生合应爻者，是中证人帮他。若官鬼生合世爻者，是法院有人助我，生合应爻者，是法院里有人帮他。若动爻生合世爻者，是有人出面助我，生合应爻者，是有人出面帮他，是何人相帮相助，以动爻所临的六亲和爻位断之。

　　测官司卦逢六冲则容易结案，若卦遇六合则官司难解。当然还要看月建和日辰的合冲情况，比和，卦逢六冲却逢日月合住，必是当庭欲速断速决，但上级司法机关却不允许，同理，卦遇六合而逢日月冲之，则是法庭当决不决、当断不断，但上级司法机关出面使之速决。

例1. 某女士求测丈夫运气卦：

癸未年　乙卯月　戊戌日　（辰巳空）

《雷山小过》	《雷风恒》	六神
父母戌土、、	父母戌土、、应	朱雀
兄弟申金、、	兄弟申金、、	青龙
官鬼午火、 世	官鬼午火、	玄武
兄弟申金、	兄弟酉金、 世	白虎
妻财卯木　官鬼午火 ×	子孙亥水、	螣蛇
父母辰土、、应	父母丑土、、	勾陈

　　断：根据卦象我断其夫犯了经济官司，去年被抓起来了。其夫是个管财务的官，是做了假帐贪污公款，且数额巨大。小王说：她丈夫是去年被抓起来的，确实是做假帐贪污了公款。贪污了100多万元。

　　此案必经两审才能定案，现在一审已经下达了判决书。最少要判到2012年壬辰年。小王说：法院一审判决是11年（从壬午年到壬辰年是11年）。

　　分析：从卦象来说，《雷山小过》主有过错之事，从六爻分析，先看用神，官鬼为用神临午火，午为自刑，动又化出子孙亥水回头克，又入日建之戌库，子孙爻代表司法部门，墓库代表监狱，世后之动爻代表过去之事，用神临午火，那么过去的时间里只有壬午年太岁临用神午火，故断其夫壬午年被捕入狱了。午为自刑，说明是自己造成的过失，用神伏藏，透出必应凶。此卦财爻伏藏，鬼动泄财为忌神，财伏鬼下，必是因财起祸端。故断是经济官司。用神官鬼午火临二爻，二爻、五爻为中正之位，五爻为天子，二爻为大夫，且官星得月建之生旺象，故为当官之人。财爻不上卦伏在用神官鬼

爻之下，财被用神把住，说明其夫管着经济大权。父母爻代表帐目，应爻临父母辰土旬空化退又日建太岁刑之，空者主虚假之象，刑者说明帐目有问题，故是做假帐而贪污公款。财虽伏藏但临月建并起旺相，又太岁为财库，太岁之库为大库为国家之库，且亥卯未合成财局，故其夫贪污的数额巨大。卦中两官两父必经两审定案。父母戌土临日建并起旺相，说明第一审已经下达了判决书。应爻辰土旬空，说明二审还未下达判决书，但日建冲之暗动，说明已上诉到中级法院。用神动而入日建之库，必待辰土收子孙亥水入库，官星无制，同时冲开戌库用神得出，才能出狱。因此案金额巨大，不是小案，故待流年太岁临辰土时才能冲开戌库。故断到壬辰年才能出狱。

例2. 某地庞先生电话求测近运：

壬午年　　子月　　丁丑日　　（申酉空）

《水山蹇》	《水风井》	六神
子孙子水、、	子孙子水、、	青龙
父母戌土、	父母戌土、世	玄武
兄弟申金、、世	兄弟申金、	白虎
兄弟申金、	兄弟酉金、	腾蛇
妻财卯木　官鬼午火 ×	子孙亥水、应	勾陈
父母辰土、、应	父母丑土、、	朱雀

断：财运长久不佳，本月一般。明年寅月防因财或女人有灾，若小心应对，还可得财。壬午日小有不顺。庞先生问：婚姻如何？答：婚亦不顺，女人纤细漂亮，可惜不是有夫之女就是有花病。白虎临世，庞先生有灾。庞先生当即在电话中反馈，准确无误。特别是那女人有妇科病。

分析：财伏鬼下，太岁入卦动而泄财，故财运长久不佳。本月冲破午火不泄财，伏财得出受月生旺，有财之象，但兄持世，财运一般。明年癸未年寅月，生旺鬼午克世，月冲破世爻入日墓，又临白虎，实为凶象。财冲鬼克，防因财或女人生灾。但财冲世，又是财寻我之象，若小心应对（化解），还可得财。壬午日，鬼值日而不破，泄财克世，幸有亥水回头牵制午火，减其克力，故只小有不顺。看婚，财卯伏官下临勾陈，女人纤细漂亮，又是有夫之妇或有花病之象（卯为桃花伏鬼下，午火自刑又临勾陈，性病之象也）。世为兄申临虎，有勇也。

依上分析，寅月不但无财反有灾，明眼人一看便知，但卦中又已兆示此灾可解：寅午戌合局是玄机！今戌土静，病点在此，于是教其按择好日子，采用道法在住宅之戌方化解，人为的使戌土动起来，成寅午戌世申连生之局面，使气场之五行流转有情于世，即可化凶而变吉，使世得益也。故经化解不但无灾反得大财，但世临虎又月破，大灾可解，小不顺难免，这也是易理之所在也。

后经反馈，庞先生依计而行，避免了寅月中之灾，虽小有不顺，但得了一万六千多元的财。庞先生感激不尽，还说因之而成功地办成了一所武术学校。

第五节　测事业

事业者，表示所从事的工作、行业也。从行业的大致范围去讲，有工农商学兵政；工种上有文职、武职、服务员、公务员、领导、老总等，不胜枚举。

测事业具体指：官运、考学、考工等。预测事业，如工作、职位、升学、企业、生意等的前景，对于在职人员，关心的是工作是否顺心，工作能力如何，与领导或同事的关系怎样，能否干得长久，经济收入如何，职位能否提升等；对于工厂、企业、公司、店面生意，

关心的是有没有发展，领导（老板）与职工的关系如何，经济效益怎样，有否官非口舌等不顺之事；对于考学关心的是学习成绩如何，考上什么样的学校，是否满意将来的前途怎样等。

分门别类而断，抓住用神不放。

一、取象

因预测事业大多与经济相关，在取象上与测财运类同，如五行取象，卦象、爻象、六神取象。

（一）爻位

（1）占企业爻位：上爻　董事长

五爻　总经理

四爻　经理

三爻　副经理

二爻　部门经理

初爻　职工

相对而言，初三爻为卑位，二四五六为尊位。断单位领导，以五爻为用，职工为初爻为用。

（2）占考试爻位：上爻　考场

五爻　试官

四爻　监考

三爻　同学

二爻　伴人

初爻　自身

（二）爻象

官爻是占事业的用神，代表职位、官职、工作性质等，是判断事业是否有发展的基本依据。

父爻代表企业、单位，还表示工作变动否、调令、调函、工作方面的信息、策划、项目等。

财爻代表经济收入、经济效益、财运、官之原神。

兄爻代表同事、职工、小人、口舌、阻隔、劫财等。

孙爻代表经济来源、产品、商品、顾客、剥官之煞等。

世爻为求测者本人，应爻为他人、他事、他方、别的单位、顾客、地头等。

二、用法

（一）测官运

六冲卦为凶，六合卦为吉。子孙爻安静为吉，子孙爻发动为凶。求官，官鬼爻旺则为官，衰则为鬼。一般官爻持世且旺最吉，官旺生世亦利。官衰则表示官小或无。官鬼持世，卦中财爻发动生合，求官必成，而且官职大，工资高。父母爻在求官中表示单位，旺则单位大。衰则单位小。父母持世，官鬼爻发动生合，求官必成，但属花钱当官之象。子孙爻持世，求官不利，官鬼爻最怕子孙爻动克，克则易丢官。子孙持世多与官无缘。官鬼持世动化子孙回头克，不但无官可求，反而有祸殃。兄弟爻持世或发动，求官有阻力，不利求官。有制无妨。官鬼化财表示得助、进取；化父名盛；化兄会破财；化子定失职。看官子午卯酉为正职。判断官为何官，以五行属性来分析。木多为科技、火多为教育、土多为建设、金多司法、水多为巡察。根据官爻的动变情况、所处爻位决定职位的大小与职位是否有变动，财爻是官爻的原神，是升职与否的关键。

孙爻是剥官之煞，求职者不宜发动或克世；生意者，孙宜旺动生财，财源滚滚。父爻是工作调动或信息的反映，父旺者有工作调动之象；占生意，不宜父旺动，因父动要伤孙。兄爻在占工作事业上为竞争对手，为小人、欺诈，不宜发动克世，或合去官星，不利官职。

空、破、休囚不宜临官爻、财爻。官爻不宜旺动克世冲世，宜生合世爻，孙爻不宜旺动克官爻，或孙爻持世或世临官爻化子孙爻。凡占事业，财官两旺，世爻无咎者，为两全其美。

（二）对企业前景的预测

父爻为企业，旺衰为大小，动变为扩大项目；官爻为耗财是非官司；财爻为经济效益；兄爻为竞争对手、劫财、口舌是非、同事；孙爻为顾客、产品、销售、财源；世爻为占者本人；应爻为他人他事；五爻为老板；初爻为员工；二爻为房宅；三、四爻为门户；内卦为企业，外卦为人、财路。从父爻、财爻上论企业前景。卦中不宜官爻动，动必招非，旺静为佳；兄动破财，财动伤父。

测考工，以世爻和官鬼爻，应爻为用神。世爻旺相，自身能力强，世应相合，官鬼爻生合世爻，考工定能录用。官鬼爻动克世爻，考工不成。应爻克世爻，对方不愿意要。应爻空亡，对方不实，不能录用。卦遇六冲，考工无望，卦遇六合，终能遂愿。

（三）占考学

测考学，看官鬼爻和父母爻，官鬼爻代表名气，父母爻代表学习成绩，旺相吉，休囚死墓为不吉。官鬼爻持世，父母旺相，表明成绩好名气大，定能考取。父母爻持世，官鬼爻旺相或发动，为名气通身，定能金榜提名。妻财爻发动克父母爻，考试难以如愿。兄弟爻发动泄父母爻，考试有阻力，不宜科考。父母爻伏藏，学习成绩不理想。

以世为主，父占子以孙爻为子女。官爻为名气，父爻为成绩；孙爻为破坏名气之神，财爻是破坏成绩之煞，不宜旺动。断卦要点：世、官、父为主，应爻为所去的学校或以另一个父爻代表之。

例1. 测儿子是否能出国留学：

甲戌年　　甲戌月　　戊辰日　（戌亥空）

《山风蛊》　　　　《山天大畜》　　六神

	《山风蛊》	《山天大畜》	六神
	兄弟寅木、应	兄弟寅木、	朱雀
子孙巳火	父母子水、、	父母子水、、应	青龙
	妻财戌土、、	妻财戌土、、	玄武
	官鬼酉金、世	妻财辰土、、	白虎
	父母亥水、	兄弟寅木、世	螣蛇
	妻财丑土 ×	父母子水、	勾陈

　　测儿子出国留学，取子孙巳火代表其子，官爻代表名气和学校，父母爻代表成绩，出国护照。

　　今官爻酉金得日月之生旺相，得卦中旺土动生，且临虎，必是龙虎榜上有名，并且考上名牌大学。卦中父母双重，处衰墓之地，但旺官能救衰父，待时而用。子孙巳火伏父爻子水之下本受克，幸卦中财动丑土合子，巳火得出受寅木之生。卦中丑土，寅木为贵人星，帮助之人，财动生官，必是侥幸得名。寅木生用神，必得推荐之力。

　　乙亥年，父爻亥水出空填实，寅亥合，寅木得长生生巳火，亥为贵人马星，巳火在巳月临旺地，此时官旺印旺身也旺，其儿子出国了，亥在乾宫为天马，乾宫在西北，天行健，出国西方国家——美国留学了。

例2. 冯某电话测考会计师是否成功：

癸亥月	丁卯日	（戌亥空）
《泽风大过》	《天山遯》	六神
妻财未土 ×	妻财戌土、 应	青龙
官鬼酉金、	官鬼申金、	玄武
父母亥水、 世	子孙午火、	白虎
官鬼酉金、	官鬼申金、 世	螣蛇
父母亥水○	子孙午火、、	勾陈
妻财丑土、、应	妻财辰土、、	朱雀

父母亥水持世临月旺，与日合，与财爻未土成三合局，世旺印也旺，能考上。财爻未土发动克亥水世爻，因亥临月而旺克不动，反生酉金连生亥水。父母两现，有两个单位要他。父亥化子孙午火，子孙为财之原神，午火为电，到电信公司比较好。官星酉金化退是原单位小，不理想。父爻动表明要调换单位。问学校在何方，财经学校，午火为原神，在南方。

最后此人考上会计师到南方学校学习了。

例3. 测子报考重点高中成否：

	巳月	乙卯日	（子丑空）
	《山天大畜》	《地风升》	六神
	官鬼寅木〇	子孙酉金、、	玄武
	妻财子水、、应	妻财亥水、、	白虎
	兄弟戌土、、	兄弟丑土、、世	螣蛇
伏：子孙申金	兄弟辰土、	子孙酉金、	勾陈
伏：父母午火	官鬼寅木、 世	妻财亥水、	朱雀
	妻财子水〇	兄弟丑土、、应	青龙

　　能考上。官星寅木持世在月休囚日扶助为旺，上爻官爻发动化回头克，酉金月克日破，故无防。官旺主有名气，主重点中学。父爻午火伏官爻寅木下得长生，日生月扶为旺相，分数线高。巳午月父母爻旺，子孙申金受克，为暂时拿不到录取通知书，六月子孙不受克时，可拿到。未月是官星之墓，必待寅日可拿到。寅日者，官旺不入墓，日冲动子孙爻，父爻也旺而得生，父爻代表信息，代表入学通知书。未月戊寅日申酉逢空，子孙空，无信息，庚寅日，午未空，父空也无信息；甲寅日，子丑空，官爻原神空，丙寅日无毛病，官父子孙俱旺，定可收到入学通知书。

例4. 占女儿能否考上大学：

	巳月		丁巳日		（子丑空）
	《雷泽归妹》		《兑为泽》		六神
	父母戌土、、应		父母未土、、世		青龙
	兄弟申金 ×		兄弟酉金、		玄武
子孙亥水	官鬼午火、		子孙亥水、		白虎
	父母丑土、、世		父母丑土、、应		螣蛇
	妻财卯木、		妻财卯木、		勾陈
	官鬼巳火、		官鬼巳火、		朱雀

此卦官爻巳午火临日月而旺，父母丑戌土也得日月生而旺，子孙亥水却伏官鬼午火下，遭反克且月破日破，看来大学考不上了。

实际情况，其女儿在考试前十天生病，后带病应考。卦中父爻丑戌相刑逢空故分数线与选择的学校相差了五分，未录取。最后，花钱上了中专。

第六节　测车辆

1. 取父母爻为用神。

2. 父母爻在三、四爻旺为小车。

3. 父母爻在初爻二爻旺为大巴车。

4. 土为用神为大货车（因土为库是装货的故为大车）。

5. 五爻申酉金动或旺，不论为何六亲均为飞机（指不论是子孙爻、父母爻、财爻等六亲）。

6. 申酉金为车，不受日月克，均为白色；受日月克为乳白色，受月日生为新车，受月日克为旧车，月生日克为半新车。

7. 寅卯均指绿色、深绿色、天蓝色。寅主大车，卯主小车，卯木主豪华轿车，（卯为桃花，主漂亮好看；如果临宅爻，主房屋装修豪华；卯为经过修剪的花木）。

8. 用神受日月生均为新车，受动爻生为翻新车。

9. 巳午火为用神为红色车。

10. 申酉金为父母爻，月上或日上为巳午火，那么说这车是两种颜色，起码有白色、红色，日月都是巳午火，则车头是红色车身为白色。

11. 亥子水为黑色，土为黄色，土旺者为暗黄色，土弱为黑色。

12. 卦中刑冲克父母爻，在五爻为方向盘失灵，在四爻发动机有病，在三爻油箱有病或无油，二爻冲克车辆是破轮胎。

13. 五爻为方向盘，主卦的父母爻受克，左方向不好，变卦的父母爻受克，指右方向失灵。

14. 鬼爻发动，官伤兄弟，父伤子孙，车祸大并死人，若鬼动化父此车辆耗财。

第七节　测住宅

在人们的日常生活中，总是离不开衣食住行，那么住就是以房宅为依托的，人们住的是否舒适，就全赖房宅的优劣了。我们用六爻预测房宅，不仅仅是看住的是否舒适，而更重要的是要预测此房宅给人带来的兴衰成败、穷通寿夭和吉凶祸福等信息。测房宅一般是测房宅的自然状况及环境和房宅的吉凶状况。

一、房宅的自然状况及环境

房宅的坐山与朝向：要以初爻、世爻和父母爻的地支所代表的方位进行参断，在这三者中首先以安静且不被日月及动爻冲克之爻为主论之，若三者俱静且皆不被日月及动爻冲克，则以初爻论之，

其次是世爻，再次是父母爻。现以初爻为例说明其判断的方法：

如果初爻的地支为子水，其房宅必是坐北朝南，若初爻的地支为亥水，则其房宅的坐向是北偏西，朝向是南偏东。世爻和父母爻的判断方法与初爻相同。

若卦中有卯木且临白虎，其房宅周围必有围墙。

初爻为宅基，临辰戌丑未，又被日月冲克者，其宅基不是新建的且已有破损。初爻为左邻和后邻，临妻财子孙者，其左、后之邻必是仁义友善之邻，若临官鬼兄弟者，必是心狠偷盗之徒。初爻为土化土或为官鬼之墓者，其宅基下或房宅后面必有坟墓。初爻、二爻临亥子丑者，为房宅周围有水沟、河流或房宅地面潮湿。

二爻为宅舍，若临父母旺相者，其房宅必高大广阔，休囚者，其房宅矮小狭窄，若被冲克者，必是房宅有破损。二爻临妻财旺相者，为厨房宽敞，且装修得整洁，若休囚者，其厨房窄小且脏乱不堪。二爻临日辰且动而生世爻，必是住进不久。二爻临官鬼者，为租居他人之房。

合二爻者为门，冲二爻者为路，如二爻为巳火，合巳火者为申金。申金代表西南方，则西南方有门；冲巳火者为亥水，亥水代表西北方，则西北方有路。不论卦中有无冲合之爻皆以此论。

三爻为大门，若逢太岁、月、日生合者，必是崭新气派之门。若被太岁、月、日冲克者，则为破旧之门，且其家人多走旁门而不走大门。三爻临父母化父母者，其房宅必是有两扇大门。三爻、四爻旬空者，为其房宅没有大门。三爻为未戌土者，门前必有路，临青龙者，是抱宅之弯路，临螣蛇者为反弓路，临白虎者，为宽大平坦之路。临勾陈者为小路，临玄武者不仅路面狭窄而且坑凹不平轻常积水。三爻为丑土者，其大门旁边有水沟。三爻为辰土者，其大门对面有池塘、河流及土路。三爻与四爻相冲者，为有两门相对。三爻与四爻俱为兄弟者，为屋少门多。三爻、四爻为土化土者，为

门窗多。

下卦为震、乾、艮、巽者，其房基较高；为兑、坤、坎者，其房基较低，为离者，其房基必在向阳之地。下卦为艮化艮、坤化坤者，其房宅下原是坟地。

二、房宅的吉凶状况

测房宅以二爻为宅，五爻为人，人克宅为吉，宅克人为凶宅，即五爻克二爻吉，二爻克五爻凶，若二爻生五爻为吉，五爻生二爻则不吉不凶，为普通平平之宅。卦中六爻宜静不宜动，静则房宅安稳，人口平安，动则灾祸难免。

初爻为宅基，临妻财子孙者为吉利之象。宅基有坟或房宅附近有坟者，皆为人口不安，灾病不断，多犯口舌，且家中易出妖魔鬼祟等怪异之事。

二爻为宅，宜静不宜动，动则住不久。二爻为妻财若发动必克父母，父母代表长辈、尊长、房宅、文昌等，故妻财发动者，必是长辈人有损，家宅不安，家中难出文化之人。二爻为官鬼乃祸患之神，若发动必有祸患，临玄武发动者，家中易出盗贼之人；临螣蛇发动者，家中多出惊魂怪异之事；临白虎发动者，家人易有伤病之灾；临朱雀动者，家中易生口舌；临勾陈动者，有牢狱之灾；临青龙动者，家中易出酒色之徒。二爻为父母发动克子孙，其家中的小辈人必有伤损，临白虎动者尤甚。二爻为兄弟发动者，克妻破财，口舌不断。二爻为子孙发动者，虽然无灾无祸，无官非讼事，但是却仕途艰难，家中难出做官之人。二爻旬空者，其房宅必是久无人住，若临白虎带刑者，其房中必出过凶死之人。二爻临应爻者，其家中有外人借居。二爻为桃花临玄武者，其宅中必有男女淫乱。二爻被世爻临日辰所克者，其家必是祖业破败，人口不宁。二爻为妻财临青龙生合世爻者，其房宅必是居于闹市，家中人口兴旺，高朋满座。二爻为妻财化官鬼者，主其厨房的方位不吉，家中必有人因饮食不当而生病。二爻

为官鬼为火又临朱雀，其宅逢火旺之岁月必有火灾。二爻与玄武相合或三爻、四爻为桃花且发动者，主家中有花街柳巷之女人。

五爻为妻财持世，主家中必是女人管事。五爻被刑冲克害者，主家中主人有不吉之事，若被白虎刑冲克害者，必有凶祸。

六爻临持世爻者，其房宅主人必是离祖成家，凡世爻在六爻者必是八纯卦，也就是六冲卦，故是在奔波出走中成家立业。

以上是测风水的基本依据和方法，在此基础上还要结合其他有关章节的内容和方法进行参断，如婚姻、财运等。更详尽的内容将在六爻风水高级教程中专门论述。

例：某女士测她家住宅风水如何：

甲申年	辛未月	戊子日	（午未空）
《雷泽归妹》		《雷水解》	六神
父母戌土、、应		父母戌土、、	朱雀
兄弟申金、、		兄弟申金、、应	青龙
子孙亥水　官鬼午火、		官鬼午火、	玄武
父母丑土、、世		官鬼午火、、	白虎
妻财卯木、		父母辰土、　世	螣蛇
官鬼巳火〇		妻财寅木、、	勾陈

断：一、住宅地势低洼，前高后低，东南方位有井并有存水。

二、是二进院，西南有门，东南有大门。

三、宅的西北、西南、东南、门前房下有老坟。

四、院东南，西南位有蛇。

五、门前有水沟，有垃圾脏土或粪坑。

六、厨房在东南位，那里有个大烟囱。

七、此房为凶宅，容易出现伤灾病灾。1998（戊寅）年你家中有车祸发生；2002（壬午）年丈夫有生死大灾；2003（癸未）年家中破财，事业有变动；今年财运不好，尽管你辛苦奔波，挣点钱也存不下。

八、本人头上有病，心脏发慌没有底气。腰疼腿酸；肠胃不好。

以上所断卦主当场一一应对准确，并体会到了八卦的神奇。

断卦的思路：

一、内卦为宅，兑变坎，兑、坎为低洼水泽之地，故断住宅地势低洼，又外卦为人，震化震，世在内应在外，同时又朱雀临之，朱雀为前，所以断是前高后低；阳宅地势低洼湿气重，对人口、事业不利，前高后低，犯冲天煞，败财，败人丁。辰土居二爻在坎宫，所以断东南方有井或水坑存水。

二、四爻官鬼化官鬼，（包括父母化父母）是二进院的信息标志。同时是有门楼，也叫穿堂门。五爻兄弟为门楼申金与三爻相呼应。所以断西南位有门。三爻为门丑土暗动，直入辰土之库，三爻为世爻为人为门，直奔东南，所以东南位有大门。大门者，辰土为万物之库也。

这就是较为隐晦的玄机。如果单纯地死抠规则三门四户，兄弟为门，就很难断出东南有大门。如果掐住这个脉搏，从动中找玄机，灵活运用，又把宅拟人化，形象化，具体化，就可以推断出东南有门。

三、官鬼在宅中为阴气，入西北戌库，被西南未土合住，又暗动在四爻午火，明动在初爻巳火，所以说宅的西北、西南、东南、门前房下有老坟，准确无误。

四、初爻巳火临官鬼明动在东南，化回头生化回头刑，二爻卯木临腾蛇入月建未土之库，所以断西南、东南方位有蛇。东南方有蛇好理解，西南方有蛇不好理解，西南有蛇者，是因卯木为花柳细长之物，形似蛇，又临腾蛇，所以为蛇，木库在未，未为西南，所以西南方位有蛇。

五、三爻为门临丑土，丑中有癸水，丑与子合，丑土暗动入辰库，所以断门前有向东南方向的水沟。丑土为脏土是我经验之谈，其准无比。入辰库为低洼形似粪坑，脏土之类。

六、戌为火库居六爻临朱雀，在震宫木火通明，形似烟囱，但戌土动冲辰土入库。所以烟囱不在西北而在东南。有人说戌土是静爻怎会冲辰土呢？我说是动爻做何解？卦书有：辰、戌、丑、未为四冲，冲者为动，所以看似静实为动，这就是玄机所在，这也才有烟囱在东南位之断。

七、外卦官鬼化官鬼，兄弟化兄弟清楚地表明家中易出现伤灾病灾。同时又五爻克二爻，内外卦相克，都表明宅相大凶。

1998年寅木与五爻相冲克，卦中寅、申、巳刑，五爻为路为车，外卦为震，震主车青龙主车，所以断有车祸发生。

2002年午火为岁君，旺而无制，又官鬼化官鬼，卦中已显示的信息是官鬼日破化空破入戌墓，这里讲旺者入库衰者入墓，为大凶之象。丈夫有生死大灾。实际上，此年丈夫在车祸中丧生。

2003年未土之年与世爻相冲，又丑未戌刑，父母爻是事业，世爻为自己被冲有变动，太岁冲世一年运气难伸，父母爻旺必是耗财辛苦。

今年2004年兄弟申金临值太岁，子孙爻又不上卦，财爻没有救应，受克破财难免，所以财运不济。

八、六爻为头，三刑正旺，临朱雀故断头晕发涨；火空入库，心脏发闷，发慌够不着底，此为心头火之断；土主脾胃，犯三刑，必是脾胃不好；三爻为腰为腹临白虎为病，又受月冲，所以腰上有病；二爻为腿，卯木居之受兑金之克，又化辰土为湿地，所以断腿酸疼之感。

第八章
一卦多断技法
及多卦断一简介

第一节　一卦多断取用法

六爻八卦预测，一事一断，信息较为明显，它随着求测者的磁场反射，信息库里的突出形象很快跳入眼帘，预测起来易于提取，只要有一定预测经验的人，操作起来比较轻松容易。可是往往前来求测的人多数是想通过一次占测就能知道自己的终身，甚至为了检验占测者的水平，对过去的事问个没完没了。只要你测准了过去，他才相信八卦预测的科学。所以，实践中的预测，绝大部分是一卦多断。

如何实行一卦多断，是大家较为感兴趣的问题。其实说起来很简单，而实际操作也并不复杂。其中最关键的问题就是选用神。测什么事就选什么用神，然后围绕着用神这个核心，展开分析推断。比如一事一断以世爻为用神，而卦主又提出要测问父母事，那么这时父母爻就是主用神。如果问子女之事，那么，子孙爻就是主用神。如果要是再看阳宅风水，那么就用断阳宅风水的规则去选用神。以此类推，综合起来，自然就成了一卦多断。在一卦多断中，应该说六爻都是用神，尤其涉及到飞宫法的时候，有时一个爻位，六亲要反反复复地使用，既是此的用神，又是彼的用神，反复使用，穿插使用，

灵活使用，其实这也是巧用。千万不要死板僵化，要学会多角度多方位，灵活多变。假如只知道世爻是自己，父母爻是父母，兄弟爻是兄弟，说明脑子里还没有冲破死框框。还要必须说明的一点：实行一卦多断，必须要有足够的易学知识。也就是说，光懂六爻八卦是不够的，还必须广泛涉猎四柱命理、梅花易数、奇门遁甲、阴阳风水、手相面相等术数学科，还要大量掌握现代社会相关的法律法规，医学、经济等社会知识。这些知识是一卦多断的基础，如果不懂或似懂非懂，一卦多断就不可能实现。

这也进一步说明，易学本身就是一个综合性的科学，包罗万象，进入了易学这个门，就等于进入了知识的海洋。它可以让你在这一广阔的文化领域中，不断地丰富和完善自我，增长自己的才干。这也是易学文化的无穷魅力所在，只要肯不懈地努力，就一定能登上辉煌的易学殿堂。

一卦多断的要点是：

（1）卦爻随事情的不同而变

一卦多断主要是针对所要预测的主事之外，还要参断其它事情。只要掌握一定技巧，就会得到验证。比如推算财运如何，卦爻相应地被看成是测财运的；问官运如何，卦爻相应地被看成是测官运的；问事业如何，卦爻相应地被看成是测事业的；问身体健康如何，卦爻相应地被看成是测身体的；问家宅阴宅风水如何，卦爻相应地被看成是测风水的……。其中取用爻之法，与一卦一断类同。

（2）每爻随事情的不同而多用

多断一般以世爻为基准点，配合五行生克来演绎推理，根据卦上反应变化最为明显的六亲来分析。但要活用，测什么事就选什么用神，然后围绕着用神这个核心，展开分析推断。比如问身体如何，官爻为病；问工作事业如何，官爻代表工作、职务、名气；问阳宅风水如何，官爻为病患；问阴宅官爻为尸骨；问财运如何，官爻为

耗财泄气；问有无灾害，官爻为伤灾；问怪异之事，官爻为用神，等等。

（3）法无定法，随机取用

最重要的是配合六神及五行特性，有时需用三飞（飞宫、飞爻、飞数）和卦飞十二宫等高级技法。在因事而问的推断上，须随机取用，不要拘泥于某一易理。比如问父亲情况如何，因五爻为尊位，代表家长，可作用爻；又因父母爻代表长辈，亦可以看作父亲；若卦宫中有乾卦，可看乾卦的状态，推知父亲的情况；又可以父亲的属相入卦而断；还可以取飞宫飞爻，生我者为父亲，看此飞爻的情况；又能取飞数、本宫亲爻，看父亲的情况……若能综合而断，信息十分丰富。其余类推。

许多初学者，往往误入易理的迷魂阵中走不出来，什么生克制化、刑冲合害、空破旺衰分析了一整圈，最后还是不知结果怎么回事，下不了断语。要知道，每断准一件事，在易理上并非无懈可击。易理是原理，不是公式，也不是放之四海而皆准的定律。所以应该提倡，简单是最好的，也就是简易。比如卦中午父临玄武持世或生合世爻，表示这个人喜欢学些或看些阴性之类的文化，即玄学、气功、僧道术或黄色书刊。又如世合初爻或初爻持世，临土父带勾陈，表示其人是农民出身。又如占得官爻持世，又见他爻财伏官爻之下，妻子外遇之兆……等等。一卦多断，一定要活学活用。

第二节　一卦多断高级技法简介

一、三飞

这是一卦多断中常用的高级技法，指飞爻、飞宫、飞数。

二、飞爻

飞爻,指飞爻十六变,是十分高深的预测方法。按《易隐》记载,自初至五不动,复下飞四,往复用飞,上飞下飞还本体,便是十六变卦。前八飞是常用的方法,主要用来找卦宫安世应;后八飞是八个变卦,主要用于推断更精细的事情。六爻八卦通过十六变,由原来的六十四卦变成了一百二十八卦,隐藏丰富的信息。

三、飞宫

在断卦时,飞宫法起到增加信息的作用,此法比较常用,也容易掌握。它的基本理论是:以用爻代表我,生我者为父母,有父母爻所代表的信息;克我者为官鬼,有官鬼爻所代表的信息;比肩者为兄弟,有兄弟爻所代表的信息;我克者为妻财,有妻财爻所代表的信息;我生者为子孙,有子孙爻所代表的信息。如世爻为自己,生世爻者为父亲,父亲克者为母亲。又如二爻宅,宅克者为财产;占病以应爻为医生,应爻克者为护士等。

四、飞数

飞数法是在飞宫法的基础上,按五行之数和上下顺序,确定六亲用神所在爻位的一种取用之法。法云:数定六亲,显而有准,此法熟玩,祸福自真。其用法是:以世为主,按飞宫法确定所测六亲之五行,俱以水一、火二、木三、金四、土五之数,上数或下数,数到之爻,即取为用。

五、八卦配十二宫

八卦配十二宫是将命理与八卦两者结合起来断事的高层次的预测法。学会此法,不但能提高卦技水平,而且还能精确地断出终身际遇或六亲的兴衰。十二宫指的是:一命宫、二兄弟、三夫妻、四子媳、五财帛、六疾厄、七迁移、八奴婢、九官禄、十田宅、十一福德、十二父母。

六、使用大小运限

大小运限之法，古易唯见《易隐》记载，详研其法，甚是繁琐，无所适从。易在于简明而不失其道，在于适用而不背其理，在于灵应而又能通解。

（1）六爻静卦，从世爻起，每爻管十岁，六爻其计六十岁，为大限；小限亦从世上起，每岁一爻，循环往复。

（2）六爻动卦，从世爻起，每爻管五岁，主卦管三十岁；变卦亦从世上起，顺接主卦，每爻亦管五岁，共管三十岁；主卦、变卦合计六十岁，为大限。论小限于主卦管前三十岁，变卦管后三十岁，每岁一爻，循环往复。

七、一卦断终身

卦象万千，易理千万，终一生之力，学也学不完。故要求我们学易贵在思路明确，断法简单。因此，学易者必须掌握好基本的断卦思路，具备扎实的理论知识，然后大胆发挥即可。

不易是基础，变易是根本。易跟随时代的变化发展，乃是变易。圣人作易，在于教人趋吉避凶，顺应自然之理，变化之道，以达到适应自然、改造自然的目的。

熟练掌握易理，运用自如，一卦不但可以多断，而且能够断定终身，其中包括：祖业、父母、兄弟、妻子、子女、贫富、贵贱、吉凶等方方面面的信息，所以说，学好八卦六爻，便能参透人生。

八、一卦多断实例

例1. 某地王女士测运气：

庚辰年　　壬午月　　丙辰日　　（子丑空）

《地风升》		《天风姤》	六神
	官鬼酉金 ×	妻财戌土、	青龙
	父母亥水 ×	官鬼申金、	玄武
子孙午火	妻财丑土 × 世	子孙午火、　应	白虎
	官鬼酉金、	官鬼酉金、	螣蛇
兄弟寅木	父母亥水、	父母亥水、	勾陈
	妻财丑土、、应	妻财丑土、、世	朱雀

断：

1）主卦是两官两财，兄弟爻不上卦，子孙爻不上卦，财无制，官鬼无制，所断此女婚姻不顺。1994年离婚，1997年结婚，1999年离婚。王女士听后咂舌而答：完全正确。

2）你是大专生，文化是两次攻读而成，你的工作是干金融行业的。王女士答：第一次没考上，复读后才考上的。

3）你是一母两父，有姐妹无兄无弟，有一个妹妹患有神经系统的毛病，原因吗？是其丈夫出现意外的伤害，而引起她脑神经出现问题。王女士答：是的，我是一母两父，妹妹的丈夫两年前出车祸，从此得了脑神经上的毛病，整天睡不好觉。

4）你住的阳宅为大凶之宅，房下有坟地，前宽后窄，大门西南有条大河，河上是座大铁桥，为白虎架金桥，主伤亡之灾。房后有条大河不利事业，不利子孙。房子东南方有一个大庙，庙的西偏门正对着你家的大门，主父母有高血压心脏病，胳膊腿有伤灾。你的

房子很破旧，房顶西方、西南方漏水，墙壁渗水，一片潮湿阴气较重，主家中人身体常有病，不聚财。王女士说：哎呀，简直太神啦，好象亲眼看见一样。我家住的房子的确是前宽后窄，大门西南是条大河，河上有铁桥，离我家非常近，桥偏对我家的门。房后是有一条河，距我家房有十几米远，房子东南是一个大庙，人称宗庙，庙的西偏门确实是对着我家的大门。我母亲是血压高心脏病，父亲是左腿出车祸伤断过，母亲和妹妹是整天吃药，根本存不住钱，房子是多年的老房，墙上的确渗水，屋里阴暗潮湿，我是一进家就头痛。我们也知道不好，但没办法解决。

5）王女士问她的身体健康如何？我说：你有胆囊炎，脾胃不好，供血不足，有时头晕，有时心慌气短，肾虚，现在有妇科病，做过两次人工流产。王女士点头说：确实是这样，身体一直不好，看了很多医生也没用。我告诉她适合看中医，吃一些补肾的药。

6）王女士又问她的孩子如何？我说：你有一个儿子，很聪明，身体健康，好动，性子急，学习成绩不好。王女士回答：我儿子是很聪明，就是学习不用功，成绩不好。我告诉她，2003年以后，儿子的学习成绩会好的。

7）王女士还问到以后婚姻如何？我说：你今年又交一个男朋友，长相很帅，但右眼受过伤有疤痕，视力不好。左前额有块伤疤较大，还有痔疮。王女士点头称是。我继续讲：你现在的男友坐过三年牢，应1999年出狱。现虽有工作，但工资不高。原因吗？是原来有官位，应青云直上，但是因贪污受贿而丢官坐牢。另外，此男原来有家室入狱后离婚，有一个儿子跟他妈妈。王女士说：李大师你真是活神仙，这些复杂的事你竟然也知道。我说：八卦是科学，只要功夫深，不论何事都在一卦之中。我告诉她这次婚姻定能白头到老。

8）王女士最后问父母身体健康如何？我断其父目前主要呼吸系统不好，母亲腿痛。王女士回答：正是如此。

解析：

1）1994（甲戌）年离婚者是卦中财旺官旺，子孙入库，官鬼无制，兄弟爻不上卦，财无制，是各有新欢，另有所爱。多次婚姻是上六爻酉官化戌财回头生，世爻动去生合三爻的官星。1997（丁丑）年结婚是应爻丑土财临太岁而旺，因应爻丑土逢空，世虽空，动而不空。两丑财合两个官星，官星亦为入库，说明此年有结婚之喜。1999（己卯）年离婚是兄弟爻旺相，太岁卯冲官酉，官星受损，财星处死地，属财官休因婚姻不到头。故断此年离婚。

2）卦中虽官鬼两重，父母爻两重，但必定不旺，故不是大学本科生。但卦是财官合生，官父同宫相生，故断为大专生。世丑与上六动爻酉金相合，与三爻酉金紧贴相合，亦说明学业两次攻读而成。因丑为金库，又坤化乾，故断工作是干金融行业的。

3）卦中二爻父母亥水化亥水为正母，五爻父母亥水是阴宫阴爻阳位，必是继父，阳宫阳爻则为亲生之父。五爻亥水动化乾宫为阳，但亥化鬼，世爻丑动为金之库，说明其亲生的父亲在王女士14岁时已去世。故断是一母两父。

此卦兄弟爻不现，取伏。空亡死绝者无也。兄弟爻寅木在月上处死地，又不上卦，所断无兄无弟。按八卦飞宫而断，世爻往上一爻为长兄，上二位为二兄，一个休因，一个是官鬼，下顺一位为弟也是官鬼，下二位为二弟处因地，均是无兄无弟的信息。与世爻同类者为妹妹，初爻丑土化丑土，坐巽宫为两个妹妹。因世爻丑土在坤宫主岁数大当然是姐姐喽。故断有两个妹妹。因应爻丑土旬空，与上六酉金空合，酉动化戌，丑戌相穿，酉动受月令之克，火金主神经系统，上六主头，当然是脑神经系统有毛病。变卦为《姤》乾金冲克巽木，三爻官鬼酉金化官鬼酉金临腾蛇，此为鬼化鬼为不祥之兆。如鬼临空墓绝胎因之地，加蛇虎多为刀刃车马之伤亡也。鬼化鬼必有两姓，女是亡夫再嫁之命。因应爻丑土代表妹妹，初爻与

三爻是同宫，所以三爻之官可取为妹夫。故断，其妹是因丈夫出现意外的伤亡而引起脑神经有病。

4）主卦是官鬼重重无制，福神不上卦，金水旺，阴气较重，主家中之人多病，不利事业，不利财运，不利仕途，不利子孙，同时严重影响寿命。三爻四爻持腾蛇白虎，主家中会出现凶死暴死之人，所断此宅为大凶之宅。房下有坟地，是初爻丑土化丑土，丑乃鬼库也，又与鬼爻半合，临日月生，可见房下坟地较多。上卦为坤主宽大，下卦为巽主细长窄小，故断为前宽后窄（前宽后窄之房为三不遇宅，为大凶之宅。若遇此宅者，先败财后败人丁，家人难过60岁，并多为凶死之灾）。五爻父母亥水动化官鬼申金，申主西南，官鬼申金代表西南，又代表桥，因为临乾卦上六为青龙，均代表桥梁，故断西南有条河，河上有座大铁桥。二爻亥水化亥水所断房后有条大河。（房后乃福、禄、寿三山，宜高起，不宜低洼，更不宜有河流，暗拱则吉，明水则凶）。三爻官鬼酉金化酉金临腾蛇，坐巽与日上辰土相合，故断房子东南方位有座大庙。（提示：八卦测阳宅腾蛇在三爻临官鬼申酉金或火，与日月合库，主宅基地四周均有大庙，方位以卦象爻位而定，休囚空绝主远年有庙，旺相与月相合，主近代建造，并且香火较旺，若子孙爻旺，庙里僧人多。此为定律，望学易之人仅记此理）。三爻官鬼酉金与四爻丑土半合，故断庙的西偏门正对着本家住房的大门。卦中父母爻亥水在月日上受克，酉金入丑库无原神，故断父母有高血压病，心脏病。（提示：八卦断风水，山为骨、金为骨，木主神经、门向主神经，水为龙、水为血液、水为宅气、金主武、火水主文、土主皮肉，又主内堂，又代表祖屋，又代表杂官等）。此卦亥水受克，水火相战，必定父母有血压高心脏病。变卦是乾金克巽木，故断四肢有伤灾。

二爻父母亥水化亥水休囚，主厅堂破旧，临勾陈，主残墙破壁，故断为房子很破旧。上六爻官鬼酉金动生五爻亥水，又酉金化戌土

与日令辰土相冲，五爻亥水化官鬼申金，挂玄武，均主房子漏水之象，故断房顶漏水。卦中土金相生，金水相连，二五之爻临亥水，所断房内一片潮湿，阴气较重。墙壁渗水者，是五爻亥水化申金回头生又持玄武之故。家中人的身体常有病者，是五爻亥水休囚，化官鬼之故。不聚财者是三爻四爻临蛇虎之故。

5）卦中无木，木在月处死地，四爻为肝胆，丑土化午火临白虎，火土之旺，说明有胆囊炎。三爻为腹，临官鬼酉金化酉金，持腾蛇，亦主胃上有病。供血不足者，是五爻亥水发动得酉金合生，又化申金回头生，与月令是水火相战，入日令之库，又有丑动克制，必然是供血不足。头有时晕，是坤化乾主头，上六酉化戌受日令冲，月令午火克金，故断头有时晕。血液受阻，四爻又代表心脏，临白虎发动，必然心慌气短。二爻为肾，亥处休囚之地，故断肾虚。巽为股为子宫，在月处死地，丑空化空，必定有妇科之病。坤主腹，世爻丑化子孙午临白虎，亦说明做过人工流产，午为火为二数，故断做过两次人流。子孙爻又代表医药，木火为中医，故告诉看中医效果较好。

6）子孙爻午火坐乾宫，临月建而旺，说明是男孩。午火旺也说明身体健康，聪明，临白虎主好动，午火主性急。午火虽旺但官星父星休囚，故断学习成绩不好。2003（癸未）年是子孙爻与太岁相合，生助官星，官又生父，故到2003年学习成绩会好转。

7）2000庚辰年与官星酉金合生，官星旺相，世爻丑土临太岁发动，与酉金半合，太岁辰土冲去戌土之财，故断庚辰年又交一个男友。金主白，主秀气，故断长相较帅。五爻为此男友之眼睛，亥水动入日库，与月令午火相济，亥水受伤，内含丑未相穿，故断右眼受过伤，有疤痕。水火交战必定视力不好，（主卦为右变卦为左，所断右眼有病。）左前额有大的伤疤者，是上六戌土与日令辰土相冲，乾主头挂青龙，代表前额日角，故断左额有伤疤。为什么断是男友而不断是卦主呢？因上六官星动化乾主男，又丑酉半合，当然

为男同志的双眼。若断此女的双眼应看，二爻亥水，（提示：此卦可以当作风地观看，此女的双眼近视带眼镜，为什么呢？风地观是五爻为巳火，巳亥冲视力不好，有带眼镜的信息。敬请读者多加领悟）。初爻丑土为肛门空化空，因丑酉半合官局，当然是男同志有痔疮喽。为什么不断以前的丈夫呢？因此女摇卦主要信息反应的是现在谈的男友又《升》卦主眼前之事，官星酉金发动受月令午火之克，入动爻丑土之墓库。丑坐坤卦必是坐监之象，说明其男友是1997丁丑年入狱。1999己卯年出狱是卯木合去戌土，克制丑土，冲出酉金，故断此年出狱。现有工作是2000年为辰酉相合，与太岁相合必有喜事临门，故为有工作。因是土财，所断工资不高。应有官位是官星坐坤得生，化乾为有权之故。官星得戌财之生，又合丑财，与日辰财又合，故为贪污受贿之罪而坐牢。与前妻离婚是1998戊寅年，寅午戌三合局，戌土为酉金的前妻，与他人合，就是妻子跟了别人。1999年卯木合走戌土，说明前妻在1999年已结婚了。有个儿子跟他妈，是月令午火为此男之子，与戌土相合之故。白头偕老是世爻丑土化回头生，又丑土世爻与官鬼酉金生合，酉金入丑土之库。

8）五爻为父，动化官鬼申金，金主呼吸系统，五爻又为呼吸道，金在五月受克，说明父亲气管炎较重。二爻为母亥水坐巽，巽主腿，在五月也主休囚之地，说明腿痛。

例2. 李女士求测儿子的运气如何：

乙酉年　　戊寅月　庚午日　　（戌亥空）

《泽山咸》	《雷风恒》	六神
父母未土、、应	父母戌土、、应	螣蛇
兄弟酉金○	兄弟申金、、	勾陈
子孙亥水、	官鬼午火、	朱雀
兄弟申金、 世	兄弟酉金、 世	青龙
妻财卯木 官鬼午火 ×	子孙亥水、	玄武
父母辰土、、	父母丑土、、	白虎

推断1：你有两个儿子。你儿子文化程度不高，为初中文化。反馈：是的。

分析：有2个儿子是因为主、变卦中有子孙亥水两重。上卦子孙亥水化出官鬼午火在震卦，震主长男，故四爻外卦子孙亥水为大儿子，二爻官鬼午火在艮卦，艮主小，二爻官鬼午火化出子孙亥水为小儿子。二爻官鬼午火临日建而且发动，生助初爻父母爻辰土。但辰土化出父母丑土与六爻父母未土化父母戌土构成四库刑冲，父母爻受伤。子孙爻亥水临日、月休囚，逢旬空，用神衰弱逢空不受生，故为文化不高之象。

推断2：你身体不好，有偏头痛。反馈：对！

分析：六爻未土代表头部，化戌土持螣蛇相刑，且戌土逢空，故为偏头痛。

推断3：你丈夫身体也不好，有高血压，糖尿病。

反馈：他患病的时间很长了，确实是血压高，糖尿病。

分析：二爻官午发动化亥水回头克。午火克世爻临官，可以看作她丈夫。水主血液，二爻官午动化子孙亥水临日、月休囚，亥又

主头部，故为高血压之病症。

四爻子孙亥水为脾的部位，子孙亥水临日、月休囚，化出午火临日月生，在震卦逢卦气生，官鬼旺，为病不轻。糖尿病为脾上的疾病，脾为土，卦中初爻父母辰土化丑土临着白虎，且与六爻未戌土相刑冲，为患糖尿病之象。

推断 4：你大儿子 2001 年结婚，2002 年大儿媳生了一个宝贝女儿。大儿媳有外遇，共有两个情人。

反馈：大儿子是让我操心，大媳妇让我不放心。

分析：四爻子孙亥水化官鬼午火在震宫，震为长男，亥水代表大儿子。

初爻父母辰土表示结婚证，化出父母丑土，2001 年（辛巳）太岁与五爻兄弟酉金动爻及父母丑土三合，父母丑土动，说明该年有结婚之象。

四爻子孙亥水为大儿子，则二爻官鬼午火为大儿媳妇（亥水克午火，午火是亥水之妻），官鬼午火发动化出子孙亥水为小孩，亥水在巽宫，巽为女，2002 年为午火，二爻官鬼午火逢值太岁，动化出子孙亥水为生下一女儿。

二爻官鬼午火代表大儿媳妇持玄武，玄武主暧昧之事，二爻下伏着妻财卯木。正所谓官下伏财必有外遇，伏神卯木与外卦应爻未土、飞神动化出的亥水组成亥卯未三合，与化出之爻戌土六合，说明大媳妇在外有两个情人。

推断 5：你大儿子最让你操心，也伤透你的心。他不务正业，不成器，胆大妄为，尽干坏事。很容易犯官司，牢狱之灾。多数因打架斗殴、抢劫、勒索、绑架、走黑道等。你大儿子 1986 年因打架有牢狱灾，1989 年可以出来；1994 年走入黑社会犯牢狱，1996年可以出来。2003 年小儿子有牢狱之灾。大儿子原本应该有牢狱灾，但他临时逃脱了。小儿子是参加团伙抢劫绑架而被抓。2005 年大儿

子又犯牢狱之灾的信息，至少得判7-9年牢狱，犯案是与2003年弟弟那一宗同案。

反馈：唉，不怕家丑外扬，我大儿子已经三次入狱坐牢了，连小儿子也入了监狱。我怎么也想不通，辛辛苦苦把他们养大竟然会是这种结果。

分析：卦中勾陈、玄武发动，勾陈主牢狱，玄武主黑道盗劫，皆为凶神发动。所以家庭中常有牢狱、官讼、暧昧外情之事。

1986年（丙寅）太岁冲破五爻申金，寅申相冲，为打架斗殴之事，申金持勾陈动，且用神亥水临子孙变官鬼为牢狱之象，有牢狱灾，故而入狱。1989年（己巳）太岁临勾陈兄弟酉金动爻合住，巳申相合，巳亥冲，亥有动之意，而得以出狱。为何寅申冲不断为车祸呢？因艮化巽，而且寅亥合，故断为打架。

1994年（甲戌）戌为六爻父母未土化出值太岁，六爻临腾蛇，主歪门邪道，在兑宫，兑为金水，子孙为药，临玄武，为毒品，二爻玄武官鬼午火，火入太岁戌之库，玄武指偷盗之事，申酉戌会成兄弟金局夺财，胆大妄为。金旺，说明贩毒多，故因为贩毒入狱。1996年（丙子）太岁与申辰组合成申子辰三合水局化泄兄弟金局，水局旺相，故而子孙爻亥水用神得出，即出狱。

2003年（癸未），太岁入六爻逢值，持腾蛇，逢太岁旺，凶灾来得狠，来得快。腾蛇似绳子，卦中五爻兄弟酉金发动持勾陈，五爻代表脖子或上半身，五爻也主在道路上抢劫，所以是因在道路抢劫绑架伤残别人而入狱。卦中四爻用神亥水化午火，二爻午火化亥水，午火在艮宫，代表小儿子，说明是因同一件案被捕入狱。二爻午火临玄武也指偷盗。正因为酉动合辰，酉动化出申在震卦为车之象，未土太岁化出戌土冲辰土，库逢冲开为逃脱之象，所以大儿子未入狱，得以逃脱。小儿子二爻官鬼午火动入戌库，为入狱之象。

2005年（乙酉）太岁入五爻临兄酉逢值且发动，正月寅冲申破。

酉在卦中发动，逢值，在兑宫，酉的力度非常大，故酉化申金临寅月破，为自投罗网，申在西南方（广州为西南方），故在广州落网。得判7—9年牢狱。

推断6：你家连连发生凶灾，人口不安，与你的家宅风水有关，家宅风水很差。需要调理才能好转。

分析：二爻官鬼午火坐家中，临玄武又发动，二爻代表宅；五爻代表人口，兄弟酉金为夺财之神临勾陈，又发动。二爻宅克五爻人口，且二爻、五爻皆发动，大凶之象。主、变卦中四库俱全逢刑冲，亦为风水上一大忌讳。六爻为应，为风水口，持腾蛇凶神，初爻为地基，持白虎凶神，正应腾蛇盖顶，白虎盘根，凶灾连连啊！

例3. 2004年面授班上，一女学员当场起卦，请我测断流年运程：

癸未年	甲子月	庚辰日	（申酉空）

《天雷无妄》	《天地否》	六神
妻财戌土、	妻财戌土、 应	腾蛇
官鬼申金、	官鬼申金、	勾陈
子孙午火、 世	子孙午火、	朱雀
妻财辰土、、	兄弟卯木、、 世	青龙
兄弟寅木、、	子孙巳火、、	玄武
父母子水〇 应	妻财未土、、	白虎

我将卦写在黑板上，当即断道：

1）你父亲很有能力，不为掌印之才定是坐镇将领。

对，我父亲是一个少将。学员立刻反馈。

2）你父亲兄弟姐妹三人，排行最小。

是三个，我父亲最小。

3）你父亲的哥哥现在不在国内，姐在本地，你现在离你父亲也较远。

对，我的大伯在意大利作生意，大姑在国内，我现在也离父亲很远。

4）你父亲坐过牢，受过审查，坐牢是在1966年和1967年，受审查时间较长，1976年才结束。

对，文革的头一年坐过牢之后一直被审查，至到1976年才结束，1978年让他官复原职回部队工作，他本人不愿意，后转入地方。

5）你父亲很正直，是个清官，对子女非常严格，是一个严父。

这一条很准，我父亲非常正直，他从不收受别人的礼，上班工作说一不二，从不拖泥带水，对部下也是奖罚分明，我们兄弟姐妹几个都很怕他，每次过年，他都要开家庭会议，让你汇报一年的生活工作情况，并要对来年订一个计划。

6）你父亲个头较高，长得英俊，你母亲个稍矮，1.56米左右，肤黑。你父亲1988年得过肝炎，现有血压高，今年五月犯过中风病。你母亲的身体也不好，有心脏病，2001年犯过病。

是的，这几条都对，现在我很想知道我父母的健康状况。

你父亲2006年有一大关，你母亲明年是一大关。

7）你本人兄弟姐妹三人，你是老大，下有一妹一弟。对！

8）你1978年高考落榜，1979年才考上大学。

是的，我1978年那一年只差5分，按理只要我父亲去走一下关系，那一年也能被录取的，可是我父亲却不愿去找关系。1979年为了保险，我只好将自愿填低一点，所以考上了师范大学，1978年我报的交大。

9）你1983年结婚，头胎为女儿，女儿非常优秀，现不在你们身边，应在外国留学，而且是东南亚一带。对，我女儿在澳大利亚

留学。

10）你的婚姻不顺，现在是第二次婚姻。对。

11）你1990年与前夫闹矛盾，1992年分居，1996年认识现在的男友，1997年正式离婚，1999年第二次结婚，而且1998年你与你现在的男友差点分开，因为追你的人太多。

是的，1998年我认识一个军人，当时现在的男友在香港，知道消息后，他立即回来才稳定了我们现在的关系。

12）你现在没有公职，你1993、1994两年投资，1995、1996两年进财，1998、1999两年比较辛苦，2000年破了大财，2001年替人打工，2002年走动大，2003年比较安静。

是的，我1993年自己开公司，1995、1996、1997几年都不错，1998、1999两年比较辛苦，2000年破产倒闭被人骗了，2001年给人打工，去年走动大，今年是比较安静。请问李老师，你看我以后还可不可以再自己做，我准备明年自己做。

可以，你往后不错，可以自己做。

再请问一下李老师，你看我父母亲现在的住宅风水如何？

13）你父母现住在一个小区花园里，住宅幽静，环境不错，布局绿化也好。卧室有六间，厅堂为两个，是二层小楼，二层的厅堂长方型，略小，一层的厅堂大，为正方型。

对，是一幢二层楼的小楼，六个房间，上下两个厅堂，上小长，下大方。

解析：

1）初爻为父，又是父位，震宫为阳木，变坤为大地，大地上的木为栋梁之才，临白虎，白虎主军警司法。应爻为水，得五君之位的金生，故是将才，应爻又为远方，世爻居乾为京城，此父是镇守边关的将领，得五君爻之生。

2）申子辰三合父母局，故三个，辰为水库，库为女，故是姐；

申金也为大，金生水，金在前。

3）申金在五爻，五爻为道路，申又为马星，故哥不在国内；辰土与子水同宫，为在本地；占卦人为世爻，父在应爻，为父女不在一起。

4）1966 丙午年，太岁冲父爻子水，1967 年未年，太岁克父爻，故有灾。1976 丙辰年子水与太岁相合，父爻入太岁之库，为复出灾结束。

5）财克父爻为清官，才为忌主不贪财廉洁正直；白虎主威严，子水冲克子孙爻午火，对子女严格。

6）子水为长高，水的原神为金，金主白，子水为桃花主漂亮英俊。母亲取寅木，为生我者父母，二爻也为母位，生木的原神为水，水主黑，初爻为水，直接生二爻寅木，寅木旺相，寅木生为高大，但太旺则应反断，故取原神水数，1.56 米寅木紧贴三爻辰土，辰为水库之因，土主五，库藏水为六。

7）兄弟姐妹三人，取世爻午为用神，午火与变卦巳未三会火局，为三人，两火为女，未土临白虎，白虎为阳为弟，午火为大。

8）1978 戊午年，子水父母爻冲子孙爻午火，为落榜，1979 年为未土，未财爻与世午爻相合为吉。

9）1983 癸亥年，亥水合寅木生世爻午火，头胎为女儿，子孙爻与世爻同卦同爻。午火临朱雀，朱雀主文为学业优秀。午亦为马星，世应相冲，是父爻冲子孙爻，冲者主动，世应相隔为远。午火为南方，生辰土，辰土为水库，水在卦中为父，故辰土就是学校，辰为东南方。

10）午火克官鬼，官鬼为丈夫，故婚姻不顺。午火为桃花，主漂亮美丽，临朱雀能说会道，对人热情，此类女性能有不再婚之理吗？（以常理而论，易理也是生活的常理断卦切不可脱离现实生活）

11）1990 年太岁庚午，午与世爻相刑，应爻又冲太岁，父母冲子孙，家中不宁，朱雀冲白虎口舌打闹。1992 年申金太岁入卦中临五爻处在道路之上，与世爻又是相克，为分居。1996 丙子年认识男友，为桃花逢冲。1997 年丑土为财，泄午火合子水为正式离婚。

1999年卯木太岁生世爻午火为桃花相生，主喜庆结婚。1998年寅木与变卦巳火相刑，又临玄武，玄武主暗，故是私交男友。

12）午火临世爻，在月上为破，日上为泄，故无公职。1993年酉金合辰土，为财去合官为投资。1994年戌土冲辰，为财冲财，也是投资。1995年亥水卯木和变卦未财又是亥卯未三合木局生世爻午火。1996年子水申子辰三合水局生寅木，都是得财之年。1997年丑土为财，与父相合，合化生木也是得财。1998、1999两年兄临太岁过旺，兄弟旺有劫财之嫌，因世爻为火，兄弟被化去旺气，所以比较辛苦。2000年辰土为财，财旺泄身冲六爻戌土，为身弱不胜财，故破大财。2001年巳火为比劫，故替人打工。2002年午火为马星，应爻冲太岁，马星逢冲，为走动大。2003年未土与午火世爻相合，故合则不动为安静。

13）上卦为乾，下卦为震，乾震都主庄重威森之地，金主森严，木主绿化，故为花园。震动变坤，平地之上木成林，为幽静之处。父爻代表房屋，也主房间卧室，申子辰三合水局，月日加合一起，水数1—6，此处水旺相，故6数为卧室，子孙爻代表厅堂，主卦午为一个，变卦巳火也为一个，故两个厅堂。午火在四爻为上，巳火在二爻为下，午火长，巳火方。

此卦的综合信息比较复杂，一卦多断必须在熟能生巧的基础上活学活用，方能运用自如。

第三节　多卦断一的同步信息

周易《蒙》卦的卦辞说：初筮告，再三渎，渎则不告。意思是说求疑问卜，只能以第一次起卦为准，不能反复多次占问同一件事；反复起卦，是一种亵渎行为，是不会得到准确的预测结果的。这已

成为八卦六爻预测的规则之一。

按照常理，问一件事，反复摇卦多次，会得出多种不同的卦象，因而所得的结论亦不相同，造成信息的混乱，让人无所适从。所以这样的规定是必不可少的。

然而，在现实的预测活动实践中，我们经常会遇到这样的情况：占问同一件事情，我们所用的预测方法不同，起卦的方式不一样，占问的时间不一样，但却往往能够得出大体一致的结论，这个结论就是将来某一特定时间里会发生或者会兑现的事实。比如说，预测一场球赛，有人用奇门预测，有人用六壬预测，有人用梅花易数预测，有人六爻预测……不管采用什么方式，只要预测准确，都可能得出 X 队战胜 Y 队这种后来被事实所验证的结论。同样，如果只用六爻法预测，在不同的时间，摇出不同的卦象，但所得出的吉凶信息的结论却往往是一致的，这就叫信息的同步性。

例 1. 测第 43 届世乒赛争夺女子团体冠军，中国队和韩国队谁胜

A、有梅花易数断，乙亥年巳月戊戌日以开赛时间起卦，得《山火贲》之《山雷颐》卦：

主卦		变卦	
上艮☶ 体	土	☶	土
下离☲ 用	火	☳	木

断：主卦用火旺而生体土，变卦用木克体土，但木在巳月休囚，休囚之木难克我月生日扶之旺土，艮又为山，山为止，为静，代表不战而胜，中国必胜。

B、为了验证结论的准确性，又摇了一卦，得《地火明夷》之《水火既济》卦：

乙亥年　　巳月　　戊戌日　　（辰巳空）

《地火明夷》	《水火既济》	六神
父母酉金、、	兄弟子水、、应	朱雀
兄弟亥水 ×	官鬼戌土、	青龙
官鬼丑土、、世	父母申金、、	玄武
兄弟亥水、	兄弟亥水、 世	白虎
官鬼丑土、、	官鬼丑土、、	螣蛇
子孙卯木、 应	子孙卯木、	勾陈

断：世为中国队得月建生日拱扶为旺极。应为韩国队休因于月，五爻亥水为卯之原神，化回头克又值月破，为衰，卯木虽与日合，但不如世旺，则中国队必胜。

结果：看完比赛后，中国队大胜，前后两卦皆验。

例2. 开美容院的杨小姐求测，原因是她姐姐的男友正在做一笔汽车生意，因手续不全，货被有关部门扣押，急需20万元，于是，杨小姐拿出20万元借给了姐姐的男友，指望货提出后一转手赚大钱，扩大自己的生意。杨小姐摇卦，问这事能否成功顺利：

甲申年　　巳月　　甲午日　　（辰巳空）

《火地晋》		《山火贲》	六神
	官鬼巳火、	妻财寅木、	玄武
	父母未土、、	子孙子水、、	白虎
	兄弟酉金〇 世	父母戌土、、应	螣蛇
	妻财卯木 ×	子孙亥水、	勾陈
	官鬼巳火、、	父母丑土、、	朱雀
子孙子水	父母未土 × 应	妻财卯木、 世	青龙

析断：

1. 一卦既成，世应皆动，卦中爻位多动，好事多磨。

2. 取四爻兄弟酉金为摇卦人（即杨小姐），取三爻财卯木为姐姐，取初爻父母未土为姐的男友（此为按事理与卦中动态灵活取用）。卦中动爻所代表的人物都各有所求。此卦酉金，卯木都非常弱，只有未土旺，得日、月生。

3. 求财卦中，子孙不现，财无原神，不利求财。二爻巳火临官鬼代表男友所做的生意，目前逢旬空。且化出的父母丑土与世爻化出父母戌土、应爻未土，构成了三刑。父母相刑，父母指票据、证据、单据之类，说明此生意会在票据上出问题，或者说根本就没有此笔生意。三爻财卯动化出孙爻亥水，临月为空破，卦中亥卯未难合成财局。且财卯临勾陈也有被骗之意。即财卯（姐姐）与应爻未土（姐之男友）欲合作，结果受害的是卯木，得益的会是未土。未土化出之财卯与世爻兄酉为相冲的关系，世爻化出父戌与应爻父未是相刑的关系，她与姐姐也是相冲的关系，到最终结果将会有官司口舌。

分析以上3点，杨小姐说：不可能，我姐都42岁的人了，走过的曲折太多了，相信她不会看错人的。我说：但愿她没看错人。她说：这事不出一星期，就会大功告成了。

8天以后见到她，对我说：出事了，我姐的男友说买货的商家要求开正式发票，这发票不好弄。得押20万元别人才肯开出18万元的发票票据。发票开不出来，货就脱不了手。杨小姐拿出纸笔，说她姐报了两个数2、4，让我看一下。

甲申年　　　巳月　　　辛丑日　　（辰巳空）

《泽雷随》	《天雷无妄》	六神
妻财未土 × 应	妻财戌土、	螣蛇
官鬼酉金、	官鬼申金、	勾陈
子孙午火　父母亥水、	子孙午火、世	朱雀
妻财辰土、、世	妻财辰土、、	青龙
兄弟寅木、、	兄弟寅木、、	玄武
父母子水、	父母子水、应	白虎

析断：

1. 主卦子孙不现，求财不利。卦化六冲，有不成之象。

2. 世爻财辰土为测卦人。财持世应该吉利，应爻为所求之事，发动化出财爻戌土与世爻相冲，日建丑土与主、变卦组合成辰戌丑未四库俱全，临着火旺节令，冲刑有力，土爻为财，财逢刑冲，为不得财之象，且有惹官司之嫌。

3. 五爻官鬼酉金为所做的生意，化退神，为不成之意。酉金与日、月三合官鬼局，鬼旺临勾陈在五爻道路上为诡计、圈套。二爻为宅，也指家里。二爻兄寅木与五爻化出之申金，与月令巳火组合成寅巳申三刑，临着玄武，兄弟也为夺财之神，意味着家里的钱给别人用诡计、计谋圈套骗走了。有打官司之象。初爻父母子水在内卦为世爻的证据，子水不但休囚于日月，虽有申子辰合水局，但还受寅木兄弟之耗泄，去克世爻，另外，子合日建丑土，据证不在自己手上，在日建丑土（别人）手上，父爻非常弱，或者说根本没有证据（杨小姐说她姐把款汇给男友时，名字是他侄儿的；第二次汇款时，他侄儿的帐号取消了，然后他又让姐汇到另一人名下，也不是男友的名），打起官司来肯定世爻输。六爻未土受日建丑土冲，本身发动化出戌土又冲世爻辰土，四库刑冲，在巳月最得利的为应爻戌土，辰

土失败，但很不服气。

又过了8天，我去杨小姐的美容院。她对我说：我姐两天前打她男友的手机，号码是空号。我姐亲自去找他时，他已不在原处住了。他还会来找我姐吗？我姐是否真的上当受骗？我姐做啥都没心思了。说到这里，她报数2、3，让我看情况如何？

甲申年　　巳月　　己酉日　　（寅卯空）

《泽火革》	《雷火丰》	六神
官鬼未土、、	官鬼戌土、、	勾陈
父母酉金〇	父母申金、、世	朱雀
兄弟亥水、世	妻财午火、	青龙
兄弟亥水、	兄弟亥水、	玄武
官鬼丑土、、	官鬼丑土、、应	白虎
子孙卯木、应	子孙卯木、	螣蛇

妻财午火（左侧标注，对应第四爻位置）

析断：

1. 世爻兄弟亥水临月破休囚。主卦财爻不现。子孙应爻卯木逢旬空。这些皆为不利求财的信息。

2. 四爻兄弟代表杨小姐（报数测卦之人），三爻兄弟亥水代表她姐姐，亥亥自刑，此为自找麻烦，自讨苦吃。兄弟临之为破财之象。或者说，世爻亥水破而休囚，难担午火当令之财，最终仍为破财之象。财爻伏藏在三爻兄弟亥水之下，此财午火虽然旺相但不现，临着玄武，为上当受骗。

3. 应爻卯木为所求测之事，逢月泄日破旬空，为求谋不遂。

4. 五爻酉金临父母旺相，父母指证据，票据，月建巳火、五爻酉金与二爻丑土（此官鬼丑土代表姐姐的男友）组成巳酉丑三合金局入丑库（金库），证据、理由全在男友这一方。酉金父母临着朱雀，

发动，有想打官司上告之意，可惜酉金化退神，合成的金局也入库，故无法打这场官司，打不起来，证据不足，不充分。卦中官鬼未戌丑三刑，也说明生意根本做不成，或者说根本就没有这码事。六爻未化戌临着勾陈，勾陈也为暗斗，暗中使诡计，骗钱。

听了这些话，杨小姐痛苦地流下了眼泪。